英雄的大抉择

王浩一 著

北京时代华文书局

图书在版编目（CIP）数据

英雄的大抉择 / 王浩一著 . -- 北京 ： 北京时代华
文书局，2017.10
（历史笔记）
ISBN 978-7-5699-1877-9

Ⅰ . ①英… Ⅱ . ①王… Ⅲ . ①历史人物－人物研究－
中国－古代 Ⅳ . ① K820.2

中国版本图书馆 CIP 数据核字（2017）第 263196 号
北京市版权局著作权合同登记号　图字：01-2017-6537

英 雄 的 大 抉 择

YINGXIONG DE DAJUEZE

著　　者 | 王浩一

出 版 人 | 王训海
选题策划 | 梁明德　邵鹏军
责任编辑 | 周连杰
装帧设计 | 格林文化
责任印制 | 刘　银　誉　敬

出版发行 | 北京时代华文书局　http://www.bjsdsj.com.cn
　　　　　北京市东城区安定门外大街 136 号皇城国际大厦 A 座 8 楼
　　　　　邮编：100011　　电话：010-64267955　64267677
印　　刷 | 山东泰安新华印务有限责任公司　　0538-6119320
　　　　　（如发现印装质量问题，请与印刷厂联系调换）
开　　本 | 150mm×230mm　1/16　印　张 | 20　　字　数 | 206 千字
版　　次 | 2018 年 1 月第 1 版　　印　次 | 2018 年 1 月第 1 次印刷
书　　号 | ISBN 978-7-5699-1877-9
定　　价 | 46.00 元

YING
XIONG
英雄的大抉择

目　录

大抉择前的人性挣扎与智慧

从现代管理学家的统计里，得知人的一生平均会面临七次转折点，站在关键时刻，一个念头，一个决定，一个命运不归路。有时这样的重要时刻我们不自觉，有时也由不得我们主观意识的好恶，像是大学考试后的落点选择，不同的学校，不同的科系，就有不同的人生。像是婚姻对象的定案，结果可能是后悔无限，也可能是三生有幸。投身到职场行业，结果可能是飞黄腾达，也可能是粉身碎骨。

要结婚，对象一个是爱你的，一个是你爱的，选谁？好不容易存了一笔钱，要买人生的第一套房子，不料付了几期不少的预售金后房价崩落，一夕之间，我们陷入两难，要面临继续加码？断头退出？国际金融风暴，我们被要求无薪休假，人心惶惶，要面临前途茫茫地等待经济回春？还是，另外找工作？求职时，一个是薪水低可是比较有前途，一个是待遇好可是前景莫测，怎么办？惊得配偶有了小三，愤怒与羞辱同时天摇地动，我们顿时要反应，借酒？家暴？分手？自残？还是只有哭泣？

如果事件是慢慢而来，它有时间表，可以倒数计时，那还好办，可以作计划。可是，许多事却往往闪电而至，让我们措手不及，必须快速地回应。平凡一般的我们，面临选择前，我们都思量过、盘算过，但大多思虑得不够深入，或是无法深入。所以，只得问卜算命，烧香祈祷，成为心灵的寄托和自我安慰的仪式，听天由命，成了自语式的阿Q。想想，这样的我们，如果面对的是大决定，每个自我都察觉到自己的无助、无奈，也不可回避地察觉自己的懦弱、妥协、彷徨。所有的形式都化为无限的压力，于是，我们接受诱惑，我们选择比较不受伤的道路，我们退缩到原始"自利"本能，我们不是书本上那些圣贤。

于是，我们同意"选择需要勇气"。

但是，"抉择需要智能"这个层次更高了。这本书，有九个卦，有九位英雄，他们面对人生的大起大落，题目都不一样，可是他们的智慧与人生选择都有让人深思之处。尤其，在他们面对不得不的大抉择之际，所展现的自我克制、冷静、无悔，与他们所展现的人生态度更令人钦佩。让我们一起来重新认识这些英雄，面对大抉择时展现大智慧的英雄。

一起角逐大位，一番尔虞我诈之后，成者为王。结果自己是落败的一方，像是厮杀在罗马竞技场的败将，面对随时都会发生的一刀毙命，如果没有一刀，总也有秋后算账，这时你要如何自保？你的大抉择是什么？当初竞争的强度，造成落败者的忐忑压力指数，竞争越激烈，下场越惨烈。最后历史上获取权力的胜利者，多会以"优雅的姿态"将当时的竞争者摧毁，这不是残忍或是气度的问题，而是游戏规则。年轻的恭亲王，面对胜出者四阿哥咸丰帝的磨刀霍霍，生死一线之间，他在人性的挣扎下，起初如何示弱、输诚？接着如何自我敛止、如何朝夕惕若？等到时机来临，他又如何东山再起？

曾经战功彪炳，时局变迁时，被政敌下放他乡远离核心，面对漫漫长夜的冰冻，只身孤影，你如何自处？你的大抉择是什么？如果再有机会站在权力巅峰，握兵百万，面对不断滋生的野心，炫丽狂舞的魅惑，你的大抉择又是什么？当时不愿选边靠，不屑妥协与小人为伍，五十八岁老将陶侃被远派戍守南方，他依然相信终有拨云见日的一天，在广州，他每天搬砖百块，借以磨炼意志、锻炼体魄。足足七年后，六十五岁终于再度站上他渴望的战场，报效国家，当胜利与战果不断累加时，赐圭名器也不断高升，在极度高涨的权力烜赫下，他要如何保持冷静的心智，不要成为与魔鬼交易的浮士德？不要成为当初他所唾弃的小人身影？

你的事业如果一直都是顺风帆，春风得意马蹄疾，结果一个跟跄摔下马。这可能是个意外，可能是小人耍阴、栽赃，非战之罪。但是冷静思考，这种摔马并非单纯意外，而是随着晋升的高度，必然出现的风险，而且次数开始增加，受伤层次开始加深。当你理解这就是竞争的副作用后，你自然明白人在江湖走，暗箭冷刀横飞而来，这是常态不是病态。所以，当四川才子李调元被和珅陷害后，在新疆黄沙的贬谪岁月，他清醒了，也明白弱肉强食的大自然法则。回顾过去职场晋升曲线，高低起伏，从乌鲁木齐回京后，他辞官了，这般急流勇退的背后思维，是什么样的大抉择智慧？或许，这对凡人而言，容易了些，但对于有大才气的人，却十分不容易，对肩负匡复社稷重任的有志之士，这样的割舍是要下很大决心的。简单地结论，要离开炫耀而成功的舞台，丘吉尔说酒店打烊我就走人，但是曲未终人未散，如何潇洒地淡出，这真是个好问题。王安石的好问题，却没有好答案，他的大抉择没有自觉，他的一生不断提出新的问题。

乌云蔽天，国是沉沦，妖孽纵横，百姓涂炭，这时你被赋予振兴大责。眼前的狂风暴雨，你要起到中流砥柱的作用，你要有拨乱反正的决心。然而，这个"乱"就是一股既得利益的贪腐大结构、姑息养奸的大风气。你要去终结这个现象、这个生态。此刻，你是黑暗中唯一的烛光，宛如圣战中，那位风车骑士堂吉诃德，或像是棋盘里的过河棋子，没有退路。你的大抉择是什么？林则徐的大抉择是什么？只身力挽狂澜，对抗强悍嚣张的外国势力，压制虎视眈眈的国内黑幕。他成功了，却也失败了。最后面对鸦片战事整体的失利，皇上的无耻、恶意遗弃，林则徐大抉择的背后思考又是什么？

另一个相反的情况，当你辅弼某人事业大成，身居首功的你，在主子论功行赏、封侯封爵好不风光之际，你期待得到什么赏赐？如果得到了，你能保证永远相安无事吗？情况是你的主子"可以共犯难不可共富贵"，像是春秋时期的勾践、汉朝建国皇帝刘邦等等，他们事业大成之后，所呈现"不容功高震主"心态，我们不齿！可是，冷静思考"人是高等竞争的动物"的哲理，大多数人，包含你我，我们如果是刘邦、朱元璋，可以真心诚意与这些大功臣分享天下？张良面对分封行赏的大饼，他不敢要，也不敢不要，他要了"留县"！这是他与刘邦建立革命情感之地，这是聪明的表态，刘邦也心领神会这是张良让刘邦对他"留情"！

范蠡的主子越王勾践从国难中抽身，又忍辱歼灭了世仇大患，范蠡明白"急流勇退"是唯一的选择，理由非常简单：眼前，勾践没有立即致命的大敌，如果有，那是艰苦卓绝之时看尽他的糗态的你！这种无形的自卑，就是"杀机"！否则勾践以后怎么治国？至于张良的主子刘邦，虽然你也看尽他的窝囊样，但是看见的人太多了，要杀，一时半刻还杀不了那么多，如果张良选择"急流勇退"，反而成了第一个目标，所以"聪明而优雅"地慢慢退出、远离，先引退再隐退，才是上策。面对庆功大宴，多数人都在等着丰盛的奖赏，但是顶级核心人物，应该思索他的大抉择是什么。

在孔庙东庑里的方孝孺牌位，是我每次造访大成殿时会去合十祭拜的。靖难之战后燕王嚣张跋扈、张牙舞爪地威吓：杀你九族！历史上，"唯一"敢说杀我十族也不怕的折翼英雄，浩气盛大，光想想这般双方对峙的场景已经够让人瞠目结舌。面对家族即将血洗灭绝，方孝孺在此大抉择之际，他仗恃何种惊人的胆识？想到什么？感受到什么？八百多条人命一念之间，我们看到了天地有正气，杂然赋流形。

我们或许没机会面临这般强烈的大忠大孝，可以幸福地过完一生，不需要面对"大抉择"，但是如何培养"心中大义"，割舍"经济学上的理性自利"，一定要理解这些历史人物是如何对待"精神价值"与"经济价格"的差异的。细细揣摩他们的心思，同理揣测他们的挣扎，参透、学习他们的大智慧，因为，我们的一生也有七个转折点，等着抉择。

什么是太极、两仪？

一　- -
陽　陰

"易有太极，是生两仪。两仪生四象，四象生八卦"。"太极"有两个解释：其一为卦画，就是以 S 形分割左右为一白一黑的饼图；其二说的是卦象形成前，混而为一的状态，即是天地未分的"浑沌"。之后，产生了"阳"直线、"阴"断线的符号，合称"两仪"，分别称之阳爻、阴爻。

什么是四象、四向？

二　二　二　二
老　少　少　老
陽　陰　陽　陰

"两仪生四象"的"四象"，是指阴阳两爻相交所得到的。"四象"如同"四时"，少阴为春，老阳为夏，少阳为秋，老阴为冬，天地能长养万物，就是有春去秋来、寒来暑往的交替变化，也有生、长、收、藏的生命现象。"四象"

也有"四向"的意思，少阴为东，老阳为南，少阳为西，老阴为北。

什么是八卦、六十四卦？

乾　兑　離　震　巽　坎　艮　坤
天　澤　火　雷　風　水　山　地

"四象生八卦"的"八卦"，是指少阴、老阳、少阳、老阴再与阴阳两爻相交之后所得。

八卦所代表的基本物象是乾象天、兑象泽、离象火、震象雷、巽象风、坎象水、艮象山、坤象地。古人认为这是宇宙最明显的八种物象。

尽管如此，八卦数量太少，不足以说明复杂的自然现象、社会现象，于是八卦再自相重叠，排列组合就产生六十四卦，如《蹇》卦就是由下艮上坎两卦组合而成，《升》卦就是由下巽上坤两卦组合而成。

什么是多数服从少数？

《易经》中有一个"多从寡"的基本原则，就是"贵寡"，以

"阴阳相生"代替"阴阳相抵"。简单地说，《易经》反对"众暴寡"的霸道哲学，而以"物以稀为贵"当作思维价值。在八卦中，除了乾纯阳卦、坤纯阴卦之外，其他六卦是一阴二阳或一阳二阴组合。如果一阴二阳之卦，如巽、离、兑则为"阴"卦，甚至象征长女、中女、少女；如果一阳二阴之卦，如震、坎、艮则为"阳"卦，甚至象征长男、中男、少男。至于乾、坤则分别代表生育子女的父、母。

什么是内卦、外卦？

《易经》八卦排列组合，产生六十四卦时，上下两个卦形成一个组合，此时下卦称之"内卦"，上卦称之"外卦"。"卦"是《易经》特有的表达思维的工具，任何有关《周易》的诠释皆以卦名、卦画、卦象、卦义四种。至于卦名、卦画更是释卦的前提，所以，"画卦"的规矩就必须了解："由下往上画！"释卦的时候也是由下往上，依序而成，讲究的就是"由内而外"。

什么是爻序号？

因为画卦"由下往上数"，依序称为初爻、二爻、三爻、四爻、五爻、上爻。凡是阳爻则称之"九"，阴爻则称之"六"。组合起来就成了初九、九二、九三、九四、九五、上九。或是成了初六、六二、六三、六四、六五、上六。

什么是中正当位？

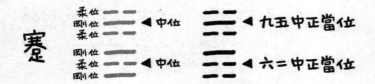

清楚了"由下往上"的爻序号，下面开始了解阴阳位置，初爻、三爻、五爻奇数位是"阳位"或是"刚位"。二爻、四爻、上爻偶数位是"阴位"或是"柔位"。如果把六个爻三分，则初、二是"地位"，三、四是"人位"，五、上是"天位"。其中五是尊位，所以我们常常听到"九五之尊"或是"位登九五"，就是这个意思。

其中二是下卦的中位，五是上卦的中位。所以任何爻占据二位、五位都可称"得中"或是"得正"。而阳爻占据刚位，或是阴爻占据柔位，即可称之"得位""当位"。六二、九五即是"中正当位"，六二以柔居阴又是下卦的中位，九五以刚居阳又是上卦的中位。

什么是承乘比应？

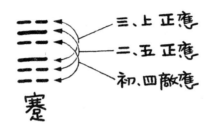

每卦共有六个爻，"由下往上"排列。凡是两个相邻的爻称之为"比"，比就是比邻、比近的意思。如果相比的两个爻，一阴一阳，就更加亲近一些。"应"是对应、应合的意思，六个爻分成下卦、上卦，下卦的第一爻与上卦第一爻（第四爻），下卦的第二爻与上卦第二爻（第五爻），下卦的第三爻与上卦第三爻（第六爻），有相对应的关系。如果是一阴一阳的相对应，有阴阳相济称"正应"，如果两爻都是阴或都是阳则称之"敌应"，或是中性"不应"。

"承""乘"则是相邻两爻的关系，承是在下承接，乘是乘驾在上。相邻的两个爻，在上对在下的就是"乘"，在下对在上的就是

"承"。如果阳爻乘阴爻、阴爻承阳爻则称为"顺"，反之称为"逆"。

卦的"错综互杂"是什么意思？什么是综卦、覆卦？

综卦就是覆卦，又称反卦，就是把卦反着看，"横看成岭侧成峰"，立场不同观点就不同。综卦的理，是告诉我们万事要客观，因为立场不同，观念就完全两样。许多事情的真相，往往前后、正反都能端详一番，更能够清楚彼此的差异，也更能加深彼此了解。在六十四卦里，许多两两相反的覆卦摆在一起，更富哲理。例如《鼎》的覆卦是《革》,《丰》的覆卦是《旅》。要鼎立新风就要先破除陈旧，所以鼎革这两个字常常一起使用;《丰》说的是事物丰盛硕大，《旅》说的是羁旅居外、萍踪浪迹，丰卦是家太大、亲故太多，旅卦相反，"失其居"而"亲寡"。

至于"否极泰来""泰极否来"则是大家耳熟能详的用语了。

什么是错卦？

错卦，是阴阳爻错的意思。六爻皆阴变阳，阳变阴，所得的卦即为错卦，表示从另一个立场来看事情。错者交错也，鳄鱼的利牙都是交错的，所以特别有力量，立场相同，看法却不同，便是相错，相错者相辅则相成，相背时则力量抵消。例如乾和坤，天和地同时存在，但风格正好相反。离与坎，也是一样，火水虽相反，但也有互补之效。

"见微知著"的《姤》卦的错卦则是"返初复始"的《复》卦，姤表示有相遇的机会，抓住机会，也有复的可能，偶遇的机会也将较多。"男女感应"的《咸》卦的错卦是"锦上添花"的《损》卦，损己利人则有咸，损人利己则无咸，损和咸间有交错关系。

以《易经》的道理去看人生百态，一举一动，都有相对、正反、交错，有得意就有失意，有人赞成就有人反对，人事物理都一定是这样的，离不开这个宇宙大原则。六十四卦是独立的卦，但也是彼此相互牵动的，世间万事本来就是复杂的，有时是蝴蝶效应，有时是墨菲定律，有时牵一发动全身，有时无心插柳柳成荫。我们不喜欢说"可怜之人必有可恶之处"，但是连动式的骨牌，却又使我们对"生命逻辑"的"不是不报，是时间未到"有深刻感受。

范蠡

十年生聚，十年教训

乾
坤
否

《否》卦，上卦乾天，下卦坤地，卦象就是天居上，地在下，

坤阴之气在下而愈下沉，乾阳之气在上而愈上浮，阴阳分隔，天地不交。

因此"否"是"闭塞、厄运"的意思，就是说天地、阴阳、上下不交合。

当越国的倾覆危机在即，二十二岁的范蠡却选在这个时间，走入历史舞台的聚

光圈里，与年轻的越王勾践同心击败强吴。

范蠡与勾践历经胜利、卑屈为吴国人质。之后二十年，范蠡仍追随着勾践。

勾践卧薪尝胆，十年生聚、十年教训，戒慎恐惧地壮大自己。

物极必反，是自然法则的必然趋势，越国终于成为春秋霸主。

范蠡选择在功成后适时引退，躲过"兔死狗烹"的悲剧。

奇情壮彩的"吴越之争",这段历史是"成语"的惊喜制造泉源

历史人物之中,范蠡是我喜欢的,也是钦佩的。范蠡活了八十八年,这是"米寿"之龄。喜欢他,是以现代的眼光看他,在有生之年,范蠡在"职场"换了几次跑道,都取得了成功,而且让人津津乐道,真是了不起。纵观范蠡的一生,大起大落,极具传奇色彩,大起是他的能力,大落是他的态度。

他从布衣到"上将军",从流亡者到大富翁,人生处处得意,也非常完美。从政,兴一国,灭一国;经商,三致千金,家产巨富。他的化名"陶朱公"成了富商的代名词,最后活到八十多岁善终。进,能助人兴国;退,能经商发家。进退之间游刃有余,人生如此,夫复何求?

范蠡协助勾践灭了吴,成就越王霸业,之后,他换掉官服,一身白袍飘然而去,与西施在姑苏,泛一叶扁舟于五湖之中,遨游于七十二峰之间,这实在太让人艳羡了。当然他以一介之士,忠心正直的美名得到史家的赞誉,更是令人折服。关于西施,当然也有史学家说:夫差灭国后,西施被"黑心王后"勾践夫人,捆绑入袋再沉入江底,死于非命。我的看法?我选择另一派说法:她与范蠡悄然在夜色中离去。因为,我相信如此了不起的范蠡大夫,一定有能力保护这位"沉鱼落雁"的美人——春秋时期第一号女情报员。

年轻时上历史课,读到春秋战国时期,杀伐遍野,战火纷飞。

士人宾客奔走列国，或为将相，或为刺客，或为隐士，奇情壮彩。尤其春秋末年的吴越之争，总在高潮迭起的故事里，屡屡发现藏有为数不少的成语，其中跟伍子胥有关的："风吹草动"、"一夜白发"、"吴市吹箫"、"感恩图报"、"千金小姐"、"鱼龙混杂"、"日暮途远"、"掘墓鞭尸"、"倒行逆施"、"如获石田"、"心腹之患"、"抉目吴门"、"悬首吴阙"、"白马素车"等等。

与范蠡有关的成语："吴越同舟"、"鸟尽弓藏"、"一成一旅"、"知子莫如父"、"一介之士"、"大名难居"、"千金之子，不死于市"、"大胜靠德"、"十一之利"、"陶朱遗风"、"浮家泛宅"、"富行其德"等等。其中大部分成语都与他弃政从商有关，可见范蠡居官则卿相，居家则富翁。

至于吴王与越王呢？与夫差有关的成语："倾国倾城"、"骑者善堕"、"如火如荼"、"螳螂捕蝉"、"悔之无及"等等。与勾践有关的成语："卧薪尝胆"、"十年生聚，十年教训"、"兔死狗烹"、"长颈鸟喙"、"甘之如饴"、"怒蛙可式"等等。从细数成语这个角度，即可了解这几位历史人物太富有吸引力了，让我们慢慢来爬梳他们的故事吧。

楚国伍家三代的起落，无家的伍子胥逃亡到吴国

"吴越之争"这段历史有点复杂，时间跨越了四十年。故事，我们就从伍子胥说到范蠡，以这两位经典英雄贯穿烽火四起的大

时代。

话说公元前五二二年，楚国太子的老师伍奢被政敌费无忌迫害而死，大儿子伍尚也遇害。二儿子伍子胥逃亡，准备前往吴国。而楚平王早就下令全国捉拿伍子胥，叫人画了伍子胥的像，挂在楚国各地的城门口，严令各地官吏盘查。一路上"偷踪窃道，饮气吐声。风吹草动，即便藏形。"即是说伍子胥躲躲藏藏，有什么风吹或草摇动的声音，他都受到惊吓。"风吹草动"的成语即源于此处。

在吴楚两国交界的昭关，关上的官吏盘查得紧。传说伍子胥一夜之间急得头发全白，因而脱困，得以出了昭关。这是"一夜白发"的成语典故，现在的用法是形容变化极快。他脱困后继续赶路，终于安全抵达吴国陵水。可是"无以糊其口"，只得"膝行蒲伏，稽首肉袒，鼓腹吹箫，乞食于吴市。"成语"吴市吹箫"即是出于此处，比喻在街头行乞，亦比喻过艰苦的流亡生活。

在吴国的伍子胥认识了公子光，这位公子光是前吴王诸樊的儿子，不满现任的吴王僚。交代一下背景：吴国在吴王寿梦时开始走上强大之路，他死后，四个儿子中的前三位诸樊、余祭、余昧相继兄终弟及，分别当上吴王，四弟季札德能最高，却无心王位。所以老三余昧病故后，由其子僚即位，这就是公子光心有不甘的缘由。公子光暗中招贤纳士，准备夺回王位。

伍子胥知道公子光"有大志"，推荐了他在吴国结交的一位朋友专诸——他是一位刺客。公子光在家设酒席宴请吴王僚，吴王僚无惧赴宴，虽然作了诸多安全措施，但是却疏忽了眼前端着鱼香四溢"梅花凤鲚炙"的鱼厨子，当鱼盘端送到吴王前，吴王僚注意着眼前的美食，等到专诸——假冒的鱼厨子，突然撕开鱼肚，抓出藏着的匕首刺向吴王僚时，吴王僚当场死亡。一阵杀伐后，公子光政变成功，他成了吴王阖闾，这就是史上有名的"专诸刺王僚"故事，而那把匕首从此得有"鱼肠剑"的美名。至于伍子胥，规划有功，当天也晋用为"行人"——掌朝觐聘问之官，与谋国政。这是公元前五一五年的事。

受到重用的伍子胥兴建苏州城，引荐年轻的孙武给吴王阖闾

次年，公元前五一四年。伍子胥辅佐吴王阖闾：修法制以任贤能，奖农商以实仓廪，治城郭以设守备。其中"治城郭"最精彩，此处花点篇幅介绍他如何创建新的吴都，就是今天的苏州古城，二〇一〇年我去过苏州，两千五百年前的城廓还在，实在惊人。

伍子胥受命要新建一座国城的同一年，孔子三十八岁，他在鲁国，依然不得志。前两年，孔子在齐，得到齐景公的赏识，本来景公欲以尼溪之田封给孔子，被晏子阻止而作罢。不过，孔子归国前，他在齐听闻了《韶》乐，如醉如痴，三月不知肉味，算是他在齐国的另一种收获吧。这一年，范蠡才三岁，身居楚地，家境贫寒。

同在公元前五一四年，一位已经在吴国旅居三年的年轻人，请伍子胥向吴王阖闾引荐自己，这个人就是齐国人孙武，三十一岁，献上其所著《孙子兵法》十三篇。吴王阖闾阅后大为赏识，但却因为孙武只是一介草民，对其能力半信半疑，他要确定孙武的才能，因此便要他即场展现其练兵之法给他看。随后，孙武以一百八十位莺莺燕燕的宫女训练兵阵，在训练兵阵的过程中把两名吴王爱妃斩首，将人头摆在阵前，悚然的宫女立时变得严肃起来，对军令绝对依从，成语"三令五申"典故即源于此处。这个故事也是兵圣孙武的成名作，而识才的吴王阖闾，立即拜孙武为最高统帅——上将军。

孙武的兵法传奇就此展开，吴王争霸中原的旅途也由此一马平川，至于伍子胥的杀父之仇火焰也由此照亮历史。历史大戏开场啰！

吴国兴兵伐楚，孙武一战成名，伍子胥掘墓鞭尸成了焦点

公元前五一四年，孙武任上将军，目标断楚翅翼，率军消灭楚国的两个属国——钟吾国及徐国，吴王想乘胜进攻楚国，但遭到冷静思性的孙武的制止，他认为吴军已疲惫，不宜再战，尚须假以时日，吴军方能深入楚境，阖闾从其议，引兵回国。不久，伍子胥提出"疲楚误楚"之略，轮番骚扰楚国达六年，使楚军认

为吴国只敢骚扰，不敢进攻，渐渐放松了警惕。

公元前五〇六年的秋天，吴王阖闾倾国之力，亲率其弟夫概、伍子胥、孙武和伯嚭等，统率三万吴军奇袭楚国。孙武认为兵贵神速，所以率领三千五百精兵采取迂回战略，避实击虚，在蔡、唐两国协助下，夺下了楚国北部三个险隘，进抵汉水东岸。

楚军指挥将领当然比不上孙武的用兵，两军小小交战数次，结果楚军都是小败作收，于是楚军士气不断低落，最终疲惫不堪。孙武见楚军陷于被动，决定在柏举与楚军决战。两军于柏举大战十日后，吴军攻陷郢都，采取屠城政策，楚国军民死伤十万以上，史称"柏举之战"。楚昭王逃奔至随国。孙武以三万吴军大败二十万楚军，攻灭了强楚，一战成名，震惊中原诸国。

等了十六年欲报杀父之仇的伍子胥呢？难以抑制家毁人亡的满腔怨恨的他，回到故国郢都，因为楚平王已死多年，就挖开平王之棺，鞭尸三百。伍子胥如此惊天的举动，他在楚国的好友申包胥责难之："此岂其无天道之极乎！"伍子胥回信："吾日暮途远，吾故倒行而逆施之。"在此得有三个成语："掘墓鞭尸"、"日暮途远"、"倒行逆施"。"日暮途远"比喻一个人处在窘迫的境地之中，没有一点办法。"倒行逆施"原指做事违反常理，不择手段；现多指所作所为违背时代潮流或人民意愿。

这些都是公元前五〇六年冬天的事，孙武时年三十八岁；伍子胥大约五十多岁；范蠡十二岁。

阖闾日益专横残暴，孙武求去，阖闾想趁着越王允常新丧兴兵攻越

翌年，公元前五〇五年，越王允常率师进攻吴国，进行自卫反击战争，企图取得先发制人的优势，阖闾亲自出征，大败越军。再一年，公元前五〇四年，吴师再次伐楚，迫使楚国迁都于郢，今湖北省宜城东南。从此，吴国威震天下。可是，得意自满的阖闾心志开始扭曲。

吴王阖闾喜欢吃鱼，特别是腌咸鱼。一次，与越国作战中，船上没粮了。在惶惶不安之际，无数金色大鱼游了过来，自投罗网，成了吴军的口粮，而且数目之多，直到吴军班师，还没吃完。返国后吴王念着那些鱼还在吗？大臣回答说都腌制成鱼干了。吴王就大吃特吃起来，不但不觉得咸，反觉十分美味，还当场写下了一个新字，上面是美，下面是鱼，这字后来演变成了"鲞"，读音为想，专指鱼干。

阖闾有儿子数人，只有一个女儿，名叫胜玉，是吴王的掌上明珠。一次，太湖的渔民捕捞了很多大鱼，他们知道阖闾喜欢吃鱼，只有一个进献吴王几十尾。开心的阖闾急急召集诸大臣餐宴，庖人端出热腾腾的色香味俱全的大盘鱼供君臣享用。席中，吴王单独食用全鱼，大臣们则是数人吃一条。酒酣之际，阖闾猛然想起宝贝女儿，便赶紧让侍从把他剩余的鱼给女儿胜玉送去。本来这是阖闾作为父亲，表达自己对女儿的疼爱，但作为女儿的胜玉，却对父亲的疼爱产生了另外一种想法："你这是在侮辱我！"

她打翻鱼盘，侍从见她盛怒，赶紧通报吴王。等阖闾一行人急忙赶到的时候，烈性子的胜玉已经上吊自杀了。

悲痛之余的阖闾，在城西阊门外为女儿大造坟墓，"凿地为池，积土为山"，又制作雕刻精美的石椁，并用金鼎、银樽、珠玉珍宝作为随葬品。到了为女儿送葬那一天，他又令人一路赶着翩翩起舞的白鹤，吸引成千上万的苏州市民跟随观看，到了墓地，阖闾"使男女与鹤俱入门，因塞之"，也就是下令将跟随观看的男女全部赶进地宫，然后塞闭墓门。这些观鹤的百姓就这样被活埋，成了阖闾之女的殉葬者。

公元前五〇三年，四十二岁的孙武见阖闾日益专横残暴，生活糜烂，沉溺于酒色，不纳臣谏，遂以回国探亲为由，隐遁山林，从此史无所记。有人说他回到了齐国，与家人团聚，共享天伦之乐。有人说他功成身退，隐在陈国，以尽天年而终，享年七十五岁。

公元前四九七年，阖闾的死对头越王允常病故，年轻的勾践继位。二十四岁的勾践即位伊始，吴王阖闾决定趁着允常新丧攻打越国。六十多岁的老将伍子胥极力反对，理由是不符合江湖规矩。阖闾不听，执意亲率大军与太宰伯嚭前往。

在《易经》中有一卦《否》，否象征"否闭"，全卦揭明事物对立之间不相应合、阴阳不合的情状，并指明"转否致泰"的途径。《否》说的是天地不交而万物不通，上下不交而天下无邦的道理，这就是否卦。"泰卦"倒转，成为"否卦"，彼此是"综卦"，泰极而否，否极泰来，互为因果。君子从中受到启示，"以俭德辟难，不可荣以禄"，就是道德上要注意俭损，躲避时局的灾难，不可去追求利禄，谋取荣华富贵。越国的倾覆危机在即，范蠡选在这个时间走入历史舞台的聚光圈里。

乾

坤

上九　倾否，先否后喜。

九五　休否，大人吉。其亡其亡，系于苞桑。

九四　有命，无咎，畴离祉。

六三　包羞。

六二　包承。小人吉，大人否，亨。

初六　拔茅茹，以其汇，贞吉，亨。

《否》卦，上卦乾天，下卦坤地，卦象就是天居上，地在下，坤阴之气在下而愈下沉，乾阳之气在上而愈上浮，阴阳分隔，天地不交。因此"否"是"闭塞、厄运"的意思，就是说天地、阴阳、上下不交合。从人事言，臣民卑屈在下，君主高高在上，彼此隔阂，政治混乱。

第一爻·初六　拔茅茹，以其汇，贞吉，亨。

否卦的"爻辞"，不容易理解。茅，茅草也；茹，相连的草根；汇，同类。下卦的三个阴爻，就像茅草的根，相互牵连。初六以柔居阳，虽上有正应，但是处在闭塞之初，只有"牵引同类"贞固自守，才能得吉。这一爻，说明在闭塞时期，应精诚团结，如同"拔"整串草根相连的茹草一样，才能防患于未然。

范蠡，字少伯，楚国人，公元前五一七年生于三户邑。小范蠡家贫，但聪敏睿智。五岁时，其父从故乡宛城带他到百里奚村接受启蒙。百里奚村原名岗下村，位于伏牛山支脉隆岗之下，因出了百里奚这样了不起的名人，所以，改名为百里奚村。小范蠡就是到此拜百里奚第五代子孙"百里长河"为师的。范蠡到了十五岁时，文已学得百里治国术的精髓，武已习会百里家传的长剑术。因为父母不久前先后病故，孤儿范蠡在老师资助下，游历了武当、伏牛、中条等名山大川。其间，他认识了不少胸有奇才、身怀绝技之士，不仅文策武术大有精进，还学会医术。

胸藏韬略的青年范蠡在等待机会。但是，当时的楚国，贵胄专权、政治紊乱。即使范蠡学富五车，上晓天文、下识地理，满腹经纶，也无法进入体制内。他年少轻狂不满社会浮夸不实之风，选择独居于野外，特立独行，乡邑人看他狂妄古怪，私底下称他是疯子。宛邑令文种听到范蠡"少年佯狂倜傥负俗"的传闻，十分好奇，便前去拜访。两人相识相惜，成了莫逆好友，共论天下时政。公元前四九八年，范蠡邀文种一起入越，希望能够在越国开创一番事业。这一年，范蠡刚满二十岁。

公元前四九六年的春天，二十五岁的越王勾践，才刚办完父王允常的葬礼，坐朝第一天，便接到了吴王阖闾的战书。这位年轻的越王初涉政治，平常只知吃喝玩乐，驱车荡舟，一下子面临战争迫近的状况，加上群臣们也无计可施，自己只能在寝宫发脾气。此时只有刚被册封的新王后姬玉，才能劝得了他。这位姬玉原为周天子同族，越王允常拓土辟疆被周天子封侯时，请周天子赐婚给儿子勾践，当时周天子选了颇有才气和心计的姬玉，意在控制蛮越。这位年长勾践两岁的姬玉，不仅得到勾践的万般宠爱，而且对她言听计从。

姬玉知道了老臣们都说越国与吴国抗衡，如同以卵击石，她倒是建议先王在世时，招揽一批年轻贤人，不妨一试，勾践却完全没有兴趣。就在此时，传来门官高声禀报："行人范蠡求见大王！"行人，算是国政顾问。姬玉好奇，问这是谁？"楚国来的疯子！"疯子？她鼓励勾践接见范蠡——这时他才二十二岁，敢在夜半求见的，不是疯子就是天才，勾践勉强接见。勾践不拘小节，劈头直问范蠡如何处理这件紧急的事情？范蠡回道："坚决迎战！"接着补述："祸福相倚，强弱互转，天下大事本无定数，战未必亡，和未必存，需因时因人而定！"范蠡眼睛闪着亮光。

勾践忧虑道："我国新丧，民心不稳，如何迎敌？""国家有丧，不许兴兵，吴废礼制，以失信义；越正可以此唤起民心，同仇敌忾！"范蠡回答得十分坚决，勾践依然担心吴国名将强兵，范蠡继续安抚道："孙武与阖闾有隙，已不在朝中。伍子胥正在疏浚宣、歙二水，不在阵中，阖闾倚重的伯嚭，不足虑矣！"勾践忍不住又问："你是楚人，为何来此助越？"范蠡不疾不徐回道："吴为楚越大敌，只要制吴，何论在越在楚。在下以为，制吴者必吴的南邻——越国！所以前来助越，助越也是为助楚。但是，楚不留人，我和文种才来投越。"

二十五岁的勾践终于下定决心，亲自督军，二十二岁的范蠡任上大夫兼军师，诸稽郢为大将，灵姑浮为前锋，畴无余、胥犴为左右翼。两军在檇李对阵（檇读音为醉），吴军三万，越军只有兵数千。两军先锋先做了初步的交手，不分胜负。可是，范蠡很清楚吴军很快就会以压顶之势冲杀过来，他必须先发制人，问题是该怎么做？一方面范蠡将越国大军撤后，避免羊入虎口。另一方面，畴无余、胥犴各领敢死队五百人，持长戟从左右冲击吴军，吴军反而陷入以弓弩手守阵的局面。双方无重大突破，但至少帮越军多挡了几天。范蠡明白一旦这种胶着状态改变，吴军全面发动军队，凭着三万雄师，一口就能吞掉一个弱越，而且绰绰有余。奇兵是唯一的机会，范蠡要出奇兵了。

决战时刻到了，吴军渐渐逼近！三百越军站在最前线，共三排横队，每队一百人，每人相距三步，每队也相距三步，他们都是军中的死囚，也是英雄好汉。当吴军逼近眼前时，唰！三百人一齐把利剑平举在面前，齐声高呼："吴越君王，同为诸侯，本是兄弟，不该为仇！"

唰！第一队一百人把剑压在自己脖子喉管，一齐高呼："大王英明，越国必胜！"嚓！他们切断了自己的脖颈，人头在地上翻滚，鲜血狂喷。第二队一百人又是整齐地高呼、切落自己的脑袋，轮到第三队一百人，也是同样的动作，血腥的死亡舞蹈，天下少有的壮烈，范蠡流泪了，吴军看傻了，惊异、震撼、惶怖。

此时，畴无余、胥犴各率一队死士，闪电般冲杀进吴军阵中，刀起剑落，血肉横飞，吴军反应不及，大败。越将前锋灵姑浮直接对着吴王阖闾杀了过去，虽然吴将护着阖闾，但灵姑浮仍然用长戟砍下阖闾右脚大拇指。吴军退回苏州，槜李之战结束。当年，公元前四九五年夏天，阖闾病伤而死。阖闾立夫差为太子，嘱托伍子胥辅佐少君，封他最高爵位，称相国公。吴越之争进入新时代。

第二爻·六二 包承。小人吉，大人否，亨。

"包承"是包容、承受的意思，在易经中，包，有以阳包阴的意思。六二以柔居阴，在"中"位，上应九五刚中之君。小人处闭塞时期，应该顺乎上，以济其否。这里的小人指的是"实力弱的人"，说的是闭塞之时，应有逆来顺受的准备，如此才会得吉。"实力强的大人"，面对闭否之时，则要宁安于闭塞，

自不量力的年轻勾践，
不知顺势低调
硬捅马蜂窝，兵败于夫椒

固守正道。《象传》解释，不要被声势的假象，扰乱了意志，内心才能坦然，万事亨通。这一爻，说明在闭塞时期，君子应当觉悟，了解适者生存的道理，自保以等待时机会。勾践不懂这个道理，越差点被吴所灭。

刚刚登基的夫差发誓为父报仇，他派人站在庭中，每逢他出入，就开口问道："尔而忘勾践杀汝父乎？"夫差都会认真回答："不敢忘！"

另一方面，越王勾践闻吴王夫差为报父仇，正加紧训练军队，准备攻越，他想先发制人，出兵攻吴，问范蠡以为如何？范蠡答道："臣以为，吴耻丧其先王，誓矢图报，日夜练兵，已经三年。"接着说："吴军其志愤，其力齐，锐不可当。越军宜敛兵坚守，不可进击！"勾践不高兴地回说："当时檇李之战你不是这么说的！"

范蠡解释两者情势不同，并进一步说明："臣以为，国家大事有三：天时、地利、人事。盈满而不溢出，合天时；富贵而不骄佚，合地利；和而不矜其功，合人事。"范蠡的意思其实就是没有盈满就想溢出，没有富实便骄佚起来，没有勤劳却自夸有功，这是违背天意的。勾践一厢情愿地主动出击的背景理由是：他有大头病！另外一点是上次檇李之战担任后翼的石买将军，他忌妒年轻的范蠡在檇李之战的功劳，于是教唆勾践进攻强吴。勾践决定这次战役不用范蠡！他的如意算盘是：自己率军先发制人，杀他个措手不及！

两军在夫椒相遇，对战于太湖。毫无悬念，越军惨败。当时的画面是：吴王夫差仁立船头，亲自击鼓，激励将士。伍子胥和伯嚭分别率领大舰，以强弓劲弩顺风如飞蝗射向越军，越军逆风，加上久未习战，不能抗敌，仓皇南逃退到钱塘江边。越将胥犴中箭、灵姑浮溺水，俱亡。

姬玉王后听闻前线兵败，急急送密简给在后方的范蠡："速到钱塘救越！"

范蠡与文种先赶到钱塘江边诸稽郢帐中，了解目前局势与军心，因为败战之军最怕军心动摇，甚至溃散，所以，第一要件是要赶快找出凝聚军心的关键，范蠡听完简报后说道："石买将军刚愎自用，倚仗勾践对他的宠信，专制蛮横，把越军带到死路上了。"

另一方面，勾践正面临越军不满地向他请愿："杀石买！杀石买！"这位石买，为人臣者，拿国家命运赌气，造成今天越军的大败，"令人不齿！"范蠡赶到越军大营，看到跪了整地的越军将士，倚势要挟越王诛杀石买。看到如此危峻时刻，范蠡当机立断："舍将保帅！"他先不跟勾践见面，选派一位功夫厉害的小将率几十个壮士手持利刃，越过人群冲杀石买，现场一片凌乱，石买当场血溅七步，勾践也惊吓不已。混乱之间，范蠡跃上战车，高声喊道："我是上大夫范蠡，奉大王之命斩杀罪臣石买，向全军将士道歉，英明大王一定能带领我们反败为胜！"面面俱到的范蠡，倾刻把领导权重新掌握在勾践手中，也瞬间凝聚了败军的斗志。越军一片欢呼，范蠡来到勾践身旁，低语道："大王，我来了！"我喜欢这个画面，也喜欢想象勾践这时的眼神是何模样，羞愧？感激？

勾践把越军的兵权交给范蠡："这里你来号令！""吴国兵强气

盛，战事难以平息，大王体恤将士，令老者、伤者、弱者回家休养，其余人等，愿意追随大王抗吴的，是将，升一级；是兵，饷增倍。即刻整队，向会稽山进发。"会稽，读音快迹，位于浙江绍兴南，相传大禹葬于此山。越军暂时在此站稳脚步，但是吴军跟踪而来，很快便将会稽山团团围住，越军没有了退路。山上越军五千，山下吴军十万。

一个多月过去了，吴军的困山战术终于起效了。勾践终于体悟到他的躁动误事、贪战无知，内心十分后悔。他低头说道："凡我父兄昆弟及国子姓，有能助寡人谋而退吴者，吾与之共知越国之政。"勾践握着文种的手，请设计救越！范蠡与文种到了诸稽郢将军帐处，把勾践允许和解之意向老将诸稽郢说明。

第三爻·六三　包羞。

包，是包容，以阳包阴；羞，羞辱也。六三以柔居阳，失中不正，但是身处坤体的上位，其位非卑，然而处在否塞之时，应该守节安命，不能急切苟求上宠，以免招来耻辱。这就是所谓"君子固穷，小人穷斯滥矣"的道理。可是，处在危机四伏的勾践，以最低贱最卑微的姿态，以让人瞧不起的求和动作，希望能换来越国的平安，他是智慧的。在这里勾践、范蠡以"自辱"换来夫差赢家的虚荣，这是"包羞"的极致。他们以包羞换取国家生存的空间。

老将诸稽郢仅仅带领两位卫士，前往吴军阵营求见夫差。他向夫差解释越王不自量力，听从石买谗言。同时他不忘称颂吴王是英明之君，率十万之军，围而不攻，这是大恩大德，免于越国生灵涂炭，越人没齿难忘。最后说："越王勾践愿订立盟约，把越变成向吴贡物献礼的小邑。"夫差动摇了，但是伍子胥提醒吴王"杀父之仇"，诸稽郢最终无功而返。

范蠡建议这次换文种大夫出场，再次求见夫差，但是要先暗会吴国太宰伯嚭，伯嚭"好大喜功，贪财好色"，这种人最好商量。勾践听得范蠡分析有理，忍不住问道："以何重礼见太宰伯嚭？"范蠡慢慢答道："军中所缺即是重礼！"文种对伯嚭说道："子苟赦越国之罪，又有美于此者将进之。"他手指着身边八位美丽的越女。伯嚭刚刚听完文种的迷汤："寡君勾践，年幼无知，开罪吴王，如今愿作吴臣。知太宰功德巍巍，一言九鼎，寡君使下臣文种，叩首英明太宰伯嚭、借重贵言，收寡君于宇下。不腆之仪，聊效薄贽。"贽，读音为治，就是古代初次拜见尊长所送的礼物。

伯嚭接下礼单，对折，作色生气道："曲曲薄礼，小窥吾乎！"文种接话表示，如果双方对战，越败，我们将会烧尽库藏之积。万一被吴所夺有，眼前这些白璧二十双，黄金千镒也只会进入王宫，不会落入宰府。但是，如果太宰主张越吴之和，每年春秋的奉献，一定先入太宰府邸，这样太宰可以独享全越之利。话都说这么白了，可以想象伯嚭眯着眼睛，嘴角微微上扬地看着身边八位从越宫精挑出来的美女。

越国的求和，夫差同意了，伯嚭暗喜。文种在外听到宣声，膝行进帐，步步叩头。此时，伍子胥飞奔进来，大喊："不可！不可！"接着讲出大道理，最后再提醒夫差是否忘了"立庭的誓言"。当然，伯嚭也振振有词予以答辩，最后他对着伍子胥说道："相国自行忠厚之事，却让大王落刻薄之客，此为忠臣所为乎？"夫差乐了，这句话说得真好，于是对着文种说："寡人在姑苏等汝君到来。"他把气得面如土色的伍子胥晾在一旁。

文种回来简报谈判结果，勾践抗拒和谈的结果，说道"宁可战死，也不入吴为奴！"私下，文种对着范蠡说："少伯，计从你出，说吴，我已办到；说王，就看你了。"最后王后姬玉在一旁劝说，加上范蠡带有自知之明地、主动地"伴随勾践入吴为奴！"最后，勾践咬着牙勉强同意了。范蠡知道勾践疑心极重，心想，勾践夫妻到吴国为奴，岂可容许他范蠡留滞在越？甚至在人间？范蠡当然要主动表态跟随勾践夫妇一起入吴，他真是太聪明了。

公元前四九三年初夏，勾践祭拜了宗庙，在浙水岸，面对来相送的上万臣民，百感交集的勾践竟放声大哭。范蠡见状，先把勾践夫妇迎入"送君亭"冷静一番，举酒碗给勾践，说道："臣闻，居不出，志不广；形不愁，思不远。古之圣贤，皆遇困阨之难，蒙不赦之耻，其独大王乎？请大王舒展眉头，慷慨登程。"说得真好，志不广，思不远，勾践整理了凄恻心情对着臣民说："寡人不知其力之不足也，而又与大国执仇，以暴露百姓之骨于中原，此则寡人之罪也。"

勾践一行人抵达姑苏，在溽热的船里等待吴王的宣召，几天后，夫差终于同意他们下船进宫。勾践头缠红巾，着黑色短裤和赤脚草鞋，袒露上身，腰拴着粗麻绳，背上绑着一木板，上面书写着："役臣勾践"。姬玉黄纱遮脸，白衣黑裙着草鞋，腰间也绑上麻绳背着木板，写着："役臣贱妾姬玉"。范蠡束着发髻，头缠黑巾，身穿渔夫式样灰色短衣，土色裙状短裤，粗草鞋，也用麻绳在腰间绑着背后的木板，上书："罪小臣范蠡"。三人走在姑苏百姓的嘲笑声中，穿过铠甲鲜明戈矛林立的吴军队伍，天很热，粗劣草鞋磨出脚底水泡沁出血水，石板路上有几道血迹，最后，漫长的游街终于结束，三人到了吴宫。然而，新的危机正等着他们。这一年勾践二十七岁、姬玉二十九岁、范蠡才二十四岁。

第四爻·九四　　有命，无咎，畴离祉。

三三
三三

范蠡冷静地创造机会

为奴三年，勾践居然不露一丝愠怒之色。

　　命指天命；畴就是同类。"离"与《离骚》的离同，就是罹、附的意思；祉，神降下的福。九四在六爻中已经过了一半，闭塞时期也过了一半，开始露出曙光，渐具致通之道。九四以刚居阴，具备排除阻力的才能，其质之刚足以辅君，其用之柔可以避忌，九四处否转泰之际，下与初六相应。但九四在阴位，还是缺乏刚毅敢作敢为的精神，因而，想要救世，需要天命；也就是要看命运与际遇，才能决定祸福。在这种情况下，如果九四、九五、上九志同道合，齐心协力，才会是福。

夫差怒目喝道:"勾践,你知罪吗?"勾践哆嗦回话:"臣知罪!"夫差喜欢张扬,耍威风,看着阶下跪着的勾践如此狼狈模样,决定饶他死罪。范蠡知道夫差"色厉内荏"的个性,伍子胥当然也明白吴王的为人。他立刻高声进谏:"夫飞鸟在青云之上,尚且还要用带丝线的箭射下牠来,何况牠已栖止在宫池、廊庭之间!今越王放于南山之中,游于不可存之地。幸而入我疆土,进我栅栏,这正是送上口来的食物,岂可以放过不吃!"王庭上下霎时静了下来,越王勾践也不免紧张得涔涔汗出。

"大王!伍子胥虽然明于一时之计,却不通长远的安国之道。您没有听说'诛降杀服,祸及三世'的道理吗?越王既肯臣服,入执仆役之礼,理应好好对待他。大王千万不可听群小的无知之言啊!"伯嚭当然要赶快接话反驳,以免夫差又改变主意。伍子胥红着脸冲着伯嚭吼道:"误国误君的混话,伯嚭收了越国之贿,成全吴国死敌,这等贱臣,应该与勾践一起诛之。"

情况更凶险了,范蠡突然哈哈大笑,洪亮说道:"小小学臣,人微识浅,不知上国是大王的上国,还是相国的上国?"接着用楚话向伍子胥说:"越王没有得罪相国之处,为何也想鞭尸三百?以公报私,挟他国以自重,领强兵焚家园,相国恶名,天下皆知,楚人恨不能生食之,伍相国留条后路吧!"这番言辞太犀利了,鞭尸三百的往事是疮疤,这是伍子胥后悔的症结所在,用楚话则是分化团结的技巧,最后一句"留条后路吧!"再把伍子胥孤立于主战派之外。伍子胥的气势一下子全没了,勾践的生死关也安全度过了。

囚禁勾践君臣的石室，位于王宫后院马厩与吴王阖闾陵墓之间，墙壁与天板、地板，甚至窗墩、床具都是石块所制，床铺上仅有一堆发霉的稻草。石室栖身，平日他们则是被士卒押着打扫马厩，铡草喂马，擦洗车辆。如果夫差乘车出巡，勾践还要牵着马步行车前，遭到市井百姓的嘲讽。

就这样一连三年，勾践君臣小心翼翼做夫差的仆奴之臣，居然不露一丝愠怒之色。吴王常暗中登高，伺察他们的行动，也没有发现任何诡秘之迹。夫差放心了，高兴地对随从的太宰伯嚭说："那个越王，真是个有节之人；大臣范蠡，也是一介贞士！虽然处此穷厄之地，起坐之间仍不失君臣之礼。我倒真有些怜悯他们了！"伯嚭知道勾践一日不返越国，就存在一日杀身之祸，积极敲边鼓道："大王您垂仁思于越王，越王岂敢不报答您呢！"

这段期间，夫差非常赏识范蠡，想招他为自己的臣子，一次单独召见范蠡，说："勾践给我当奴仆，你何必还跟着他？你若归顺我，苦役可免，而且让你做大官。"范蠡跪谢婉拒："感谢大王好意，但是亡国之臣，不敢语政；败军之将，不敢言勇。我是败国之臣，何敢再望富贵？还是让我跟着旧主为您服役吧。"

伍子胥知道了夫差想释放勾践，急急入朝说："大王！从前夏桀囚汤王而不诛，商纣囚文王而不杀，天道回反，祸转成福：商汤反杀了夏桀，文王反灭了殷商！现在大王囚越君而不加诛，臣以为您也受惑太深了，恐怕会重蹈夏、殷之覆辙啊！"伍子胥是忠臣，但口才却是差了，把老板比喻为夏桀、商纣，他真的不讨喜啊。就在同时，夫差身染寒疾，病倒了，因为"禳灾宜作福事"，勾践没被处死，但也没被释回。

伯嚭发现形势突变，急将消息透露给范蠡，越王忧心如焚，急催伯嚭从中援手，并答应返国后送上更多宝器。伯嚭受到范蠡面授机宜，以探病为名再谏吴王："大王！子胥之谏看似有理，其实不然：从前齐桓公北伐山戎，割燕公出境所至之地予燕，博得了莫大美名。宋襄公济河而战，不击不列阵之敌，鲁《春秋》表彰了他的仁义。所谓功立而名举，军败而德存。如果大王真能赦勾践返国，那可是功冠五霸，名越前古的盛事，又何必犹豫？"夫差听闻此言心动了。

夫差还未痊愈，勾践从范蠡计，主动请求探视。勾践入宫问疾，"取夫差之粪跪而尝之"，并假意祈祷夫差病体早日康复。吴王喜，病愈后，设宴款待勾践。三天后，勾践等人离开吴国。一行人来到越境的三律渡口，松了一口气的勾践，不禁仰天而叹："嗟乎！孤之遭难，谁想到还能生渡此津啊！"此时，已是公元前四九〇年，从入吴为奴到今，整整三年。时年勾践三十岁，而范蠡二十七岁。勾践再度环视越国江山，感慨万千，他已经不是当年爱哭爱闹脾气的勾践。

第五爻·九五　休否，大人吉。其亡其亡，系于苞桑。

休是休息、休止。亡，危亡、败亡。苞是丛生者；而桑树根深牢固。系，固结也。苞与六二、六三的"包"，在感觉上相关联，"苞桑"是说桑木的根，纠结牵缠在一起。九五阳刚、中正、又在中位，可打消闭塞的气运，重新恢复泰平，这是居尊位的大人才能做到的事业；所以，占断"大人吉"。然而，排除闭塞，恢复泰平，毕竟潜伏着危险；因而，必须时刻警惕到灭亡，这样才能像丛生桑木纠结在一起的根，确保安全。孔子在《系辞传》中，引用这一爻辞说："君子安而不忘危，存而不忘亡，治而不忘乱；是以身安而国家可保。""其亡其亡，系于苞桑"就是吾人当戒惧危亡，这种信念必须如同系于苞桑般地坚固不移。

勾践回到越国后，热切地希望范蠡助己兴越灭吴。吴国势强气盛，无论人口还是军事实力都远远高于越国，勾践对范蠡寄予厚望说："不榖之国家，蠡之国家也，蠡其图之。"我的国家就是你范蠡的国家，请帮我好好谋划！

勾践以文种治国政，以范蠡治军旅，他自己则"苦身焦恩，置胆于坐，坐卧即仰胆，饮食亦尝胆"，这就是"卧薪尝胆"的典故。这三年在吴国的屈辱，让勾践心志成熟了，他积极地推行"舍其惩令，轻其征赋"，"裕其众庶"的政策，使得"其民殷众，以多甲兵"。勾践经常鼓舞国人士气，一次他的座车被一只鼓足气的青蛙挡住去路，他立即停车让道表示敬意，侍者问为什么？勾践说青蛙有勇气，值得敬佩。这是"怒蛙可式"成语的典故。越国渐渐步上轨道，"十年生聚"的阶段已具成效。

针对"吴王淫而好色"，勾践与范蠡精心设局美人计，得"苎萝山浣纱女西施"准备迷惑吴王，西施德才貌兼备，但是越王宠爱的一名宫女认为："真正的美人必须具备三个条件：美貌、善歌舞、体态。西施只具备了第一个条件，还缺乏其他两个条件。"于是，足足三年时间，西施认真学习歌舞、步履、礼仪等。范蠡前往吴国，拜见夫差，他引见西施说："得善歌舞者，以供洒扫之役。"吴王夫差大喜，他怎么舍得让西施当个家政妇？夫差在姑苏台兴建春宵宫，筑大池，池中设青龙舟，与西施水戏。又在灵岩山为西施建造了表演歌舞和欢宴的馆娃阁、灵馆等。西施擅长跳"响屐舞"，夫差贴心地为她筑"响屐廊"，木板下铺着数以百计的大缸，西施穿木屐起舞，裙系小铃，飞旋在木廊，铃声轻响，大缸和着回声，"当当嗡嗡"交织在一起，舞姿与铃响如醉如痴，夫差从此沉湎女色，不理朝政。

说说姑苏台：吴王有了西施，需要兴建宫殿的木料，他不用担心，越王勾践免费提供！他命木工三千入山伐木，一年不归，伐得大批上等木材。其中有一对巨木粗二十围，高四十丈，一棵是古梓树，另一棵是古楠树，木质硬朗而直挺，令匠人精工雕刻成盘龙花纹大柱，抹上丹青，又镶嵌白玉，错彩镂金。题外话：这两株老树，后来成了早年台湾第一个加工出口区——"楠梓加工区"的名称，这个世界首创的新型加工区，带动了台湾的第一波经济起飞，不知当时取名的人是谁？他的学问精通，引古博今，真厉害！

夫差有了西施美人相随，伍子胥当然谏言再三，夫差只能躲着他。其实，西施受有三件使命：其一，沉溺夫差于酒色之中，荒其国政；其二，怂恿夫差对外用兵，耗其国力；其三，离间夫差和伍子胥，去其忠臣。关于"离间伍子胥"轮不到西施动手，太宰伯嚭自有一整套阿谀迎合、欺瞒哄骗之术。伍子胥渐渐进入伯嚭罗织的死亡密网，伯嚭在等收网的机会。四年积极努力，到了公元前四八六年，勾践欲起兵伐吴，范蠡劝阻，说时机未到。

公元前四八四年，夫差想再度向北攻打齐国，不安好心的勾践，赶紧表态要率领军队帮助吴王出征，伯嚭更是加码怂恿夫差赶快伐齐。只有清醒的伍子胥劝谏道："越在我，心腹之疾也，壤地同，而有欲于我。夫其柔服，求济其欲也，不如早从事焉。得志于齐，犹获石田也，无所用之。越不为沼，吴其沈矣！"越国是心腹之患，现在却听信虚伪诡诈的言语去贪图齐国。如果攻破齐国，好像只得到一片石田，没有用得着的地方。希望大王放弃齐国，而先考虑越国，如果不这样，以后后悔就来不及了。伍子胥的真知灼见令人感佩，可惜吴王夫差已经听不进去。这句话含有两个成语："心腹之患"、"如获石田"。

终于等到了机会，伯嚭对夫差分析伍子胥拒绝伐齐的心态："自以为先王之谋臣，今不见用，常鞅鞅怨望。愿王早图之。"夫差回道："微子之言，吾亦疑之。"你的话我有同感，我也怀疑他的忠诚。最后，找个理由，夫差派使者前去伍子胥家，赐赠"属镂剑"——就是要他以此剑自尽。从此继孙武的离去后吴国又少了伍子胥，范蠡的灭吴大计可以实施了。

第六爻·上九　倾否，先否后喜。

上九已经是"否"的终了了，物极必反，这是自然法则的必然趋势。《象传》也说："否"终于到了终极，必然倾覆，又怎么能长久。何况上九阳爻刚毅，也足以使闭塞的气运转为泰通；所以占断，先闭塞而后喜悦，否极泰来。

《国语·吴语》记录：公元前四八二年，"万人以为方阵，皆白裳，白旗，素甲，白羽之矰，望之如荼……左军亦如之，皆赤裳，赤旃，丹甲，朱羽之矰，望之如火。"这里有个成语"如火如荼"，形容军容壮盛，像火那样红，像荼那样白。荼，就是茅草的白花。说的是夫差挑出三万精兵强将。每一万人摆成一个方阵，共摆三个方阵。每个方阵横竖都是一百人。每一行排头的都是军官司。每十行，也就是一千人，由一个大夫负责。每一个方阵由一名将军率领。中间的方阵白盔白甲，白衣服，白旗帜，白箭羽，由吴王自己领导，称为中军；左边的方阵，红盔红甲、红衣服、红箭羽就像是燎火一片；右边的方阵则一水儿黑色，深不可测。

这是伍子胥死了两年后的春天，夫差打败了齐国，便与鲁、宋、晋等诸国的国君，在黄池相会，准备在会上以强大的威势，压服晋国，这三个大方阵，就是为了取得霸主地位，而摆出的示威阵式。其实，这个"如火如荼"是连锁反应的结果。连锁反应的启动者就是七十岁的孔子，当时他周游列国已经结束三年。这一年颜回病死，孔子伤恸不已。不久，孔子听说祖国——鲁国即将有难，于是派出三十九岁的子贡（本名端木赐，他与勾践同年次）进行一场超级经典的穿梭外交，成绩亮丽："存鲁，乱齐，破吴，强晋而霸越。"

事情是这样的：齐国有位田常大臣要在国内叛乱夺权，可是他实力不占绝对优势，他还有齐国其他势力的顾忌，于是想发动对鲁的侵掠战争，借着转移政敌的军队前去征战，以获得渔翁之利。这事被孔子知道了，孔子选定了子贡进行外交。子贡到了齐国游说田常，希望他改变攻击对象：伐强吴！子贡的理由是"忧在内者攻强，忧在外者攻弱"，如果你想要在齐国力争大位，攻弱鲁，赢下战争应该不难，可是战功还是别人的；如果伐强吴，则可折损政敌实力。田常啊！这是潜道理，你暂时按兵不动吧，等吴国主动来攻齐时，你再出击，如果能败吴，则立下大功。至于吴国为何会来？我会去游说吴王夫差，让他高举"救鲁而伐齐"大旗，鼓动他蠢蠢称霸中原的野心。这样，你则可出兵迎击，如何？田常乐了，请他跑一趟吴国促成大事。

子贡到了姑苏，见了夫差，说道："我听说王者不绝世，霸者无强敌，今天强齐想要吞占弱鲁，改变列强平衡，如果得逞，即将与吴国来争高低，我私下替大王感到危险。"子贡继续分析："救鲁，显名也；伐齐，大利也。"这是好生意，因为讨伐强暴的齐国可以"威加晋国"，"诸侯必相率而朝吴，霸业成矣。"夫差同感，但是他有忧虑，说道："我担心勾践利用空档偷袭吴国，我还是先去攻打越国吧。"子贡说不用担心！我去说服勾践"出兵以从"，这么一来吴军兵力增加，越国兵力空虚，他们即使有心也无力。夫差大乐，于是拜托子贡到越国帮忙征兵。

子贡到了越国，勾践清扫道路，到郊外迎接子贡。子贡向勾践劝说出兵支持夫差伐齐，麻痹夫差的警戒心，其理由是："投合他的心志，用重金宝物来获取他的欢心，用谦卑的言辞尊重他，夫差一定会攻打齐国。如果那场战争不能取胜，就是大王您的福气了。如果夫差打胜了，他一定会带兵逼近晋国。所以，请让我北上会见晋国国君，让他共同攻打夫差，这样一定会削弱吴国的势力。"勾践大喜，请子贡跑一趟晋国。

夫差接收了三千越军，没有挟持勾践当人质防范他在背后偷袭。他率领吴军要出发了。这时，子贡前往晋国，对晋国国君说："臣闻之，虑不先，定不可以应卒，兵不先辨，不可以胜敌。今夫齐与吴将战，彼战而不胜，越乱之必矣；与齐战而胜，必以其兵临晋。"告诉你吧！吴军击败齐国后，就会来攻击晋国，请开始整治好武器，休养士卒，等待吴军的到来吧！

公元前四八二年春天，吴国征战的鼓声响起，战争脚本一如大导演子贡的预期，吴军和齐军果然在艾陵打了一仗，大败齐军，俘虏了七个将军。但是夫差不肯班师回国，继续带兵逼近晋国，和晋军在黄池相遇。七月，吴晋争雄，夫差以"如火如荼"的赤、白、黑三个万人大方阵，以兵威胁晋国晋定公。最后，夫差如愿主盟黄池之会。

吴国的好日子过完了，就在吴晋黄池之会的当下，勾践与范蠡当然不会放过这次趁虚进攻的契机，六月，启动藏在民间的四万多越军，兵分两路攻吴。范蠡率领的部队循海而逆入淮河，建立防线，以切断吴军自黄池的归路。另一路，由勾践亲自率主力进攻姑苏城，取得局部作战胜利。范蠡知道吴国实力依然不弱，建议勾践同意夫差的求和。黄池之会是吴国霸业的顶峰，却也是吴国国力遽然减弱的开始。

之后十年期间，两国战事不断，吴国的国力渐渐消耗殆尽。公元前四七三年底，最后的决战如期而至，姑苏城被勾践兴兵攻破，夫差被围困在吴都西面的姑苏山上。最终，夫差被擒，吴国灭亡，勾践的命令是将他下放到甬东，仅仅领有百家小邑的收入以养老，已经当了廿三年吴王的他，哀鸣道："孤老矣，不能事君王也。吾悔不用子胥之言，自令陷此。"自杀前，夫差用三寸帛蒙住眼睛，他说他没有脸在九泉见伍子胥，"遂自刭死"。夫差自尽于姑苏台，距越国的会稽山请降正好是二十一年，十年生聚，十年教训。春秋时期惊心动魄的"吴越之争"，勾践以否极泰来作收。

后话一：夫差自杀后，勾践进驻姑苏城，据有吴王旧宫。场面风光，百官称贺。伯嚭也在朝列中，自以为曾于勾践有周全照顾之功，因此"面有得色"，便向勾践拜贺。勾践却下令诛杀伯嚭，罪名是"不忠于其君，而外受重赂，与己比周（与越国勾结）也"。一个举足轻重、至为关键却又极不光彩的人物，被写入历史扉页。

后话二：范蠡受封为"上将军"，但是他婉辞了。范蠡以为大名之下，难以久居。这是"大名难居"成语的典故。他深知勾践的外貌"长颈鸟喙"，这是"可与共患难，难与同安乐"的个性外征。隐退，是唯一的选项。范蠡要远离越国，走前留给文种一封信，说"飞鸟尽，良弓藏；狡兔死，走狗烹"，你还是也走吧！文种不予理会，认为范蠡是杞人忧天。不久，勾践派人送来一口剑到文种住处，而那把名剑，正是当年夫差给伍子胥的"属镂剑"，勾践传话说："你去地下为寡人的先王，打败吴国的先王吧！"

后文种自刎印证了范蠡的先见之明。此时，四十五岁的范蠡正与三十四岁的西施泛舟齐国，他改名为"鸱夷子皮"，带领儿子与门徒在海边结庐而居，准备创造人生第二次传奇。

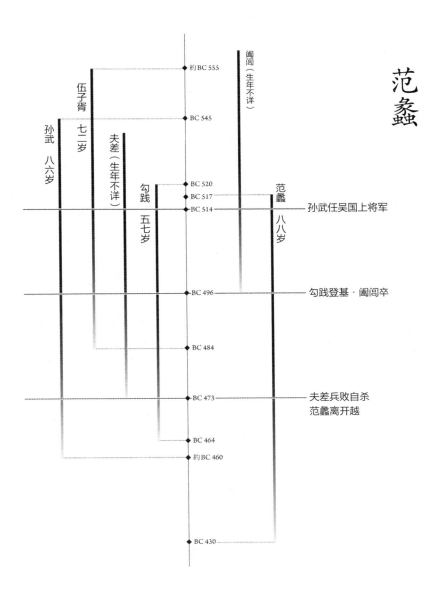

范蠡

约BC 555

伍子胥
七二岁

孙武
八六岁

夫差（生年不详）

勾践
五七岁

阖闾（生年不详）

BC 545

BC 520

BC 517　范蠡

BC 514　孙武任吴国上将军

范蠡
八八岁

BC 496　勾践登基 · 阖闾卒

BC 484

BC 473　夫差兵败自杀
　　　　范蠡离开越

BC 464

约BC 460

BC 430

张良

臣原封留足矣，
不敢当三万户

乾
离
同
人

《同人》卦，上卦乾天，下卦离火，卦象是天在上，火亦炎上，

火向上燃烧，光明，与天的性质相同，形成"同人"的形象。

内卦"离"意味着内心光明；外卦"乾"是外向刚健的性格，

与古代"大同"的理想有相通之处。

在历史即将风起云涌的时刻，张良选择与刘邦同心同力共创伟业。

刘邦二十七个月就完成了灭秦的历史使命。

但到手的天下，屡次差点被刘邦亲手送出。

夜宿秦宫、分封诸侯、赴鸿门宴、躲过项庄舞剑，

都亏张良为其献策或力劝、或点醒，终能结束楚汉之争，一统天下。

这位汉朝的开国元勋知道，他与刘邦共创大业的"同人之乐"已经结束，

美好的旅程终点已到，于是选择了回归江湖。

一代枭雄曹操口中的"子房"是谁？

当我们要形容一个人的美貌或是人格特质时，往往会用一名大家都熟悉，甚至已经定论的经典人物来形容，比方说我们要强调这位女生非常漂亮，沉鱼落雁，会说她就是"赛貂蝉"、"小昭君"等等。如果是要说男生武艺高强，《水浒传》里的"小李广"花荣、"小霸王"周通、"小尉迟"孙通、"病尉迟"孙立、"赛仁贵"郭盛等等就是如此，借用已经家喻户晓的历史战将，来彰显这位英雄的特质与能力。

东汉末年，关东联军讨伐董卓，但貌合神离，互相侵夺。此时还是小咖的曹操，在兖州招贤纳士，有荀彧叔侄二人来投靠。荀彧本来被袁绍奉为上宾，但他认为袁绍不能成大事，于汉献帝初平二年（公元一九一年），投奔了东郡太守曹操。曹操与语，大悦，盛赞其为："吾之子房也。"后来，荀彧成了曹操帐下首席谋臣，他是一名杰出的战略家。

那么，一代枭雄曹操口中的"子房"是谁？张良！

张良的智谋，毋庸置疑。在诸葛亮出现之前，张良是许多人心目中"智多星"的首席代表。后世以"谋圣"赞誉他的智谋不凡，对他的神机妙算充满了好奇与景仰。

楚汉相争落幕后，公元前二〇二年二月二十八日，刘邦在山东定陶的汜水北岸，举行登基大典，定国号为汉。刘邦在封赏功臣的宴会，对着张良说："运筹策帷帐中，决胜千里外，子房功也。"当时，刘邦还让张良自行从齐国领地选择三万户作为封邑。

张良回说:"始臣起下邳,与上会留,此天以臣授陛下。陛下用臣计,幸而时中,臣原封留足矣,不敢当三万户。"当初我在下邳起事,与主上在留县会合,这是上天把我交给陛下。陛下用我的计策,很幸运的时候会取得成功。我只要受封留县就心满意足了,不敢承受三万户。

于是,张良受封为留侯,这也是张良被称为"留侯"的缘由。当中,有张良的退让哲学,也有留三分田地的智慧,刘邦要赏你的不能全不拿,也不能全拿,如何拿?这是大学问;如何退?这是大智慧。

退隐时采食银耳以示清白,求访神仙,死后不知所踪

天下归于大汉,张良向刘邦表态说:"愿弃人间事,欲从赤松子游耳。"张良素来体弱多病,自从刘邦建国入都关中,天下初定,他便托辞多病,闭门不出。 随着刘邦皇位的渐次稳固,张良逐步从"帝者师"退居"帝者宾"的地位,遵循着可有可无、时进时止的处事原则。在汉初刘邦翦灭异姓王的残酷斗争中,张良极少参与谋划。在西汉皇室内部的明争暗斗中,张良也恪守"疏不间亲"的原则:远离。

最后,张良辞去朝中要职,不恋高官显贵,闭门不出,辟谷行气(所谓"辟谷"就是不吃五谷,也等同于不食人间烟火。辟

同避。通常在辟谷期间，不吃用火烹制的食物，只喝清水和吃一些天然的食物），修炼赤松子道术。这是张良的智慧，在刘邦大肆杀戮几个开国功臣之后，他居安思危，未雨绸缪为了避免灾祸，他选择逐步淡出，这是大智慧，成为后人学习的典范。

隐退初期，他知道刘邦派有密探时时窥探，而自己也未完全忘却朝廷事务，内心矛盾，为了解闷也为了表明清白，他经常采食天然银耳为食。银耳，又称白木耳、雪耳，有"菌中之冠"的美称，性平，味淡，自古都将银耳看做是"延年益寿之品"、"长生不老良药"。张良的这种隐晦心境，在他有生之年并没有人知道，一直到唐初，房玄龄与杜如晦两位宰相，不知从哪里得到当年张良隐居时的食典，此事后人才得以知晓。后面的故事在《英雄的十则潜智慧》中《皇后庶事相启沃，极有利益尔》篇已述，不赘。

位于柴关岭南麓，紫柏山东南脚下的张良庙

最早的张良庙是由"汉中王"张鲁所建。那是三国时期的事，张鲁是张良的第十世孙，他是五斗米道教著名的创始人，即是东汉末年脱离中央政权的汉中王。

相传张良退离朝廷后，隐居于此。后人仰慕他"明哲保身"的策略和"功成不居"的风范，在此建庙奉祠，名"留侯祠"，俗称"张良庙"。庙有六大院，一百五十余间殿宇，总面积

一万四千二百平方米，大约两座足球场，步入其中，如穿进历史隧道，进入流逝的历史大河。该庙山门为青砖构成卷洞式的牌楼。门楣上横刻"汉张留侯祠"五个朱红大字。大门左右刻着一副对联："博浪一声震天地，圯桥三进升云霞。"上联指他在博浪沙刺杀秦始皇一事，下联指他在圯桥与黄石公相识的传奇故事。庙门右侧竖一石碑，上刻"紫柏山汉张良留侯辟谷处"。

入山门，便踏上一木桥，名曰"进履桥"，此为"圯桥纳履"典故而设计建造的，说的是张良在圯桥为黄石公捡鞋穿鞋一事。当年苏轼曾在这里吟颂："曾闻圯上逢黄石，久矣留侯不见欺。"赞扬了张良一生有始有终，表里如一。

越过木桥，二门内侧为高耸的保安院，左右有钟、鼓楼。拜殿后是正殿，雄伟庄严，奉祀张良神位。殿内门额高悬金光灿烂的四个大字："帝王之师"，殿门有对联："毕生彪炳功勋启自授书始；历代崇丰烟祀端由辟谷开。"其他匾额如："急流勇退"、"机谏得宜"、"智勇深沉"等等皆称颂张良。殿堂立柱饰有众多对联，如："秦世无双国士；汉廷第一名臣"，"富贵不淫，有儒者气；淡泊明志，作平地神。"

道光十年期间，林则徐在擢任江苏布政使时，在等待交卸期间，仍赴洛阳等地勘灾，在路过紫柏山时，写下《过紫柏山留侯庙》四首诗：

> 除秦便了复仇心，勇退非关虑患深；
> 博浪沙椎如早中，十年应已卧山林。

偶凭道力领三军，天汉通灵压楚氛；
烧断褒斜千阁道，羽衣终占一山云。
漫将巾帼拟须眉，仙骨珊珊世岂知；
赚煞英雄谈背面，藏弓烹狗悔未迟。
清泉潺潺竹娟娟，七十二峰青可怜；
但借先生半弓地，不须辟谷也登仙。

　　林则徐的第四首诗，则是形容紫柏山此处七十二峰，清泉翠竹令人可爱，他只需向张良先生借用这里很小一点儿地方，即使不用学辟谷之术，也可成为仙人了。林则徐一生为官，遍及十四省，由于工作迁徙的关系，在旅行移动时，他对于途中的名胜古迹一定前往观瞻，甚至还要写诗抒情，有写景、状物、怀古，诗句里主要表现在对爱国历史人物的情怀上。林则徐的诗文多体现在对国事的忧患、对人民深深的爱，我们下次辟文说说这位了不起人物的故事。

　　先回头认识张良吧！

战国时期末年的第一愤青，行刺失败后，张良藏身于下邳

　　张良不姓张，原姓姬，与周天子同姓。

　　当秦始皇吞并六国，实行暴政统治的时候，张良还是个青年，安徽亳州人，号称姬公子，其祖父姬开地，父亲姬平，都相继为韩国相国，侍奉过五朝君王。及韩国灭亡，张良为了报仇雪恨，

不畏强敌，乃决心刺杀秦始皇。用现代的话说，张良是战国时期末年的第一愤青。

趁秦始皇东游之际，宫车行至博浪沙（今河南原阳县境内），张良及时令力士抛出一百二十斤重的大铁锤，可惜"误中副车"，受惊的秦始皇却安然无恙，力士当场被擒，触树而死。姬公子便隐名匿姓，从此改名张良，逃亡到下邳，邳读音批。"博浪飞椎"的成语典故源于此，之后比喻刺杀强敌，报仇雪恨。李白有诗："沧海得壮士，椎秦博浪沙。"

张良风度翩翩，长相秀美，一位纤弱如女子的青年，敢于狙击一跺脚地动山摇的秦始皇，勇则勇矣，但此乃匹夫之勇，还不足以成大事。一位神秘老人看在眼里，他知道亡秦需要这样的热血壮士，然而必须具备以柔克刚、以弱制强的大勇。灭秦时机未到，需等势，也需造势，这一切都需要优质人才，然而张良是那种人才吗？老人想要看他能否学会"猝然临之而不惊，无故加之而不怒"的忍劲了。

张良逃到下邳以后。一天，在圯桥遇见这位老人，这是老先生预谋的场景。他为了考验张良的为人和耐力，故意将鞋子掉到桥下，吩咐张良去拾上来，甚至还叫他亲自跪地帮他穿鞋，张良一一顺从照做，这一系列折辱，既是考验，也是上课。张良获得老人家的青睐，便说五日后，天明来圯桥上再见。

天未亮，张良赶到桥上，却见老人已坐在那里了，老人说："你比我晚来，未可传道。"五天后，起个大早的张良还是比老人晚到，直到第三次，又是五天后，张良干脆不睡，夜未半就候在圯桥。老先生肯定了张良的这种韧性、耐性、适性和毅力，成语"孺子可教也"的典故就是发生在这里，这位老人即是黄石公，授一部《素书》说："读此书则可为王者师，十年后天下大乱，你可用此书兴邦立国；十三年后若复求吾，乃谷城山下黄石也。"再过十三年后，我俩还会在济北相见的，到时候你就到谷城山下的黄石来找我吧。老人说罢，飘然仙去。这就是相传中的《黄石公素书》的传奇。

此后，张良在艰难的西逃途中，月夜攻读，遂感行刺秦始皇乃为蠢事。他明白要成大事，自身必须具备"三忍"的素养：一容忍，二隐忍，三不忍。容忍，像海纳百川，这是胸怀气量，所有的试炼都不动如山。隐忍，在时不至、运不到的时候，隐而不发，同时积蓄力量，修德聚贤，像周文王在羑里狱中那样（羑读音友），心中虽然波涛汹涌，但是外表却是一波不兴。不忍，即是非常人之行动，虽然哀痛但不再退让了，像是诸葛亮之于马谡，挥泪但是果断地行动。

张良自己形容读了《黄石公素书》后："修之于身，能炼气绝力，轻身羽化。与绮里季、东园公、甪里先生、夏黄公，为云霞之交。"这是叙述张良用此书，指导自己修炼，达到了气力无比、轻身羽化、能进入另外空间，并与"商山四皓"神仙等级的人物交往的殊胜境界。

专研《黄石公素书》之后，从容地离开了下邳，投入抗秦战争

青年张良经过几年苦读，从容地离开了下邳，投入抗秦战争。被历史誉为"谋圣"的张良，即将展开不凡的才智。

秦二世元年（公元前二〇九年）七月，陈胜、吴广在大泽乡揭竿而起，举兵反秦。紧接着，各地反秦武装风起云涌。矢志抗秦的张良也聚集了一百多人，扯起了反秦的大旗，投入惊涛拍岸、驰骋沙场的大时代。

独木难撑大局，张良自感身单势孤，难以立足，只好率众准备投靠景驹。景驹为一名自立为楚假王的农民军领袖。"假"就是代理的意思，楚假王即是代理楚王，当时驻在留县。张良前去跟随他，途中正好遇上沛公刘邦率领几千人在下邳一带发展势力，夺取下邳以西的地方，张良便归附了他，沛公任命张良做厩将。

两人在"留县"不期而遇，一见倾心，张良多次以《素书》进说刘邦，刘邦多能领悟，并常常采纳张良的计谋。张良果断地改变了投奔景驹的主意，决定跟从刘邦。之前张良常对别人讲这些《素书》计谋，别人都不能领悟。可是，沛公不同，张良感慨说："沛公大概是天授予人间的。"

张良头脑清楚，深知作为士人，具有深通韬略固然重要，但施展谋略的前提则是要有善于纳谏的明主。张良知道刘邦具备明主的条件，但是态度有所保留，因为他有"恢复韩国"的终极使命。张良是战国时期的韩国人，张良青少年时代之前均生活在韩

都。《汉书》记载："良祖开地相韩四十一年，父平相韩四十六年，共连续相韩八十七年。"祖父和父亲总共当了八十七年韩相，历经五位韩王，着实惊人。当秦灭韩时，张良家中仅家僮就有三百人，可见家大业大，虽然"良父卒，良年少"，父亲死时，张良年少尚未在韩朝廷领有一官半职，可是，"光复韩国"却是他的志向，如果有天担任韩相一职，也算是继承父业了。

秦二世二年（公元前二〇八年），六月，项梁、项羽叔侄所率领的队伍已发展壮大到七万人之多。刘邦加盟项梁集团后，项梁与其他将领，再一齐转而拥立楚怀王之孙熊心为王，并且集各路抗秦首领于薛城共商大事。张良不忘复兴韩国，他向项梁提议道："君既已立楚王为后人，而韩王诸公子中的横阳君成最贤，可立为王，借以多树党羽。"可以增加同盟者的力量，这个策略太有说服力了。早在下邳之际，张良、项梁之间便有旧谊，因而项梁一口应承。

于是，项梁命人找到韩成，立为韩王，史称"韩王成"，并以张良为韩国司徒（相当于丞相），张良"复韩"的政治目的终于达到了。张良出任司徒一职，如同祖父与父亲一样，他的"复家"情感夙愿也得以实现，于是便竭尽全力扶持韩王成，挥师收复韩地（指的是战国时期韩国地盘），游兵于颍川附近，时而攻取数城，时而又被秦兵夺回，如此往来游击作战，迟迟未能开创大局面。

另一方面，刘邦在项梁集团中力争上游。在项梁战死后，楚王熊心做了两个重要决定：救赵、灭秦。刘邦与项羽兵分两路，项羽北上救赵，刘邦西进秦关打算直捣京城咸阳。两方在楚王的约定下：谁先入秦谁当关中王。

在《易经》有一卦《同人》，说的是"广阔无私，光明磊落"的道理，理的是"同心同力"的论述。《同人》卦六爻，只有六二柔爻处离体，且居中得正，象征六二怀文明之德，行中正之道，其余五阳爻皆欲与之相合同。张良即将与刘邦同心同力共创伟业。

从《易经·同人卦》看三十八岁的张良，如何帮助刘邦抗秦灭楚建立大汉

乾
离

上九　同人于郊，无悔。
九五　同人，先号咷而后笑。大师克相遇。
九四　乘其墉，弗克攻，吉。
九三　伏戎于莽，升其高陵，三岁不兴。
六二　同人于宗，吝。
初九　同人于门，无咎。

　　《同人》卦，上卦乾天，下卦离火，卦象就是天在上，火亦炎上，有两相亲和之象，喻示"合同于人"。火向上燃烧，光明，与天的性质相同，形成"同人"的形象。内卦"离"是明，意味着内心光明；外卦"乾"刚健，不懈地前进，外向刚健的性格，所以用有利于涉大川比拟。全卦阐明人们之间应以正道和睦共处的道理，与古代"大同"的理想有相通之处。刘邦与张良确实是天生一对，明主与良佐，他们个性调和，意志沟通，能够冒险犯难，符合君子的原则，从而无往不利。

第一爻 · 初九　同人于门，无咎。

初九居六爻之下，是"同人"开始的一爻，刚毅，有舍己从人之义。在下方的位置，与九四相斥不相应；但也象征中间没有私情存在，扩大解释即是与人交往的公正与广阔。门，就是隔开内外，门内容易溺于私情，门外公理容易彰显。初九上往，出门，即与六二相遇，是在门外与人交往。虽然没有到达"卦辞"中的"野"那样的"大同"境界，但已超越在门内的狭隘近亲关系。

出发前，刘邦驻兵砀郡，他要决定进攻路线：先北上，再西进至洛阳。当沛公率军从洛阳向南穿过辕山时，张良率兵跟从沛公而来，一起攻下韩地十余座城邑，也击败了杨熊的军队。沛公责令韩王成在阳翟留守，他则准备南下，韩王成为了表达谢意要张良送刘邦入关。所以，张良与刘邦同行前进攻打宛县，然而攻打宛县前，要先攻取重镇陈留。

当军至陈留附近时，刘邦得到一位长者的传话说要相见，这位当地人都称他"狂生"的长者，狂放豁达又博学雄辩，他的名字叫郦食其，是历史上鼎鼎有名的大辩士。沛公虽然心胸大度，但是不喜欢儒生，等他到了高阳，驻扎后便召见郦食其。郦食其递上名片，瞥见刘邦坐在床上让两名女子为他洗脚，郦食其知道这是刘邦在试探他，便没下拜，只作了拱手长揖，问道："足下是想助秦灭诸侯？还是想率诸侯破秦？"

　　史上的两位平民皇帝都喜欢卖弄小聪明面试新人，刘邦这时就是这样。另一位朱元璋也是如此，他"面试"刘伯温的时候，也是这种态度。先说说刘邦，他听到有此一问，骂道："该死的儒生，当然反秦！"郦食其淡定回道："必聚徒合义兵诛无道秦，不宜倨见长者。"不应当这么没有礼貌地见长者！郦食其六十一岁，而刘邦这时四十九岁。接下来的场景，史载："于是沛公辍洗，起摄衣，延郦生上坐，谢之。"

　　刘邦请郦食其一起吃饭，同时向他请教有什么好计谋，郦食其答道："足下初起，收聚散兵，不满万人，就想径入强秦，好比虎口拔牙，凶险非常。陈留此地，四通八达，城高粮多，我与县令旧识，入我前去劝说，成是大好，不成再举兵攻打。"刘邦当然同意，这是不会输的买卖嘛。最后，刘邦在郦食其请游说之际，以偷袭智取了陈留，这是刘邦西入秦关的第一个大胜利。

　　接着，刘邦与南阳郡守在犨东交战，攻克南阳郡，郡守败逃，退守宛城。但是，刘邦没有乘胜追击，想要绕过宛城，继续西进。张良反对，他说："沛公就是再急着入关，也不能放过宛县。理由很简单，秦兵依然强盛，又据守险地，如果我们直接西进，到时候强秦在前，宛兵在后，将会腹背受敌。"刘邦是学习力与理解力超强的老板，他立刻率军回头，张良建议将部队的旗帜更换，让在宛县守城的南阳郡守以为又有其他大军要围城，打击他的守城信心，此计果然有效！郡守立刻崩溃，表示要自杀，被门客陈恢劝阻，说道让我先去会会沛公，如果条件谈不拢，要自杀还不迟，说完翻城下来求见刘邦。

陈恢见到了刘邦，提出很有创意的意见："双方约降！"如果硬打，双方会有重大伤亡，所以，你们继续西进，让原来的郡守继续驻守本地，宛兵不会追击在后，而你即将要攻打的县城，也会对这种解决办法感兴趣，争着开大门欢迎你，如何？刘邦同意了！他清楚这个办法确实最符合自己的利益。结果是：他封南阳郡守为殷侯，陈恢一番话语救了宛城，也成就了自己的功名，刘邦封给他一千户食邑。

顺利打开宛县大门，这是刘邦西征的第二个大胜利。从此，西进的道路变宽了，从宛城到丹水，到胡阳，到郦城、析城，一路所遇到的由秦朝统治的县城，无不风闻而降。这是在赵地与秦军正在浴血奋战的项羽无法想象的。

秦二世三年八月（公元前二〇七年），刘邦率军到了武关。武关自古便是从河南地界进入关中的必经之地，它与东边的函谷关、北边的萧关、西边的大散关合称"秦之四塞"。刘邦的兵力越战越多，现在他要叩关了。

第二爻 · 六二　同人于宗，吝。

六二有中正谦下之美，但它只阴阳应了九五，所"同"有限。宗，就是宗党、宗族，"同人于宗"就是说和同于有所系应关系者，处同人时、五阳皆欲和同于六二，但六二独亲于九五，溺于私情，有违同人的本意，所以有鄙吝。这一卦，是在阐扬天下大同的理想世界，相应反而成为不利的关系，因而不相宜。刘邦看到华夏美女，忘了花花江山的大志。

事情比想象的容易，刘邦进入武关并未遭遇到顽强抵抗。在洛阳的赵高惶恐了，他与其婿"咸阳令"阎乐合谋，逼秦二世胡亥自杀于望夷官。临死前，胡亥说他愿只当万户侯即可，阎乐不准，自杀时这位愚笨的胡亥才年仅二十四岁。为何说他愚笨呢，不久前才发生了"指鹿为马"的事件，意图谋反的赵高，为了试探群臣们支持他或是秦二世，故意牵了一头鹿献给胡亥皇帝，说："这是马。"胡亥笑说："丞相误邪？谓鹿为马。"说完，转身向身边大臣询问，有巴结赵高的大臣说是马，有的大臣则说是鹿。结果说是鹿的人皆被赵高处决了。这个成语，成了混淆是非，颠倒黑白的同义语。

刘邦大军继续向峣关挺进，这时逼死二世的赵高，独揽朝政，他召集群臣和诸公子，打算立公子子婴为君。赵高认为六国都已经复国，秦朝疆域日益缩小，称帝空有其名，应像过去一样称王即可，子婴于是在赵高的迎立下登基，是为"秦王子婴"。同时，赵高派人去向刘邦表明想与他"共分关中"。"共分"？刘邦回绝了赵高的投机提案。

同时间的洛阳，赵高这边的场景是：他让子婴斋戒，预定五天后到宗庙祭拜祖先，接受秦王印玺。子婴判断赵高想在祖庙时杀他后代之当王，于是，在祭祖时推说有病不去了，赵高派人催促，子婴坚决不去，赵高只得亲自入宫来见子婴，说："国家大事，你怎么能不亲自前往呢？"这时子婴所布下的埋伏，如计刺杀了赵高，也诛灭了赵高三族，接着把赵高的脑袋挂在咸阳城门示众，一代乱臣走入历史灰烬，让人唾弃。

沛公想用两万人的兵力攻打秦朝峣关的军队，张良劝告说："秦军还很强大，不可轻视。我听说峣关的守将是屠户的儿子，市侩容易被利益驱动。希望沛公暂且留守军营，派人先去，准备五万人的粮食，在各个山头上多增挂旗帜，作为疑兵，同时，可叫郦食其带着贵重的宝物利诱秦军的将领。"

郦食其口才真好，秦军的将领见钱眼开，果然背叛秦朝，打算率军跟沛公联合，一起向西袭击咸阳，沛公想听从秦将的计划。张良说："这只是峣关的守将想反叛罢了，此是个人的行动主张，恐怕部下士兵们不听从。然而士兵一旦不从，必定带来危害，不如趁着他们懈怠时攻打他们。"沛公听计，率兵攻打秦军，大败敌兵，然后追击败军到蓝田。子婴慌乱中调兵遣将，秦兵不敌，终于在蓝田大崩溃，咸阳城洞开。

沛公进入咸阳城，秦王子婴穿上素服，驾乘白马，颈戴锁链，手捧皇帝玉玺，投降了沛公，他在位仅四十六日，秦朝正式灭亡。

这时是公元前二〇六年农历的十月，刘邦只以二十七个月就完成了灭秦的历史使命。司马迁在《史记》里称此年为"汉元年"，当时过了冬至即是过了年，到了汉武帝才改春节为元旦。

五十一岁的刘邦进入秦宫，这辈子第一次见到了传说中的金碧辉煌的宫殿，那里的宫室帐幕、良驹猎犬、奇珍异宝、美女三千，令他眼花缭乱，当晚意图在秦宫下榻。樊哙急了，猛劝急谏沛公出去居住，沛公不听。张良等樊哙说完，接道："秦朝正因暴虐无道，所以沛公才能够来到这里。替天下铲除凶残的暴政，应该以清廉朴素为本。现在刚刚攻入秦都，就要安享其乐，这正是人们说的'助桀为虐'。况且'忠言逆耳利于行，良药苦口利于病'，希望沛公能够听进樊哙的意见。"樊哙早年屠狗为业，为人豪爽，吕公将吕雉嫁给刘邦，又将吕媭许配给樊哙。传说吕公会给人面相，他早已看出刘邦日后必成大业，是个大能人，当然也看出樊哙忠勇两全，是个大武将，日后可以擘力协助。

听完张良说明，沛公这才冷静下来，离开秦宫，还军灞上。灞上，位于咸阳的东边，因在灞水西之白鹿高原上而得名，是咸阳附近的军事要地。

> 九三以刚居阳，过刚不中，又在下卦之上，而不应上九之刚，非能谦下者也。尤其欲夺取九五之正应而自比于六二，但是理不直气不壮，无法显发，所以有"伏戎于莽"之象，"戎"是军队，"莽"是草丛。偶尔登高已顾望，就是有"升其高陵"之象。如此状态有三年之久，仍未有所行动，所以说"三岁不兴"而无所往也。刘邦想拒项羽于关外，但是能力不足，如此举棋不定的矛盾心态，让他陷入战争倾覆的危机。

汉元年，十一月，巨鹿之战大获全胜的"上将军"项羽，率领四十万诸侯联军浩浩荡荡向关中而来。当大军抵达函谷关时，门关紧闭，项羽早已知道刘邦早他进入关中，而且已经颁布"约法三章"，收揽民心。项羽输了与刘邦的"先入关者为关中王"盟约，本来已经不爽，现在还被拦关在前，便勃然大怒，派出猛将鲸布率军强行冲关。

同年十二月，项羽大军攻破函谷关，进驻新丰、鸿门。他要兴师向刘邦问罪，"这个乡下人刘邦，竟然敢拒我项羽于关外！"刘邦虽然理直，但气不壮，双方兵力悬殊，项羽四十万，刘邦的乌合之众勉强算十万，刘邦有些后悔，覆水难收，上一次想夜宿秦宫，这一次驻兵紧闭函谷关，给了项羽做文章的题目。项羽身边首席军师范增奏上来说："刘邦性格喜好钱财、美色，但到了关中后并不曾夺取财物和女人，是志向远大的表现。""我找了人看刘邦头上气，说是出奇的好，形若龙虎，艳如五彩。"

"呔！这是天子之气啊！"项羽下了结论，他下令众军备战："明早让兄弟们吃好吃饱，替我灭了刘邦那小子！"

项羽的季父项伯得知范增的计划后与张良关系友好，因此乘夜前往刘邦的军营，会见张良并告诉他有关战火即将点燃的详情。项伯建议张良逃亡，但张良决定报告刘邦，便向项伯解释说："我奉韩王之命，送沛公入关，而今沛公身处危难之中，我要是只顾着自己逃跑，不就成了不义之人吗？"

由于双方军力悬殊，面对突如其来的毁灭性战争，刘邦听后非常震惊，急问怎么办？张良没有立刻回答，倒是问谁给你出了这个"闭关"的馊主意？"鲰生！"张良又问："料大王士卒足以当项王乎？"（您觉得自己的兵力足以抵挡得住项羽？）一阵默然后刘邦说："固不如也，且为之奈何？"（我不是项羽的对手，现在怎么办？）张良的问答是有学问的，如果他直接提出对策，刘邦无法认清整个情势，对于客观的事实，一般人都会选择性地忽略部分，这样将会有危险。张良让刘邦讲出真话后，娓娓说道："请往谓项伯，言沛公不敢背项王也。"张良建议刘邦透过项伯的协助，转达不敢背叛项王的意思。

刘邦实在聪明，一点就亮，他确定项伯与张良的旧识关系后，召见项伯，先攀关系，说你年长于张良，就是我的兄长。双方喝了些酒，酒酣耳热，刘邦把话题转到彼此的儿女，并以联姻的承诺，请求项伯向项羽求情。几杯黄汤下肚，项伯就已经和刘邦是儿女亲家了，自然要帮忙解危。回到项羽军中，他努力向项羽表达刘邦的善意，并建议项羽亦以礼相待。

项羽承诺依从项伯的建议，明天让刘邦"来鸿门吃顿饭"吧。这个不怀好意的饭局，让刘邦忐忑难眠。

第四爻·九四　乘其墉，弗克攻，吉。

> 墉是高墙，隔离家与家，阻隔空间与空间，指九三隔开九四与六二，有乘墉之象。九四也刚强，不中不正，与九三同样的暴躁，又与初九不相应，也想与"六二"的阴爻亲近，却被九三像墙一般隔开。不过，九四以刚居阴，质刚用柔，质刚则能攻，用柔则会自反，有自知之明，省悟自己的行为不正当，没有必胜的把握，终止放弃攻击。能自躬自省，不悖正道，虽未得同人之道，却有同人之义，所以得吉。刘邦自己闯祸自己面对，加上张良与项伯相助，逢凶化吉。

如果有人做个统计列出"历史上的十大酒局"，鸿门宴肯定名列第一，正反双方阵容坚强，情节斗智斗勇高潮不断，剧力雷霆万钧惊心动魄。

刘邦左右为难了，亲赴鸿门，不想去，又不能不去。不去，战祸立起；去了，如同虎口做客，危机四伏。张良看在眼里，先安抚刘邦，再精辟地分析了项羽个性与心志，他说他会随同前往虎穴保护刘邦的安全。这是定心丸，比安眠药有效，刘邦听后睡得安稳。

第二天，刘邦率领百多名骑兵会见项羽，双方于鸿门会面。一见面，刘邦恭敬地对项羽称自己得入关中属侥幸，但有"小人"从中挑拨，使我俩之间产生误会。项羽回应道："是曹无伤派人向我说有这种事的，否则我也不会来这里"。项羽马上把告密的左司马曹无伤出卖了，这下子在刘邦身边卧底的曹无伤，肯定要自食恶果了。后话是，刘邦离开鸿门宴后第一件事就是杀了曹无伤。回来说说刘邦，他一再表白，自己先入关灭秦，是无心插柳之举，自己也很意外，这灭秦大事应该由项羽来担纲。这些话真受用啊，项羽随即邀请刘邦入座，参加宴会。

宴会开始时，项羽和项伯面东而坐、范增向南而坐。刘邦坐在范增的对面，张良则在项羽对面。在那个时代还没有"椅子"，所以大伙全"坐"在席上。所谓最恭敬的"坐"就是双膝着地的"跪"，上身的重量落在脚踵上。在古代，这种姿势在精神上是最大的自我约束，在形式上表示最高的敬意。

范增是项羽阵营中唯一的智囊，也是这次鸿门宴的大导演。他看到项羽与刘邦聊得起劲，吃喝愉快，已经忘了要在饭局上除掉刘邦的计划。范增不时向项羽打眼色，举起自己的玉佩三次，示意项羽尽快行动。项羽不发一言，未有理会。

范增于是悄然起身，走出大帐，传召项羽堂弟项庄，吩咐他在席上舞剑，伺机刺杀刘邦。项庄领命，进入大帐酒席之中，敬酒，向项羽建议既然军营没有丝竹歌舞助兴，请求准许他舞剑娱乐大家，项羽同意了，他立即拔剑起舞，刀光剑影意在沛公，项伯看此危机时刻，也急急起身，说单舞不如双舞，自己也拔剑挥舞，亦步亦趋以身体阻挡项庄，使其无法攻击刘邦。

同时，张良立刻离开酒席，向在营帐外的樊哙告急。樊哙看到张良忙问道："里面情形如何？""非常紧急！现在项庄正在舞剑，想要借机刺杀沛公。"樊哙提起剑说着："我得进去，我要与沛公共生死！"樊哙带着剑和盾，强行闯入酒席，向项羽怒目而视，史书形容："头发上指，目眦尽裂。"

项羽正喝着酒，看见如此杀气腾腾的虬髯大汉冲了进来，便按剑而跽曰："客为何者？"项羽立刻从跪坐到按剑耸身戒备，像豹弓着身躯，"跽"就是长跪，准备站起来的姿势。项羽询问了樊哙的姓名后，称赞他为"壮士"，并吩咐从人赏赐樊哙一卮酒，樊哙一饮而尽。项羽又赏赐彘肩，就是一只猪前腿，樊哙把盾牌反扣在地，直接把猪腿放在盾牌上，拔剑"切而啖之"。项羽问道："壮士能复饮乎？"

樊哙回话死都不怕了还怕喝酒，趁机向项羽指出，楚怀王曾下令，先进入关中的人便可做关中王。刘邦虽然先入关中，但并未立刻自立为王，而是退军等待项羽到来。他认为项羽是有意杀死刘邦，并要求项羽打消这个念头。

项羽没有回应樊哙。只能用"语塞"形容当时项羽的尴尬。项羽只吩咐他就座，喝酒喝酒。樊哙开始畅饮，也获得项羽由衷的赞美。"坐须臾，沛公起如厕，因招樊哙"，借口上厕所，趁机也把樊哙叫出帐，说道看来要赶快闪人了，可是没有机会告辞，怎么办？樊哙反对，认为目前的情况是"人为刀俎，我为鱼肉"，不能再拖延时间，且言"大行不顾细谨，大礼不辞小让"。结果，刘邦和樊哙带领夏侯婴、靳强、纪信等将领放弃车马，抄小路，经骊山、过芷阳，三十六计走为上策。

张良单独留下来善后。他估计刘邦一行人已经赶回灞上，才入帐道歉说沛公不胜酒力，无法进帐道别，张良把带来的一对白璧送给项羽、一对玉斗送给范增。项羽接过白璧问道："沛公安在？"张良回话说："沛公听说大王要罚他喝酒，刚刚离开，现在已经回到军营。"

项羽没有意识到后果的严重性，已经年过七十岁的范增，倒是气得拔剑朝向玉斗砍下，冲着项庄喊道："唉！竖子不足与谋。夺项王天下者，必沛公也。吾属今为之虏矣。"意思是我们这些人必将成为他的阶下囚！

第五爻·九五　同人，先号咷而后笑。大师克相遇。

刘邦在彭城狂败，五十六万大军一夕蒸发，

张良提出下邑之谋挽救大局

号咷是哭叫。大师是天子的大军。九五刚健中正，在尊位，又与柔和中正的阴爻六二相应，当然九五与六二和同。但九三与九四，或者埋伏，或者骑墙，在中间阻扰，因而无法结合，引发不胜愤抑以至号咷。但是，和同是以道义为基础，不容易破坏，最后仍然和同。所以大师终能胜之，与六二和同而后笑。孔子在《系辞传》解释说："君子立身处世的原则，或者从政，或者隐居，或者缄默，或者议论，二人一条心，就有断铁的锐利；志同道合的言论，就像兰花一般芬芳。"刘邦惨败后，仍得张良力挺，以正确的策略，重回争夺天下的舞台中央。

汉元年（公元前二〇六年）二月，项羽以诸侯盟主身分，恃强主导分封。他先自立为西楚霸王，定都彭城，就是今江苏徐州，统辖梁、楚九郡，秦帝国有四十一郡，项羽得有接近四分之一的疆域，而且是秦帝国的中心区域。至于其他人呢？他"计功割地"，分封了十八位诸侯王。刘邦呢？当初的"谁先入关中谁就做关中王"的约定，当然早已随风而逝，他把刘邦分封到偏僻荒凉的巴蜀。而把秦帝国政治中心的关中之地一分为三，封给了秦的三个降将：雍王章邯、塞王司马欣和翟王董翳，称之"三秦"，以三秦地理位置遏制刘邦在巴蜀的门户。刘邦当然心怀怨恨，后经萧何、张良一再疏导，才悻悻接受了封地。

天下分封已定，张良打算离开刘邦回韩国再事韩王成。刘邦赐他金百镒，珠二斗。张良却把金珠悉数转赠给项伯，使他再为刘邦请求加封汉中地区。项伯为了刘亲家以及所受张良之托，前去说服项羽。项羽便增封了汉中给刘邦。张良则建议刘邦建都南郑，就是今陕西南郑县东北。至此，刘邦占有了秦岭以南巴、蜀、汉中三郡之地，称为"汉王"。

同年七月，张良送刘邦到褒中，今陕西褒城。此处群山环抱，沿途都是悬崖峭壁，只有栈道凌空高架，以度行人，别无他途。张良观察地势，建议刘邦待汉军过后，全部烧毁入蜀的栈道，表态无东顾之意，以消除项羽的猜忌，同时也可防备他人的袭击。在蜀地乘机养精蓄锐，等待时机，再图东进。刘邦依计而行，烧掉了沿途的栈道。张良此计，为刘邦的巩固发展和日后东进，取得了重要的时空条件。刘邦入汉中后，励精图治，积极休整。之后，有了"萧何月下追韩信"的故事。

同年八月，刘邦高调地拜帅韩信，韩信提出"先入关中再争天下"的总策略。接着就是"暗度陈仓"的经典巧谋，略定三秦，刘邦具备了可以与项羽逐鹿天下的条件。一个张良的"明烧"，一个韩信的"暗渡"，如此历史上的一段脍炙人口的佳话，难怪刘邦乐得说"英雄所见略同"。从此，四年的"楚汉相争"的历史大戏终于上演了。

汉二年（公元前二〇五年）春，暗度陈仓后的刘邦，灭了三秦的雍王、塞王、翟王，降纳了常山王张耳、河南王申阳、韩王昌、魏王豹和殷王卬五个诸侯，得兵五十六万。四月，刘邦乘项羽集中力量攻打齐地的田荣之机，率兵伐楚，直捣楚都彭城，轻而易举得到了胜利，结果乐昏了头脑，得意忘形之余大肆收集财宝、美女，整日置酒宴会，而没有采取恰当的政治、经济措施，安抚楚民，赢得人心，反而丑陋的本性毕露，给了项羽回军解救的机会。

项羽闻知彭城失陷，立即亲率三万精兵，绕路火速赶回，急救彭城。刘邦庞大的乌合之师难以协调指挥，所以一经接战，立时转败，几乎全军覆没。至此，许多诸侯王又望风转舵，纷纷背汉向楚。狂败的刘邦，丢下老父、妻子、儿女，只带张良与数十骑狼狈出逃，遭受"奇迹般的"挫折。怎么会有张良？原来项羽分封十八诸侯国时，韩王成依旧是韩王，可是，半年后，项羽因张良跟随刘邦立有大功，而把韩成斩了。在得知韩王成被项羽杀害后，张良就秘密回到刘邦帐下，被封为"诚信侯"，并且"从东击楚"。

刘邦狼狈逃至下邑，惊魂未定。他沮丧地问众臣诸将说："我打算舍弃函谷关以东的地方作为封赏。有谁能够与我建功立业？"在此兵败危亡之际，张良再为刘邦提供一个利用矛盾、联兵破楚的策略。他说："有三人！""第一人九江王鲸布，他是楚国的枭将，与项羽有隙，彭城之战，项羽令其相助，他却按兵不动，项羽对他颇为怨怼，多次派使者责之以罪。""第二人彭越，因项羽分封诸侯时，没有受封，早对项羽怀有不满，之前他曾接受齐王田荣的指使在梁地反楚，为此，项羽曾令萧公角攻伐他，结果未成。这二人可以利用。""另外，汉王手下的将领，只有韩信值得委托大事，独当一面。大王如果能用好这三个人，那么，楚可破也。"这就是著名的"下邑之谋"，虽然不是全面的战略计划，但是刘邦听得心领神会，此计谋成了楚汉之争时汉军的重要作战架构。

刘邦以"捐关以东"当筹码，加上这个以弱制强的妙计，派辩臣隋何前往九江，策反九江王鲸布；接着又遣使联络彭越；同时，派韩信率兵北击燕、赵、齐等地，发展壮大汉军力量与外环地盘，再从齐地西进，前后夹击项羽楚军。刘邦则退到了荥阳，稳住脚步，组织起有效的防御战线，以汉界楚河与项羽对峙。

第六爻·上九　同人于郊，无悔。

上九处一卦之极，但无外援，而且与六二之间有三阳阻隔，同人之志未得尽伸，仅能及于郊，"同人于郊"，已经接近"同人于野"的最高境界。上九在六爻之上，有居乾健之极，终非谦下，而未能与人同于野，仅能"无悔"而已。刘邦终于灭楚，脱颖而出，建立大汉帝国，分封功臣但仅于"郊"。张良认为，他协助刘邦建国的任务结束了，黄石公在谷城山下等他相聚。

汉三年（公元前二〇四年）冬，荥阳防线战事胶着，双方久战不决。汉方粮草匮乏，出现危机，刘邦大为焦急，询问群臣除了和议之外，还有何良策？谋士郦食其献计道："昔日商汤伐夏桀，封其后于杞；武王伐纣，封其后于宋。秦王失德弃义，侵伐诸侯，灭其社稷，使之无立锥之地。陛下诚能复立六国之后，六国君臣、百姓必皆感戴陛下之德，莫不向风慕义，愿为臣妾。德义已行，陛下便能南向称霸，楚人只得敛衽而朝。"

刘邦大喜，命人赶紧刻制六国君印。张良外出归来，拜见刘邦。刘邦一边吃饭，一边把实行分封的主张说与张良，并问此计得失如何。张良听罢，大吃一惊，忙问："这是谁给陛下出的计策？"他沉痛地摇摇头接着说："照此做法，陛下的大事就要坏了。"刘邦顿时惊慌失色道："为什么？"张良伸手拿起刘邦的筷子，连比带划地讲了起来。这一段张良拿着筷子比划的历史画面，非常经典，经常为后人传述。

张良举着筷子，刘邦专注又不解地听着"坏了大事"的分析。张良连续说出八个"不"，这就是历史上著名的"八不可"：

第一，往昔商汤灭夏桀，之所以封其后人于杞地，是能置夏桀于死地，眼前大王能置项羽于死地吗？周武王伐殷纣后封其后代于宋地，是基于能取商纣的首级，眼前大王可以取得项羽的脑袋吗？第二，昔日周武王入殷后，在殷贤士商容故居为之立碑，封比干之墓，释箕子之囚，是意在奖掖鞭策本朝臣民。现今汉王所需的是旌忠尊贤的时候吗？第三，武王散鹿台之钱，发巨桥之粟，是用敌国之积蓄，现汉王军需无着，哪里还有能力救济饥贫呢？第四，武王翦灭殷商之后，把兵车改为乘车，掩藏兵器以示不用，今陛下鏖战正急，怎能效法呢？第五，武王让马匹在华山阳坡休息，现今激战不休，眼前能休马停战吗？第六，牛群放野在桃林荫下，是因为天下已转入升平年代，不再输送军需，大王现在能放牛停运吗？第七，今天天下贤士豪杰游士，之所以离乡背井追随大王，无非是想求得咫尺安身立命之地，如果把土地都分封给六国后人，则将士谋臣各归其主，何人随大王争夺天下？第八，楚军强大，六国无一国能强过楚，则势必个个屈从于楚，怎么能向陛下称臣呢？听完张良的分析，刘邦把吃在嘴里的东西都吐了出来，破口骂道："竖儒，几败而公事！"（差点坏了老子的大事！）于是让人赶紧把刻好的君印销毁。

之后楚汉决战的故事，请看《英雄的十则潜智慧》一书中《你策马月下追谁——韩信》篇。楚汉之争落幕了，大汉正式统一中国，刘邦也开始封赏与他一起打天下的英雄豪杰。

当一些人为受封而争功不休之际，张良只想回归江湖。他曾感性告白说："我家世代为韩相，韩国灭亡后，我不惜倾家荡产，替韩国向强秦报仇，天下为此震动。如今凭借三寸之舌为帝王之师，封邑万户（留县约万户），位居列侯（留侯），这已是平民百姓最高的荣耀。"他向刘邦表态愿抛弃人间诸事，追随赤松子去遨游。张良知道他与刘邦共创大业的"同人之乐"已经结束，美好的旅程终点已到，该走人了。

后话，北宋时期，诗人黄庭坚七岁时随父游黄袍山，造访张良退隐黄袍山的"良山道观"和"伐桂书院"时，赋《牧童》诗一首，对张良的远见卓识做了脚注：

　　　　骑牛远远过前村，短笛横吹隔陇闻；
　　　　多少长安名利客，机关用尽不如君。

张良

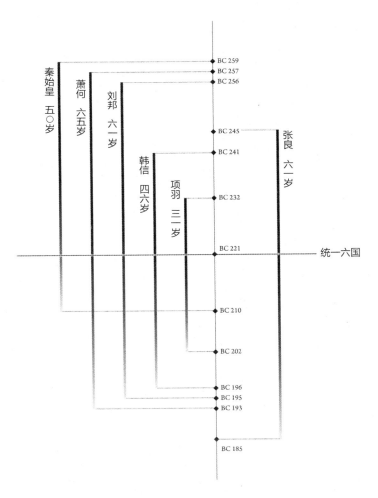

秦始皇　五〇岁

萧何　六五岁

刘邦　六一岁

韩信　四六岁

项羽　三一岁

张良　六一岁

BC 259
BC 257
BC 256

BC 245

BC 241

BC 232

BC 221　　　　统一六国

BC 210

BC 202

BC 196
BC 195
BC 193

BC 185

林则徐

海到无边天作岸，
山登绝顶我为峰

艮
巽
蛊

《蛊》卦，上卦艮山，下卦巽风，卦象就是山下吹来大风，

物被毁坏而待治之象，喻示"拯弊治乱"之时。

全卦揭示事物出现弊乱之时，如何审慎拯治，拨乱反正的道理。

为了消除鸦片流毒，林则徐不畏在内受官员抵抗、外商团不理会禁令，

——予以回击，一方面积极学习外语、读洋报，了解这些"外夷之邦"。

林则徐以意志力与反对势力较劲，挺得住，禁烟就能成功。

虎门公开销毁鸦片是禁烟行动的开花结果，

但这次商业冲突，却转变成中英两大帝国的政治冲突。

鸦片战争中，道光帝答应英国惩办林则徐，远配新疆，他被皇帝所抛弃。

但历史，会还他公道与掌声。

从纽约麦迪逊花园广场，到纽约林则徐广场

二○一二年，纽约麦迪逊花园广场，许多尼克球迷正在为林书豪的得分疯狂之际，这个现象凝粹为一个单字：Linsanity，说明了当年二月起，林书豪精彩地从 Zero 到 Hero 的崛起，所引发的独特"精神错乱"社会活动，Lin 这个姓也成了国际符号。然而，你可能不知道在同一个城市，纽约东百老汇街的前端，街头有一位姓 Lin 的铜像竖立在广场上。

他叫林则徐！ Lin Zexu ！

这个广场，在二○○○年正式被命名为"林则徐广场"，甚至在二○○五年国际禁烟日，东百老汇街也改名为"林则徐街"。广场的这尊铜像给人的印象非常深刻，像高 3.2 米，头戴三眼花翎，身穿一品大员的清朝官服，他倒背着双手，目光炯炯直视远方。这位中国近代史第一个冷眼看世界的禁烟英雄，不知道能否穿透历史风雨，看到遥远的今天，也有一位林家子弟在纽约掀起一股热潮？

海到无边天作岸，山登绝顶我为峰。

如此大气的诗句，你知道吗，这是林则徐八岁时的作品，一位正在私塾就学才思不凡的林则徐小朋友。有一天，老师要考他文采，要求以"山"和"海"两字为首，作七言对联。让我们以他八岁的诗句破题，一起来重新认识这位在道光年间最动人的英雄吧！

二十岁时中举，当天迎娶美娇娘。
二十二岁起受到福建巡抚的慧眼栽培

　　林则徐，福建侯官人，就是今福州市人。生于乾隆五十年，（一七八五年），狮子座。父亲是林宾日，从事教书，在邻近开设书塾。母亲陈帙生育了三个儿子八位女儿：长子林鸣鹤，早夭；次子林则徐如同家中长子，老三是林霈霖。林则徐出生时，家中来了一位贵客——当时出名爱才的福建巡抚徐嗣曾，恰巧到林府避雨。林宾日于是帮次子取名"则徐"，希望他将来如同这位徐嗣曾——福建首席大官，仕途坦荡，官运亨通，飞黄腾达。

　　林则徐四岁时，就被父亲拉着小手，带到私塾与其他学生上课，因为年纪尚小，"怀之入塾，抱之膝上"，口授四书五经。私塾教师收入有限，虽然父亲中了秀才后可领取公粮，但家里需要开支的地方很多，有时三餐都无以为继。清贫的童年，使他日后升至高官时都保持廉俭的习惯。而八岁时要考他文采，以山海为前缀的出题老师，就是他的父亲。

　　小林则徐十二岁时，被甄试入选为福州孔庙的佾生，这是"童生"的荣誉身份。不久，在一个场合，曾经任职河南永城知县的福建进士郑大模，观察到林则徐文思敏捷，认为此子必成大器。果然，林则徐十四岁时考上秀才，郑大模便将爱女郑淑卿许配给他。一位进士门第的千金与家境寒苦的林家小秀才定亲，轰动了福州城。

　　嘉庆九年（一八〇四年），二十岁的林则徐参加乡试，中第二十九名举人。就在发榜的那一天，他同时迎娶郑淑卿入门，双喜临门。嘉庆十一年（一八〇六年），林则徐担任厦门海防同知书记，专责处理商贩洋船来往、米粮兵饷的文书记录。那时厦门的走私鸦片问题严重，历任厦门海防同知皆是贪官污吏，外商贿赂成风，地方走私问题严重。林则徐在基层任事，见识过鸦片祸害、烟贩伎俩，也算是开阔了他的视野。

不久，林则徐得到福建巡抚张师诚赏识，将他招揽为幕僚。张师诚多年历任军机等内外官职，颇有建树，政声颇佳。年轻的林则徐得到他的赏识，是有一段故事的：嘉庆十一年除夕，张师诚翻看福建各地司、道、府、县等各属员的"贺禀"文章，当看到省城某郊县贺帖时，十分惊讶，立即派出亲信赶赴该县，命该县的知县让这位写稿的师爷急赴省衙。知县接命，以为贺禀出了乱子，正要设法庇护师爷，可是这位青年师爷林则徐却一肩担当，立即随同抚衙使者，一同前往省署衙门报到。那抚衙官员一路上很少说话，只暗中仔细观察这位小秘书。只见林则徐途中非常沉着，安步入城。

张师诚特地找来一份篇幅浩繁且重要的卷宗，要林则徐连夜细阅，然后写出奏文，再行缮写，并说明第二天元旦一早即须派用。途中诸多刁难，整夜在他居所外连放爆竹，扰乱他的心思。张师诚甚至深夜五更来到衙门，故意动笔圈改数字，发回让林则徐重新誊缮，用意是要他通宵达旦，不能睡觉，体力透支。张师诚从中观察林则徐的修养和态度，只见他一丝不苟，毫无怨言，认真誊写一遍。

张师诚位极朝廷大臣，对典章大政等政治学问均有所知，他将自己公事上的知识、权术一一传授给林则徐。甚至在嘉庆十四年八月镇压海盗蔡牵时，亦让林则徐一同随往观摩，使其间接参与镇压，实习用兵之道。

　　年底，张师诚推荐林则徐父亲林宾日为乐正书院主持，林家经济得以改善。而林则徐也在当年参加了京师会试，可惜仍是落第，之后他依然留在张师诚麾下任职。直到嘉庆十六年（一八一一年），林则徐终于中了进士，殿试高居第二甲第四名，就是全国的第七名，从此踏上官宦之路。然而，从二十三岁到二十七岁，林则徐在张师诚幕下五年。其间，青年林则徐提前得到重要、宝贵的实习机会，学到许多为官作宦的知识，为即将到来的官宦生涯打下了坚实的基础。他之所以能最终被人称为"林文忠公"，便是从受福建巡抚张师诚慧眼赏识开始的。

二十八岁的林则徐进入官宦生涯，性情火燥，一度辞官返乡

　　嘉庆廿一年（一八一六年），林则徐离开京城的翰林院转任地方职。翰林院是高等官员训练中心，在各朝各代，翰林学士始终是社会中地位最高的士人群体，集中了当时知识分子中的菁英，社会地位优越。林则徐最初在翰林院庶常馆，所任庶吉士一职，像是今天的国家最高学术研究机关的研究员。

林则徐第一个地方职是江西南昌的考官，他父亲特地致信要他慎选人才，这是长期担任教育工作之人的感怀。林则徐此后多次任考官期间，均公正严肃地工作，在士人之间得有好声誉，甚至落第的考生都会致信向他请教，讨论失败的原因与未来努力的方向。

嘉庆廿五年（一八二〇年），林则徐任江南道监察御史，一次河南南岸河堤缺口，河南巡抚琦善办事不力，引发溃堤洪泛，百姓的身家性命危在旦夕，林则徐不畏琦善皇亲国戚的身份，向嘉庆帝直奏琦善的无能。然而嘉庆帝管不到这事了，因为不久后他在热河避暑山庄中风猝死。六十一岁的胖皇帝崩逝，朝廷一片混乱，三十九岁的道光帝登基。就在领导中枢改换的关键时间，幸运的琦善官运依旧亨通，导致林则徐受到同事的冷嘲热讽与猜忌。行事果敢、不假情面的林则徐因此对官场厌倦。次年，即道光元年（一八二一年），端午过后，林宾日病情笃重的消息传来，七月，林则徐借口父病辞职回籍。

就在归途中，妻子郑淑卿在船上诞下三女林普晴，这位小女娃后来成了沈葆桢的妻子（另外辟文说说沈葆桢与林普晴的爱情故事）。林则徐与家眷返回福州老家时，林宾日已病愈。后来的剧情是：乡亲父老包含林则徐的父母在内都反对他辞官，他们说家乡不缺一位教书匠，可是国家却缺一位有守有为的好官，林则徐只得不情不愿再涉官场。他清楚自己的脾气，性情过于急躁，请人写"制怒"大字悬挂堂中以自警。

道光二年（一八二二年）四月，林则徐复出。道光三年

（一八二三年）正月，林则徐升任江苏按察使。在任上，他整顿吏治、清理积案、平反冤狱，并把鸦片毒害视为社会弊端加以严禁。"吏治"是他的强项，"鸦片毒害"一直是他的施政焦点。

所谓鸦片，就是未成熟的罂粟蒴果经割伤果皮后，渗出之白色乳汁干燥凝固而得的一种麻醉性镇痛药。可是，当它用在非科学研究或非医用时，人们则归类为毒品，那是因为鸦片对人体会产生难以挽回的损害，甚至造成死亡，初期少量吸食会有梦幻现象、精神无法集中，长期使用后停止，则会发生渴求药物、不安、流泪、流汗、流鼻水、易怒、发抖、寒颤、厌食、便秘、腹泻、身体卷曲、抽搐等身体极端反应，过度使用者常有急性中毒情形发生，甚至猝死。

鸦片名称的由来：在公元前五世纪（相当于战国时期），希腊人把罂粟的花或果榨汁入药，发现它有安神、安眠、镇痛、止泻、止咳、忘忧的功效，希腊人称其音为"阿扁"。到了公元六世纪初——相当于南北朝时期，阿拉伯人将其传入波斯，波斯语变"扁"音为"片"，称其为"阿片"。

到了唐朝时，罂粟再从大食帝国进贡到了中国，当时称此为"阿芙蓉"，虽然是阿拉伯语的翻译名词，倒也传神表达出此花的绚烂华美。李白青年时期，他的家乡四川已经普遍种植，不过多是赏花，或是"嫩苗做蔬食甚佳"。如果当是药材，则把"阿"音发成"鸦"，成了"鸦片"一词。后话——清朝同治年间，罂粟种植遍及全国，根据一位英国传教士的叙述，从北京由陆路旅行到镇江，他看到"黄河和长江之间的土地上都布满了罂粟田"。当然，这时已经不是为了赏花，而是为了鸦片毒品的无知短利。

从道光皇帝到寻常衙门，鸦片之害正快速腐蚀国力

林则徐虽然已经察觉到鸦片的严重性，但是孤掌难鸣。最严重的是，道光帝他自己也在吸食鸦片，当他还是智亲王时，已经喜欢吸食后的欣快感。当上皇上后，道光帝开始察觉鸦片上瘾后的身体反应，有时他会痛下决心要"戒毒"，折断吸食鸦片时所用的长长烟枪，但是毒瘾难耐时，他又会苦苦哀求太监赶快去找根烟枪让他吸食，不断地戒毒，又不断地吸毒，道光帝像所有的毒瘾者一样，走在矛盾挣扎又不断放弃的戒毒道路上。

皇上如此，官员更加腐败，皆嗜鸦片，衙门尽设烟馆，一片乌烟瘴气，有人打油诗嘲之："一进二三堂，床铺四五张，烟灯六七盏，八九十只枪。"

清朝的国力快速地衰弱，朝廷无法禁止鸦片、亦无法限制鸦片使用，而西方国家尤其是英国，从殖民地印度走私大量鸦片倾销到广东，逆转西方世界对中国的贸易逆差。这些鸦片让许多人成了"东亚病夫"，由于人民吸食鸦片不干活，税收无法增多，国家前途更是雪上加霜。

另一方面，国家白花花的银子快速流失，大家的银两货币，通通被外商赚走。白银流出国外，市肆竟然出现无货币可用的窘境。这时，大家都惊觉鸦片的危害了。尤其是道光帝，讲鸦片的

毒害，他毫无悔恨之心，讲钱币银两没了，抠门小器节俭过度的道光帝便心急如焚。

道光帝终于要积极行动了，他选择鸿胪寺卿黄爵滋的严禁论

国家的财政日益拮据，道光帝考虑应当在这方面采取坚决的措施。正在这时候，黄爵滋呈上了奏议，皇帝大为高兴，心想："这是个办法！"但他觉得黄爵滋太年轻了，他的资历和经验都不足，不宜担任钦差大臣。话说这位三十二岁的黄爵滋，原为大理寺少卿（寺指官署，大理是古代的最高司法系统），刚转任鸿胪寺卿，鸿胪寺也是古代官署，像是今天的外交部礼宾司，主外宾之事。道光十八年（一八三八年），黄爵滋开了严禁鸦片的第一枪，他说："耗银之多，由于贩烟之盛；贩烟之盛，由于食烟之众。"他提出了"必先重治吸食"的主张。

道光帝把黄爵滋奏文的抄本，分送各处的地方高级长官、封疆大臣，征求他们的意见。在二十多名总督、巡抚、将军当中，全面赞成黄爵滋奏议的仅有四人：湖广总督林则徐、两江总督陶澍、四川总督苏廷玉、河南巡抚桂良（他是唯一赞成的满人，受到道光帝的赏识，后来成了皇六子奕䜣的岳父）。

其他官员虽然原则上赞成严禁鸦片，但认为处以死罪太过严厉。连两广总督邓廷桢也认为死罪太过，应改为墨刑。他认为一

个人如处以墨刑，就是在脸上刺青，写上我是鸦片烟毒犯，以后应该羞于在人前露面，所以应当算是相当重的刑罚。"严禁论"实在太激烈了，所以保守派的"弛禁论"成了大部分人的惯性答案。因循怠惰是天性，要激烈地改变现状，对"他们"来说都是危险的。他们是谁？一些在位者，一些朝廷中枢的决策者，这些人满多汉少，他们身居要职，手握大权也多享受荣华富贵，没事干嘛捅这马蜂窝？多一事不如少一事，反正大家都在吸食鸦片，为何自找麻烦。听之任之，大而化之。这些军机大臣以下的满族大官，尤其是担任要职、很有权势的官员们，大多享受着荣华富贵，达成共识：何必没事捅这马蜂窝。

这些满族大官摆明了阳奉阴违，道光帝暗生闷气，决定这次要彻底禁止鸦片。于是首先从自己的身边开刀，把皇族、宗室中吸鸦片的家伙揪出来示众。大家都"看到"皇上"震怒"了。道光帝严命各省总督巡抚切实惩办鸦片犯，地方长官慌乱一团，开始抓捕鸦片吸食犯。当时吸食鸦片到处都是半公开的，要抓多少有多少。不过，此时被抓捕的大多数人，多是没有私下了结门路关系和没有钱行贿的人。看来哪个社会的游戏规则都差不多。

道光皇帝督励大臣要以"蛮勇"来对待根除鸦片的工作。道光十八年（一八三八年）九月八日的上谕说："务当振刷精神，力祛积习，勿生观望之心，以符朕意！"皇上的禁烟号角吹得呜呜作响。

但是禁食鸦片的执行细节配套措施呢？我们追溯可以略窥一二：前面谈到道光帝把黄爵滋奏文的抄本分送各地，而各地长官的覆奏一到，他就亲自审阅，其中一本，道光看完大呼："这篇最合朕意！"

道光帝选中的是由武昌用快马送来的湖广总督林则徐的覆奏。

在《易经》有一卦《蛊》，说的是"惩弊治乱，谨始慎终"的道理，理的是"天下久安无为，而弊生之"的时刻要如何"整饬修治"。《蛊》卦的蛊字，从字形上分析，器皿中生了虫子就叫蛊；粮食中长了虫子也是蛊。在《易经》里，女人迷惑男人、大风吹落山木都叫蛊，都属同类的事物。苏东坡说："器久不用而虫生之，谓之蛊；人久宴溺而疾生之，谓之蛊；天下久安无为而弊生之，谓之蛊。"道光帝要林则徐来帮他"整饬修治"。

艮

巽

上九	不事王侯，高尚其事。
六五	干父之蛊，用誉。
六四	裕父之蛊，往见吝。
九三	干父之蛊，小有悔，无大咎。
九二	干母之蛊，不可贞。
初六	干父之蛊，有子，考无咎，厉终吉。

　　《蛊》卦，上卦艮山，下卦巽风，卦象就是山下吹来大风，物被毁坏而待治之象，喻示"拯弊治乱"之时。全卦揭示事物出现弊乱之时，如何审慎拯治，拨乱反正的道理。

　　卦辞说明："元亨，利涉大川。先甲三日，后甲三日。"古人以天干记日：甲乙丙丁戊、己庚辛壬癸，政令均选定甲日施行，以示新始。"先甲三日"，即是"辛日"，喻"更新"，前三天预先广为布告周知，以免有人因无知而犯禁。"后甲三日"，即是"丁日"，喻"叮咛"，或有未尽熟悉者，不宜骤然绳之以法。所以说治蛊之道，当思虑其先后三日，方为救弊可久之道。

第一爻·初六　干父之蛊，有子，考无咎，厉终吉。

这一爻，说明挽救败坏的事业，必然是在艰苦中奋斗。要拯治前人败坏的事业，所以《蛊》卦各爻都说到父母，指的就是"前人"，前人种树，后人乘凉；前人作孽，后人遭殃。干，就是整饬蛊事；父殁称"考"。冰非一日之寒，蛊非一日之积，有时逝而后见，所以六爻都以亲子比喻。初六以柔居阳，才弱而志刚，蛊之初，未深而易治。《易经》在此说明，初六整饬先父所留下来的蛊事，而先父因为有子为其补过，所以免遭责难。此处提醒：处治蛊之初，当知危厉而能戒慎警惕，有终吉。

林则徐说了什么，让道光帝急着找他？他在奏折里面说："鸦片流毒于天下，法当从严。若犹泄泄视之，是使数十年后，中原几无可以御敌之兵，且无可以充饷之银。兴思及此，能无股栗！"股就是腿，栗就是抖，每次想到这里就大腿打哆嗦，林则徐说对了，鸦片流毒之巨，道光帝真的是两腿发软。

皇帝立即快马把林则徐从武昌叫到北京来，他有好多话要问林则徐。道光十八年（一八三八年）农历十月七日，林则徐接到了吏部的"来京陛见"通知。四天后动身，本来接到拜谒皇帝的命令应当即日动身，但十月十日是庆祝皇太后万寿的大日子，传统上需要由总督阅兵，因此决定过了这一天之后再动身。

马蹄达达，马车辘辘，从武昌到北京还是花了一个月的时间。

十一月十日，林则徐抵达北京城外的长辛店。喘了一口气，第二天就赶快入朝参见。天未亮他就进了乾清宫，登陛跪伏在玉座之下。根据林则徐的日记记载，道光帝准许他坐在毡垫上，细细垂问鸦片烟害、禁烟策略达三刻之久。一刻为三十分钟。第二天又被召见，垂问二刻，可是意犹未尽，道光帝要求他明天再来，而且特加恩宠"紫禁城赐骑"。准许臣子在紫禁城内骑马，十分罕见，可知道光帝对他是如何地信任，殷殷期盼。

当天一早林则徐骑在马上，两手握着缰绳，颈上的长长朝珠左右晃动，发出咔啦咔啦的声响。前两天的情形是：林则徐穿着九蟒四爪花纹的朝服，这是表示他是三品官以上的官员，补服上刺绣着仙鹤，则是表示他是一品文官。腰间系着的朝带上有四个镂金正方形版，版上镶嵌着红玉。颈子上挂着亮晶晶的珊瑚朝珠。上殿时必须要用右手紧握朝珠，不让它发出声音。

农历十一月中旬，北京的天气已经很冷了。寅时三刻，就是清晨四点半，林则徐骑着马上朝，天色未开，依然一片漆黑。当然，宫内是灯火辉煌。从天安门到中门两旁站着许多仪卫。

林则徐不是一个人骑着马，他的前后有一支小队伍，最前面的是打着杏黄盖伞和青龙扇、飞虎旗的仪仗，接着是带旗枪六根、青旗八杆，另外有前引二人，林则徐身后再有从八人，所骑的马匹身上装饰着华丽的缨子。队伍经过，两旁的仪卫行注目礼，这是紫禁城内少有的画面。

林则徐是福建省福州人，是地道的南方人，又是文官，骑马不熟练，而且是个苦差事。骑在马上的林则徐，看似轻松地进了紫禁城，气势威武，其实他是两手紧攥着缰绳，手心冒汗，十分紧张。根据林则徐的日记记载，道光皇帝看到林则徐骑在马上战战兢兢的样子，笑着说："你不惯骑马，可坐椅子轿。"他赶忙"叩头谢恩"松了一口气。所谓"椅子轿"，就是"肩舆"，是在八人抬的轿子上面放上一把椅子。所以，坐在这样的肩舆上，舒服多了，高度比骑马更高了，也更风光了。这也是一种破例。

从第一次入宫觐见之日起，一连八天都被召见，这确实是前所未有的破例。振奋的道光帝对林则徐相当满意，他是想把一切重责大任都委交给林则徐。他给予这么多破例的待遇，除了体贴臣子从天安门一路到乾清宫议事，路途不短，快步前进入殿确实累人。他更想给朝臣们一种印象：林则徐是拥有特别权限的人物，而且赐骑和坐椅子轿入宫参见的消息，肯定立即会传到皇城之外，这是道光帝的政治表演艺术：他要向人们显示林则徐的权威。

十一月十五日，林则徐得到这样的敕命："颁给钦差大臣关防，驰驿前往广东查办海口事件，该省水师兼归节制。"这时林则徐五十四岁，成熟圆润的年纪。

第二爻·九二　干母之蛊，不可贞。

九二阳刚，在下卦的中位，象征有才干的儿子。九二以刚阳与上应六五阴柔，"六五"以母亲比拟，这是儿子为母亲善后的形象。九二刚中之子，以中正和顺之道，整饬老母所为的蛊事。子"干"母蛊，若流于专断，过分认真谴责，就会伤害亲情。所以诚之"不可贞"，应当缓和地劝告，使母亲采纳自己的意见，不可以坚持正义，而严辞谴责。所以，《象传》说：要以中庸的原则来应变。以兵法说：只能智取不能力敌。

道光帝在有关禁除鸦片的问题上，一切均委交林则徐处理，并把广东水师，就是海军的指挥权交给了他。林则徐在滞留北京的期间十分繁忙，他"必须"要到各处去拜访有关的官员，表达礼数，希望在未来的饬毒职务上给予协助，真理是：不是有了皇上的充分授权，处理事情就有了康庄大道，里面有太多事务需要同僚支持，最起码他们不要来扯后腿。日记上连日可看到"出城拜客"的字句。在京城的许多林则徐的诗友、同乡都没有前去林则徐下榻处——烧酒胡同——打搅他，大家都知道他的繁忙、紧凑行程，也意识到林则徐这次的广东之行，具有重要的历史意义。

十一月廿三日，林则徐焚香九拜，启开严封的关防大印，终于向广州迈出了长达两个月的旅行的第一步。四十多天来空前的荣誉光环，林则徐并没有冲昏头脑，深知前途多艰。从北京的气氛中，他已经觉察到军机大臣穆彰阿、直隶总督琦善等这些在京的大官，对严禁鸦片的冷淡态度。

后人的《林文忠公传》中谈到林则徐在拜命为钦差大臣时说："中外柄臣，有忌阻之者。"柄臣就是拥有权柄的大臣，所谓权臣。自古以来就有这样的说法："权臣在内，大将不得立功于外。"在外立了大功，皇帝身边的权臣就会嫉妒，向皇帝进谗言。宋朝因有权臣秦桧，岳飞的军功成了泡影，甚至有杀身之祸，就是例子。有机会我们也来谈谈南宋第一战将岳飞，这位让人痛得揪心的英雄。

道光十九年（一八三九年）正月廿五林则徐正式抵达广州。他接受了九响礼炮，所有广东高级官员皆来迎接。美国商人威廉·亨德在一旁观礼，他留下了有关林则徐相貌的叙述："气度庄重，表情相当严厉，身材肥胖，上唇浓密的黑短髭，下巴留着长髯，看来六十岁左右。"

林则徐当天的第一个拜会行程：参观越华书院，并赠题了对联："海纳百川，有容乃大；壁立千仞，无欲则刚。"这是期许学子治学的座右铭，也是他的表态，更是宣誓，里面的政治隐语是："我是开明的，可以容纳各种可能，但是，我的基本原则你们不要挑战我。"林则徐进一步决定将越华书院作为钦差大臣的临时官邸，其实，这座书院就是弛禁论大本营，他要在此插旗反毒，立竿见影。

对于身为钦差大臣的林则徐抵达广州，美、英、俄、德等国的领事早就等着他了，京城里的一切传闻，已经在广州各国领事馆之间传得沸沸扬扬，大家磨拳霍霍，为了要奚落林则徐的新官锐气，他们设计了"下马威"。外交使节团正式邀宴林则徐，他们要帮他接风——这是外交礼仪——林则徐懂得，他欣然赴宴。宴中，这些老外特别准备了新潮的秘密甜品——冰淇淋——陌生的洋玩意，作为压轴菜请林则徐品尝，企图让林则徐出糗。席上，初见冰淇淋的林则徐见其丝丝冒着白气，以为是一道热菜，放在嘴边吹了又吹才送入口中，谁知却是冰冷的。一时惊讶的表情，让在座的列强领事们乐得大笑。

礼尚往来，林则徐亦备宴回请。他把吃冰淇淋时的窘状告诉了厨师，要设法做道"凉菜"回敬。厨师是个聪明人，灵机一动，就想到了福建名菜"太极芋泥"。太极芋泥是福州人的最爱，每当宴席接近尾声时，端上来压轴的通常是它。芋头蒸熟后，用刀背压成细泥，拌上红枣肉、冬瓜条等果料，再蒸透。取出后，分别加白糖、黑糖调味，与肉油等拌匀成芋泥。再用白色的瓜子仁、红樱桃，在芋泥外表装饰成一白一红的太极图案。为了保持内部热烫，上菜时，用冷糖水浇凉表面，把热气封在里面。

"太极芋泥"刚端上桌，外国领事们一看发亮油润光滑的甜品，好像红白双鱼交错卧伏，不冒热气，恰如凉菜止水无波。迫不及待地先尝为快。当然，往嘴里一送，顿时烫得哇哇叫，要吐也来不及了。这时，林则徐方才徐徐地介绍道："这是福建的名菜，叫做'太极芋泥'。"接着，他举匙示范吃法。"太极芋泥"为林则徐争了口气，也为国争光。

第三爻·九三　　干父之蛊，小有悔，无大咎。

父仍健在，子欲整饬其蛊，非刚固不足以治蛊，但是过刚又是不宜，力度的拿捏显得敏感。九三阳爻阳位，过于刚强，又离开了中位，有过刚失中之嫌。以这种性格刚强的儿子，为父亲的失败善后，难免会有急躁过分的情形，因而多少会懊悔："小有悔"。不过，九三仍居下卦"巽"体，虽过刚，而非无顺，顺者，乃事亲之本。所以，当位得正的九三，无大过。治蛊本来就是非刚直不能有为，即或有伤父子之情而小有悔，终无大咎。

林则徐在外交战上扳回一城。但是，林则徐太清楚了，这只是口舌之快。在广州，这里的官员大多利用默许走私鸦片等办法而中饱私囊，主张严禁鸦片的钦差大臣，已经笼罩在受到孤立的危险阴影之中。然而，他更明白对手英国的武器精巧、兵船坚固，这是清廷不能匹敌的。林则徐不是井底之蛙，早在六年前，他正好升任江苏巡抚，在赴苏州上任时，英国商船阿美士德号就曾闯进江苏省境内的上海港。虽然只是一只商船，但江南水师的将领们经常谈到其装备的精良。

当年，几乎全国所有的鸦片皆出自广东，林则徐自然要直捣黄龙穴，他先派人搜集情报，查访与外商、散商打过交道的人，包含在外国商馆的汉人厨师和鸦片走私犯。同时，他招募通晓外语幕僚袁德辉、梁进德等人翻译《澳门新闻纸》等外国人书报，亦任用被清廷革职的废员彭凤池、马辰卧底，潜入鸦片贩子阵营。林则徐为了亲自接触外国人，暗学英语和葡萄牙语。洋行的买办，就是 buyer 的职务尊称，听到林则徐口吐英语、葡萄牙语时啧啧称奇。

林则徐同时动用公权力，召集粤秀书院、越华书院、羊城书院三大书院，共六百四十五学子入贡院"考试"。说是考试，实为问卷调查，试题四道："鸦片集散地及经营者姓名？零售商是谁？陈述过去禁烟弊端？禁绝之法申论之。"自此林则徐掌握了烟商通路名单、贪官污吏之名单。

林则徐以钦差大人的身份，写了一封致维多利亚女王的"照会"，所谓"照会"就是一国政府把自己对于彼此相关的事件的意见，通知另一国政府。照会各国使馆，则是具有平等基础上进行的官方交往。在林则徐的照会中，他质问女王明知鸦片有害，在国土上包括伦敦、苏格兰和爱尔兰等地不准生产鸦片，也严禁国民吸食，但却在其管辖的印度殖民地种植、生产鸦片，批准其国民在中国进行鸦片贸易。他要求女王去除印度的鸦片，并通知女王说中国已经通过《钦定严禁鸦片烟条例》了，全国禁烟，期盼女王能使英国国民放弃在中国的鸦片贸易。

这是铿锵有力的外交照会，林则徐不卑不亢，但是他也理解，不能天真地认为就此乌云散尽，因为这是恶战的开始。

　　"裕"是宽容的意思，裕与干相对，干者，就是"强以力事"；裕事，有"怠而委事"的意思。六四以柔居阴，虽所处得正，但过于柔弱，不足以担当大事，仅能循常自守而已。以这种性格，为父亲的失败善后，就会过于宽大，不能追根究底，彻底整顿，以致愈陷愈深，自取羞辱。此爻是由吉而趋凶者也，林则徐知道治蛊，到了这个关键时刻，就是意志力的较劲时刻，挺得住，就能治蛊成功。这一爻，说明挽救败坏的事业，必须彻底，不可过于宽容。

　　林则徐限定所有烟商三日内交出全数鸦片，并签保证书，声明以后不贩鸦片，否则："声明嗣后永不敢带鸦片，如再夹带，查出人即正法，货尽没官。"正法意味着处以死刑，但是外商依旧听之藐藐，效益不彰。

　　第一道谕帖，只是热身，林则徐知道这是一厢情愿的表态，但是这个举动还是要有的。林则徐接着下了第二道谕帖《谕各国夷人》。谕帖中谴责夷人的鸦片贸易："我大皇帝一视同仁，准尔贸易，尔才沾得此利……尔等感恩，即须畏法，利己不可害人，何得将尔国不食之鸦片烟，带来内地，骗人财而害人命乎？查尔等以此物蛊惑华民，已历数十年，所得不义之财，不可胜计。此人心所共愤，亦天理所难容。"掷地有声的声明，情理兼具，林则徐确实令人敬佩。

　　他接着正告外商："大清皇帝已决心根除鸦片，宣布贩卖鸦片者、开设烟馆者，乃至吸食鸦片者都要处以死刑，在这样严厉的禁令下，再也不能出售鸦片了。""谕到……速即遵照，将趸船鸦片尽数缴官……不得丝毫藏匿。"林则徐要没收全部的鸦片了！这一斩钉截铁的命令，确实把外商吓到了。林则徐进一步宣誓："若鸦片一日未绝，本大臣一日不回，誓与此事相始终，断无中止之理。"

依然心存侥幸的外国烟商，认为只要交出少量鸦片便可交差了事，于是采取拖延手法，声称对命令要详加考虑，他们会成立委员会作报告，七日内回复。林则徐非常气愤，限令烟商依时交出鸦片，否则翌日十时，亲到洋行聚集区审判外国烟商。这些洋行建筑，多为三层楼结构，外观华丽，底层作货仓，二三楼则是办事与住家空间。

美国、荷兰烟商表示愿随林则徐指示，遭英国烟商兰士禄·颠地阻止。结果三日之后，烟商决定象征性交出一千零三十七箱鸦片。于是邓廷桢下令封锁广州海岸，围困洋行聚集区，兰士禄·颠地意图逃走，被邓廷桢活捉。邓廷桢任职两广总督，虽然一度支持弛禁论，但是当林则徐抵达广州时，他积极地配合严禁鸦片。

英国商务总监为查理·义律，他一听到洋行区被围困，立即从澳门赶到广州。义律只见洋行区四周皆有清兵把守，便提剑闯入，看守人只得放行，但绝不让他走出来。围困之际，林则徐下令洋行区内所有华人撤出，包含买办和仆役，并且对封锁区断绝通讯，也断水断粮。洋行区内有三百五十名外国人，只得亲自动手烹调、洗涤、铺床、擦灯、挑水、挤牛奶，自食其力，做平时根本不用自己动手做的家务。林则徐以意志力跟洋行老外对峙，他希望用民生的压力，瓦解这些鸦片商的顽固。

第五爻·六五　干父之蛊，用誉。

> 六五以柔居阳，治蛊要能刚柔并济。九三治蛊失于刚，六四治蛊失于柔。六五在上卦的中位，得中居尊，下方又有相应的九二，象征后面刚毅的儿子为后盾，可继承父亲的事业。子有干蛊之名，但是又不失父亲的美誉。就是说，承父德，用誉以治蛊，这是干蛊之最善者。这一爻，说明挽救败坏事业的最上策：用贤能，又能保全前人的美誉。

先说说另一位英雄沈葆桢，沈葆桢的母亲林蕙芳，她是林则徐的六妹，所以说林则徐就是沈葆桢的大舅。道光十年（一八三〇年），沈葆桢十一岁，那年父亲沈廷枫中了举人，紧接着就要赴京应礼部试，当时他带着小沈葆桢一起从福州北上，路过南京，此时林则徐正在那里担任江宁布政使。沈廷枫便把儿子留在南京舅舅家中，然后独自北赴应试。结果，进士未中，返家时再转往林则徐住处将沈葆桢带回返乡。

就是这段时间，林则徐照看每天在阁楼书房勤读的沈葆桢。在书房，沈葆桢览阅了许多古今中外的名作，在与舅舅的交谈中也开始对"洋务"二字产生了最初的了解。他也经常把自己从书中得到的想法告诉舅舅，在一次谈话中，他表达了对兴办洋务的看法："当今舅舅和魏源先生都倡导西学，以图国强民富。开矿、办厂必能富民，铸炮、造舰亦可强国。然而朝堂之上，因循守旧之人居多，有谁支持兴办洋务？何况开办洋务花费巨大，如今白银外流，官员中饱私囊，朝廷已是入不敷出，银从何来？"

外甥的一番言论让林则徐颇为惊讶，没想到小小年纪会有如此见地，从此他对这个小外甥有了更高的期望。身为大舅的他，起了个念头，决定将十岁的三女林普晴许配给这位小外甥，这是亲上加亲的娃娃亲，当时只是订亲，尚未成婚。一八三六年，十七岁的沈葆桢考上秀才。四年后，一八四○年，二十一岁的沈葆桢考中举人，这是后话了。

当林则徐正在广州与洋行区的外商较劲之际——这年是一八三九年——沈葆桢中举的前一年，此时他还在福州老家苦读。而在广州的林则徐，继续对抗拒交出鸦片的外商们施压。

英国商务总监义律最终服从林则徐的命令，向林则徐呈送了《义律遵谕呈单缴烟二万零二百八十三箱禀》。禁烟终于看到开花结果了，从林则徐三月十日到达广州，到义律三月二十八日被迫同意缴出全部鸦片，总共十八天。不过老狐狸义律留有后着，他告诉所有英商，英国政府会赔偿他们的损失。这样等于英国政府收购了英商鸦片，再以"不列颠女王陛下政府"的名义转交给林则徐，一共二万零二百三十八箱鸦片。此举使得这次商业冲突，转变成中英两大帝国的政治冲突。

得到英商与其他外商的鸦片，再加上其他烟馆所搜查的鸦片，这是天文数字的大批毒品，要如何销毁？要杜绝进行中可能的弊端，林则徐已经有对策了。

在道光帝同意下，林则徐决定在"虎门"公开销烟，以"海水浸化法"，在海边挖出三个大池，池底铺石，以防鸦片渗漏，四周钉板，再以水沟环绕，将海水引入水沟，流入池中。接着把一袋袋烟土的包装割裂，倒入池中，泡浸半日，再投入石灰，石灰遇水便沸，烟土溶解。再佐以工作人员拿木耙不停在池中搅拌，让烟土完全溶入水中。待退潮时，把池水送出大海，并用清水洗刷池底，不留涓滴。

虎门销烟正式开始了，现场搭起了一座礼台，前面挂着一面黄绫长幡，上书"钦差大臣奉旨查办广东海口事务大臣节制水陆各营总督部堂林"，广东各高级官员全部出席观礼。因为是公开销毁，除了聚集许多民众，也来了许多外商、领事、外国记者、传教士等等。

这一天是道光廿年，四月二十二日，也是公元一八三九年的六月三日。鸦片销毁的工作一直进行，起先来参观的外国人，不信林则徐有办法把所有鸦片彻底销毁，或者说怀疑林则徐的决心。没想到，林则徐干脆请他们进入池边，让这些观察员近距离详看销烟方法，还沿途导览讲解。待观看全部过程、反复考察后，皆心悦诚服，他们向林则徐脱帽致敬。所有鸦片销毁完毕时，已经是六月二十五日。不仅老外钦佩林则徐，连当时的中国愤青都当林则徐是他们的偶像，头号粉丝则是左宗棠，我们下回来说说他的故事。

六月三日这个伟大的日子，从此成了国际禁烟节。

第六爻·上九　不事王侯，高尚其事。

本卦到六五治蛊已成，上九阳爻刚毅，处在"上位无位"的位置上，处蛊卦之终，为"艮止"，就是"艮止不事"的意思。说的是：已不复为王侯之事操劳，应该退居在野，洁身自守。这一爻，说明应有隐士般高尚的气节，坚持自己的原则。林则徐虎门销烟已是干蛊完成，剩下的事就是做自己！即使身处鸦片战争之际，林则徐面对无知无能的道光帝，他照样挺身而出，对抗强悍贪婪的英舰。"高尚其事"就是一个大原则：坚持自己的良知！有成功不必在我的胸襟，才能力挽狂澜于既倒。历史，会还他公道与掌声。

六月三日"虎门销烟"当天，所有的英国人都拒绝观礼，他们想要伺机反扑。

七月中旬，英国水兵在九龙尖沙咀村酒后闹事，打死村民，引发一连串两国的摩擦。八月中旬，事件更加恶化，林则徐下令禁止与英国之间的所有贸易，开始将英国人驱逐出境。而远在欧洲西边的英国内阁在商务受阻之下，以大英子民生命受到威胁为由，制定出"派遣舰队去中国海"的政策。

道光廿年（一八四〇年）年初，林则徐根据道光帝旨意，宣布正式封港，永远断绝和英国贸易。三天后，英国"窝拉疑"号舰长也宣布，将在一星期后封锁广州口岸与珠江口反制，你封港，我锁港。不久维多利亚女王在伦敦国会演说："在中国发生的事件，已经引起我国臣民与该国通商关系中断，朕已极严重注意，并将继续注意这一影响我国臣民利益与王室尊严的事件。"十几天后的二月份，英国政府任命英军总司令懿律和英国商务总监义律，分别为英国对华正副全权代表。四月七日，英国下议会进行对华战争的辩论，在一番激烈唇枪舌剑后，以二百七十一票对二百六十二票通过军事行动。

二十一岁的沈葆桢刚刚考中举人，还沉浸在获取功名的喜悦中，英国远征军已经抵达广州海面，第一次鸦片战争要开打了。这是一八四〇年六月的事，距林则徐"虎门销烟"刚好一年。

英舰先封锁广州珠江口，被早已备战妥当的林则徐击退。之后转而北上攻击福建厦门，又被闽浙总督邓廷桢击败。英舰又转向北上，进攻定海，定海在长江出海口，在此战争爆发之初，大清朝廷只视英军为蛮夷，海防诸巡抚均轻蔑英军，认为他们不具威胁。七月五日两军在定海爆发战斗，才一天，定海就沦陷了。八月，英舰持续北上，抵达天津大沽口外，本来主张战争的道光帝，眼见英舰迫近，信心动摇。

八月二十日，道光帝批答英国书，令琦善转告英人，允许通商和惩办林则徐，以此求得英舰撤至广州。九月底清廷因战事失利与英国展开谈判，结果所有曾经击败英军的大清官员全遭革职下放，林则徐、在台湾的姚莹，和这位六十五岁的邓廷桢都成了朝廷的抛弃者。

年轻的沈葆桢此时最为记挂国家战事以及舅舅的命运。林则徐取得沈廷枫同意，在双方家长主持下，二十一岁的沈葆桢和小他一岁的表妹林普晴，在战火阴影下完婚了。

后话，次年沈葆桢赴京赶考，落第。三年后，沈葆桢上京赴秋闱，再次落第。沈葆桢背水一战，再苦读三年，再试。道光廿七年（一八四七年），沈葆桢终于如愿以偿，考取了进士第三十六名，与他同榜位居三十四名的则是李鸿章。这两位新秀，将来要接棒扛起晚清的国家脊梁。回来说说林则徐，次年年初，林则徐被发配新疆，他虽上书道光帝，力言必须禁烟和重视海防，却被道光帝斥为一片胡言。

林则徐被贬谪到新疆，但是鸦片战争却还没结束，新任两广总督琦善治理的毫无章法，英军的强势与贪婪，加上道光帝的无知与自大，使得大清蒙受耻辱的程度逐步加深。同时，东阁大学士同时也是军机大臣的王鼎，对朝廷将林则徐、邓廷桢革职，充军伊犁，这种粗糙又陷害忠良的处理结果，极为不满。这位七十三岁的老先生上疏力保二人，怒斥琦善误国，主张"不杀琦善，无以对天下"。

年纪长了林则徐十七岁的王鼎，对林则徐极力保护，以"熟悉治水"为由，要求把林则徐留下协助自己治理黄河水患。就在鸦片战争第二波战事开打之初——一八四〇年的夏天——黄河在开封附近的祥符决堤了，如不及时修堵，后果将十分严重。王鼎以军机大臣，相当于宰相之尊，亲往治理，清廷无奈，只好同意林则徐在赶往新疆途中"折回东河效力赎罪"。

王、林二人齐心合力，同甘共苦，昼夜巡护，详查水情，涉身险要，出谋划策，修堤筑坝。他俩站在救灾第一线，与民众吃住在工地，挽袖苦干，终于使得破损河堤于一八四二年春天如期"合龙"。所谓合龙，就是把已经溃毁的大堤两端，重新修复合并衔接。史书记录其"财用之节，成功之速，前所未有"。就在合龙的庆功宴上，北京传来圣旨，王鼎以为是对治河的祝贺嘉奖，岂知开读后只字未提贺功，只有命令林则徐"于合龙后，着仍往伊犁"数语。

王鼎对此深感意外，他无法接受这个痛苦的结果，禁不住痛哭流涕，林则徐却泰然自若，打点行装即日起程。行前，林则徐作诗述怀，表达了他对老友王鼎的深情厚意，也抒发了他对国事和人生的看法：

> 幸瞻巨手挽银河，休为羁臣帐荷戈；
> 精卫原知填海误，蚊虻早愧负山多。
> 西行有梦润丹漆，东望何人问斧柯？
> 塞马未堪论得失，相公切莫涕滂沱。
> 元老忧时鬓已霜，吾衰亦感发苍苍；
> 余生岂惜投豺虎，群策当思制犬羊。
> 人事如棋浑不定，君恩每饭总难忘；
> 公身幸保千钧重，宝剑还期赐尚方。

军机大臣王鼎从河南开封回京，并受到表扬，加封"太子太师"。回到京城，他激烈地反对道光帝与英国议和割地赔款，廷谏、哭谏皆不果。王鼎甚至当着道光帝的面，痛骂穆彰阿是当代的秦桧、严嵩。穆彰阿是满人，也是军机大臣，又是投降派的掌旗者，"性巧佞，以欺罔蒙蔽为务"。王鼎此时已七十五岁，加上又曾是嘉庆帝、道光帝的老师，宦海劳碌近五十年，两朝元老，因此语言坦率，毫无顾忌，他屡屡劝说道光帝要抗战，最终引起"上怒"。

报国无门，王鼎决心以死打动道光皇帝。在端午节前夕，他在怀里揣着遗疏："条约不可轻许，恶例不可轻开，穆不可任，林不可弃也。"王鼎自缢了，他用生命向道光帝"尸谏"。"穆"是穆彰阿，"林"是林则徐。王鼎死了，穆彰阿派亲信到王家施压，而且无耻地"代为改草遗疏"，遗书被销毁了，傻傻的道光帝只知王鼎"暴疾溘逝"，完全不知王鼎的悲壮，也不知穆彰阿的欺瞒。

在新疆的林则徐，听到王鼎自缢的消息，悲痛大哭，写下《哭故相王文恪公》悼诗二首：

> 才锡元圭告禹功，公归遵渚咏飞鸿；
> 休休岂屑争他技，蹇蹇俄惊失匪躬。
> 下马有坟悲董相，只鸡无路莫桥公；
> 伤心知己千行泪，洒向平沙大漠风。
> 廿载枢机赞画深，独悲时事涕难禁；
> 艰屯谁是舟同济，献替其如突不黔。
> 卫史遗言成永憾，晋卿祈死岂初心；
> 黄扉闻道犹虚席，一鉴云亡未易任。

林则徐蒙冤遭贬到新疆后，仍然矢志不移，去最边远的地方领导群众疏通水源，营造沟渠，开垦荒地达三万七千余顷。他继续为民造福，深孚众望，道光帝不得不"特旨赐还"，在他过了三年新疆流放生活以后，任命他为陕西巡抚，代理陕甘总督。

　　林则徐风尘仆仆抵达陕西，此时的他已是六旬老者。他以身体需要调理为由，请了三个月病假，悄悄地到了蒲城王鼎的故里，为王鼎守"心丧"，以谢知遇之恩，尽晚辈之礼。所谓"心丧"，即古时谓老师去世，弟子守丧，身虽无丧服，但深切悼念之心却不亚于其儿侄辈。

　　林则徐面对人类历史上最大的"毒害"，他用智慧、无畏、前瞻为后人写下行动的典范。"伤心知己千行泪，洒向平沙大漠风"是林则徐的感伤，而林则徐的悲惨遭遇是我们内心挥之不去的永远的伤痛。

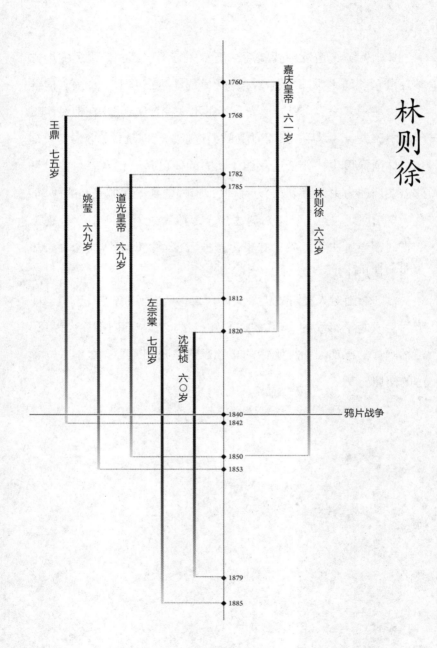

林则徐

嘉庆皇帝 六一岁

王鼎 七五岁

姚莹 六九岁

道光皇帝 六九岁

林则徐 六六岁

左宗棠 七四岁

沈葆桢 六〇岁

1760
1768
1782
1785
1812
1820
1840 鸦片战争
1842
1850
1853
1879
1885

方孝孺

死即死耳，诏书不草！

兑
巽
大
过

《大过》卦，上卦兑泽，下卦巽木，泽本润木，但泽在树上，

卦象就是泽水淹没了树木，

谕示君子从中得到启示："要独立不移无所畏惧"、"隐身遁世也不苦闷"，

全卦阐明事物发展过程中"过中不当"的道理，也论述"采取非常行动的时刻"。

方孝孺二十五岁时，被朱元璋赞叹："异才也！"

朱元璋"老其才"，让方孝孺沉潜了十年，

待他早已名垂天下时，才被任命为一个芝麻小官。

后来才被任用为太子的老师，作为预备的辅臣。

新皇帝即位后，不知自己处境凶恶，

采取的"削藩政策"有如在火药库上玩火，终至引起靖难之变。

身陷皇权争夺战的漩涡中，方孝孺选择不与朱棣妥协，招致"诛十族"之大祸。

只享年四十六岁的方孝孺，结局虽然凶险，

佢杀身成仁、慷慨赴义，依然是壮举，其义无咎。

是什么因，造成这样的果？一个被诛十族的骨鲠之士

二〇一二年二月中旬，初春料峭，我参加了诚品文化艺术基金会在南一中举办的"创意阅读·教师研习"活动，中间有大块文化出版董事长——郝明义先生——坐轮椅的台湾出版领潮人，他进行了一场"阅读经典的理由"的演讲，旁征博引娓娓道来，在文字之前，人类以绘画、结绳等记录历史事件，然后进化到符号的运用，像是《易经》里阴阳的知识系统，最后到仓颉造字，有了"天雨粟，鬼夜哭"异象后，文字最终成了有效地整理人类思想的工具。

论述之间，郝先生举例《易经》的《大过》卦，里面的最后一个爻"上六：过涉灭顶，凶，无咎"，既然说勉强涉江，遭遇灭顶危险，这是凶事，但是为何最后又说"无咎"？他说，经过自己推敲多时后，尝试以明朝燕王朱棣打着"靖难"旗帜，篡位夺权，最后死于他刀下的、灭十族也不屈的方孝孺，来说明这句爻辞里看似矛盾的言论，也说明《易经》文字里高浓缩的思想。演讲中，郝先生只蜻蜓点水式地作了一些论述。

我尝试梳理这位只享年四十六岁的方孝孺的人生轨迹，探讨他的人生历程中发生了什么事？

封建时代，最惨也不过"诛九族"，而他竟然被"诛十族"，创造了被诛十族的先例，也是孤例。九族之外，连他的朋友、门下学生也算作一族，共八百七十三人，全部处死，行刑就历时七

日之久。

这么惨的灭族杀戮，当时民间传说着一个故事，即有关方孝孺祖父与此惨剧相联结的灵异事件，我们先来了解下这个故事：一天，方孝孺祖父决定寻找一处风水宝地，堪舆师提供一块龙地，看好了日子开挖，没想到才一打开，竟有一条红色巨蟒从土丘窜出，原来这是一处蛇穴，内有大小红蛇数千，腥臭的秽气让人受不了，大伙看到如此光景，暂且掩盖此蛇穴，回家准备梃镢（就是木杖和大锄），并携带硫黄，打算点火把这些蛇子蛇孙都烧死，计划明天一举消灭牠们。

当晚，方孝孺祖父梦见一位红衣老人向他叩拜，并要求说："这个穴地，是我住了很久的地方！我生生世世、子子孙孙、我的眷属都住在此地。请你等我三天，我先叫眷属都搬走，然后你再开这穴地吧。"

隔天，他告诉家人这个梦，并且说："就是一伙妖蟒，正当除掉才是。"因此大家极力搜捕，放火焚烧、杀尽灭绝。晚间梦中，这位穿红衣的老人又来了，哭着对他说："你今天杀了我八百眷属，将来我要报仇，也会杀你八百个眷属！"

七岁得名朱棣，十一岁受封为燕王，十七岁结婚，二十一岁受命就藩北平

明成祖朱元璋的四子朱棣，他十一岁时被封为燕王，二十一

岁时就藩北京，先来说说他年轻时的一些事吧。

明朝开朝皇帝朱元璋，是历史上第二位来自乡间土地创立王朝的皇帝，第一位是汉朝的刘邦。朱元璋登基后，依然保有农民朴质的一面，比方说他在皇宫内不设御花园，反而开辟了一处御菜园，有空时还亲自下田耕种。他总共有二十六位儿子，当然不全是马皇后所生。朱元璋多妻多子，其中有好几个儿子都不知道自己的生母是谁。明朝建立时，朱棣已是一个八、九岁的儿童。经过元朝统治，又遭遇多年战乱，那时全国衰败凋敝，满目疮痍。

元朝的最后二年，至正廿七年（公元一三六七年）农历年底，朱元璋准备过年后，就要在南京正式登基做皇帝，而且此时他已有了七个儿子，满心高兴。这时国内政治形势一片大好，他决心要为儿子们正式取名。十二月二十四日，他祭告太庙，把自己渡江后所生的七个儿子归功于祖上的先德。所以，长子命名朱标、次子朱樉、老三朱棡、老四朱棣、老五朱橚、老六朱桢、老七朱榑，有没有发现他们的名字全是"木"部首？

是的，一直到第二十六子朱楠，所有人的名字全有"木"充当部首。更厉害的是儿子的儿子，朱元璋的孙子名字的部首全是"火"，再往下推则是土、金、水，然后再重新依照"五行"的顺序排列。所以，明朝末代皇帝——崇祯——朱由检，就是朱元璋子孙里第三次出现"木"部首，也就是第十一世孙。这是题外话。

回来说说小朱棣，朱棣出生时生母难产死亡，所以他视马皇后如生母，非常孝顺，也受到马皇后的百般疼爱。这位受到史家推崇的马皇后，节俭严谨，仁慈善良，朱元璋也常常对群臣称述她的贤惠，可比唐太宗的长孙皇后。

朱元璋在洪武元年（公元一三六八年），登基后即立长子朱标为皇太子，朱标大朱棣五岁。洪武三年（公元一三七○年），朱元璋封次子朱樉为秦王、朱棡为晋王、朱棣为燕王、朱橚为吴王、朱桢为楚王、朱榑为齐王。朱元璋为何急着立"藩卫"？因为在朱元璋看来，当元末农民起义四处爆发的时候，元王朝在各地缺少强而有力的藩卫，这是落败因素之一。所以，明朝要建立铁桶江山，先立太子，定调储君的中央大权之后，再以"血统藩卫"巩固中央。因此，他一称帝就要积极进行"立藩卫"。事情都是这样"物极必反"的，朱元璋不知他已经埋下一颗子孙相残的种子。世间没有完美的制度，也没有一劳永逸的制度。

他为了不使天下人感到他私心太重，在封藩前还特意作了一番表白："天下之大，必建藩屏，上卫国家，下安生民。今诸子既长。宜各有爵封，分镇诸国。朕非私其亲，乃遵古先哲王之制，为久安长治之计。"朱元璋对皇子皇孙的教育非常严厉，他的教育主张是："如一块精金，要找高明工匠打造；有一块美玉，也要有好玉匠才能成器。有好子弟，不求名师，岂不是爱子弟还不如爱金玉吗？"

洪武九年（公元一三七六年），十七岁的朱棣经过严格的文武养成教育后，"就藩燕京"的行程已经开始倒数计时了。这一年，朱元璋还为他完了婚，妻子就是中山王徐达的长女。朱元璋听说她"贞静，好读书"，被人称为"女诸生"，就把徐达找来说："你我是布衣之交。古代君臣相契的常结为婚姻，你的十五岁长女就嫁给我的四子朱棣吧。"徐达当然是满口答应。婚后，这位贞静颖敏、雅嗜读书的女孩被册封为燕王妃。后话是她也成了明成祖的徐皇后，颇受历史肯定。

洪武十三年（一三八〇年）春天，朱棣受命就藩北平。朱棣领命出发，这时他二十一岁。

二十一岁的朱棣前往北平府，逐渐蜕变为威震一方的亲王

藩王没有行政权，只有军事权。但是朝廷调动地方军队，地方守镇官还要得到当地藩王令旨后才能调动。遇有战事，即使元勋宿将也要听命藩王节制。

二十一岁的燕王朱棣，初春时节，毅然前去仍然"雪花大如席"的北国，数千名的护卫一路北上。"北平府"的名字是明朝洪武元年八月才改称的，元朝忽必烈时，这座城市称之为"中都路大兴府"，根据马可波罗游记叙述，这里因为是元朝首都，而统治者蒙古人笃信藏传佛教，而象为佛教祥兽，当时这座城市常有大象在路上散步。朱棣所藩镇的北平城市，是一座身份不凡的政治城市。

朱棣所在的"北平府"，就是现在的北京市。他的府邸就是元朝的旧宫，其规制如同天子。按照大明规定，藩王的府邸"亚天子一等"，这是伦理规矩，其他诸王也要遵守。为了这件事，朱元

璋还曾特地告谕诸王，要他们不要与燕王攀比，因燕王府邸是元朝旧宫，不需要新建，沿用旧邸，节省财政开支，至于他们新建的亲王府邸则都要按规定办事。不难看出，朱元璋对燕王寄望殊深。

燕王的二哥朱樉和三哥朱棡分别就藩西安和太原，就藩时间还早于燕王两年。朱元璋都没让他俩去位置险要的北平，反而把最重要的元朝都城留给了燕王，这种"深意存焉"确实有许多政治想象空间。再加上从朱元璋为诸王选妃的角度来看，燕王妃是明王朝第一功臣徐达的长女，这种婚姻实质上就是一种政治行为。在这一点上，其他诸子也是比不上朱棣的。

年轻的燕王朱棣便是在如此尊贵又精彩的城市成长起来的，他的羽翅随着并岁渐长而逐渐茁壮。

洪武二十三年（公元一三九〇年）正月，朱元璋命傅友德为大将军，率领一批军官赴北平，训练军马，听燕王节制，准备出征漠北。另一方面，山西的军队则归晋王节制。这一年，燕王朱棣三十一岁，他率傅友德等出古北口，侦知元将"乃儿不花"驻军在迤都，于是麾师前进。途中遇上大雪纷飞，诸将欲待雪止再进军。朱棣说："天雨雪，彼不虞我至，宜乘雪速进。"这是奇兵，大雪之中，敌人防备一定降低。

果然，大军进抵迤都，与元军仅隔一沙碛，竟未被发觉。虽然重兵压境，朱棣仍欲智取。于是他派部将观童前往敌营劝降，观童与乃儿不花是老相识，两人相见，不禁相抱而泣。正在这时，明军悄然进逼敌营，两军猝然交锋，元军大败，乃儿不花想乘马逃走。观童告诉他这是燕王的军队，不必害怕。于是，乃儿不花与观童一起到明军营帐中请降。燕王设酒款待，乃儿不花深受感动，便带领他的全部部落和马驼牛羊，一起归降了明军。

捷报传到京师，朱元璋高兴地说："肃清沙漠者，燕王也！"

朱元璋后来屡次命令燕王率师出征，又令他节制沿边军马，燕王从此威名大振。史书说他"貌奇伟，美髭髯，智勇有大略，能推诚任人"，又说他"料敌制胜，洞烛万里，威震朔漠"。

"燕王扫北"的传说已流传在大明民间，百姓描绘他的长相是："相貌雄伟，目重瞳子，龙行虎步，声若洪钟"，眼睛有两个瞳孔，跟虞舜、项羽一样，这是帝王的眼睛。在南京的皇太子朱标——朱棣的大哥——未来的大明皇帝，看到弟弟的杰出表现，内心紧张惶恐。

重新册立储君，朱元璋在燕王与皇孙之间天人交战

天有不测风云，洪武二十五年（公元一三九二年）五月，皇太子朱标病死，享年三十八岁。这一年，朱元璋六十五岁，朱棣三十三岁。

朱标十四岁时就被册封为皇太子，是幸也是不幸。怎么说？贵为太子，该是多少人梦寐以求的事，然而朱标缺乏足够强健的身体和坚韧的心理承受力，虽是太子之尊，反而是兢兢业业过日子。他被朱元璋寄予厚望，然而望之愈切，责之愈严，他从小就

被严厉管教。即使随着年纪的增长，他依旧生活在父亲的阴影之下。朱元璋身体健康，多年在位，而朱标夜长梦多，只得在漫长而压抑的等待中，不安地生活着，这是"储君"的宿命。

朱元璋一直以来都是一个极富争议的皇帝。持正面评价者通常都是从其大力打击贪污，恢复经济着眼，历史记载朱元璋是少见的勤政的皇帝。想想，今天我们的金融习惯，一二三四五要写成壹贰叁肆伍，就是朱元璋立下的防贪法令。

然而持负面评价者，则多从其高压统治着眼，如大加杀戮功臣、以特务锦衣卫控制政治、文字狱及廷杖滥杀无辜。朱标"东宫心慈"，他生性忠厚，又长期接受儒家教育，所以往往讲仁政、讲慈爱。有一次，朱元璋又要大开杀戒，朱标劝谏父亲说："陛下杀人过滥，恐伤和气。"朱元璋听了默不作声，不予回应。

第二天，朱元璋故意把一条棘杖放在地下，叫朱标拿起，朱标看到棘杖布满尖刺，面有难色。朱元璋说："你怕有刺不敢拿，我是替你把这些刺都给去掉。"朱标回说："上有尧舜之君，下有尧舜之民。"意思是说有怎么样的皇帝，就有怎么样的臣民。这下子把朱元璋惹恼了，拿起椅子就朝他掼，还继续追打他。

即便如此，当朱标病死时，朱元璋悲恸不已，为他举行了极隆重的葬礼，赐谥号懿文，历史因此称他"懿文太子"。四个月后，朱目标十六岁次子朱允炆（长子早死），被正式立为皇太孙。当时选定朱允炆为新的接班人，朱元璋其实很挣扎，因为朱允炆跟他父亲朱目标个性一样，书生气十足而且温良恭俭。朱允炆继承了他父亲的温和与好思考的习性，腼腆害羞，但是毫无国政经验。尤其跟几位雄才大略的叔父们比较，他也没有那种自信心和坚强的性格，甚至也没有那种治国能力。

朱元璋实在担心他的孙子不能担负重任，另立储君的念头一直挥之不去。一天，朱元璋令朱允炆咏月，他在最后写道："虽然隐落江湖里，也有清光照九州岛。"朱元璋看了，内心十分不悦。这真是秀才酸气的小子。只得再让他对对诗句，朱元璋出上联："风吹马尾千条线"，朱允炆应道："雨打兰毛一片膻"，这位皇帝祖父脸色发青，差点气昏。当时燕王在场，朱棣上前对道："日照龙鳞万点金。"朱元璋不禁叫绝："好对！"朱棣虽然文化水平不高，但是鸿鹄大志却是令人佩服。从此，朱元璋更加欣赏燕王朱棣，对册立朱允炆为储君之事更加踌躇犹豫。

最后，朱元璋召集群臣于东阁门议立太子，说："燕王英武似朕，立之如何？"当时皇室诸王多拥有重兵，尤其燕王"节制沿边军马……威名大振"，觊觎皇位已久。对此立储大事，百官不敢出声。此时老学士刘三吾却挺身劝谏："皇孙年富，世嫡之子，子殁孙承，适统礼也。即立燕王，置秦、晋二王何地？"论情论理，刘三吾说得都对，朱元璋也无法反驳，听完不语不答。他原本窃想如果众臣都不吱声，就立燕王为新太子，现在这个侥幸"飞渡关山"的小私心破灭了，朱元璋大哭离去。不久，他便立了朱允炆为皇太孙。

年轻的方孝孺与他的父亲方克勤、他的老师宋濂

朱元璋有一位文学大臣——宋濂，在中国文学史上，他与刘基、高启并列为"明初诗文三大家"，且为"明代开国文臣之首"。刘基，就是著名的刘伯温，我们以后有机会说说这位精彩的军师。

有一次，朱元璋设宴，宋濂出席，朱元璋想到美酒要有好文章搭配，联想到与美酒最近的是甘露，于是限宋濂明晨交卷《灵芝甘露颂》。当夜宋濂喝醉，不胜酒力，一觉到天明，早朝临进宫前才想起皇上交代的事，焦急地说："这下子死罪难逃了。"

宋濂的惊恐是有道理的，早些年前，他当太子朱标的老师，天性谨慎的他如履薄冰地过日子。曾经在家请几个朋友喝酒，第二天上朝，朱元璋问他昨天喝过酒没有？请了哪些客人？备了哪些菜？宋濂一一照实回答。朱元璋笑着说："你没欺骗我！"原来，那天宋濂家请客的时候，朱元璋已暗暗派人去监视了。面对这样兼具偏执狂、偷窥狂加上杀人狂特质的朱元璋，宋濂的惊慌失色是可以理解的。

这时，有一位宋濂的学生在一旁安慰老师道："不要担心，我知道你喝醉，可能来不及写，我已代师写成一篇，未知可否？请老师定稿！"宋濂看后十分满意，未作修改，就拿着这篇文章上朝。朱元璋读完对宋学士说："写得好，但这大概不是你写的文章，风格不同啊。"宋濂叩头坦承实情，朱元璋体谅晚上酒醉，翌日要求写出好文章也是过分苛求。不过还是把师生二人比一下高低，朱元璋说："此生良胜汝。"这个学生，大大地胜过你。

这位学生就是方孝孺，当时他才二十岁。宋濂则是六十七岁。

方孝孺，浙江海宁人，出生于元朝末年，即至正十七年（公元一三五七年）。"至正"是元惠帝的第三个年号，也是元朝的最后一个年号。这一年，朱元璋二十九岁，正率领徐达、常遇春在抗元战争中披荆斩棘。方孝孺"幼警敏，双眸炯炯"，六岁能诗，"读书日盈寸"，是位小神童。十多岁时已经"下笔千言立就"，家乡都称他"小韩子"，就是小韩愈的意思。十五岁时随父兄北上山东济宁，励志攻读，这时已经是大明王朝的洪武五年。

洪武十年六月，二十岁的方孝孺前往浦江，承学宋濂门下。

其时，年轻的方孝孺才刚经历人生的大恸。方孝孺的父亲方克勤是明初的好官，清廉俭朴，体恤百姓。他在山东济宁担任知府，济宁在他三年治理下物阜民康，"一郡饶足"，当地人用歌声来表达对他的感谢："谁减免了我的徭役，是方大人的力量；谁救治了我的庄稼，是方使君的雨露；朝廷千万不要让方知府走啊！他是人民的父母。"洪武七年，方克勤获得山东六府政绩考核之最。可是，洪武八年，方克勤被人陷害，获罪流放。洪武九年，朝廷发生"空印案"，方克勤又被诬陷，受到牵连，在南京含冤被诛。

方孝孺与哥哥方孝闻扶柩归葬，悲痛欲绝。在这场劫难告一段落后，方孝孺遵照父亲生前的安排，师从宋濂继续学习。他开始要面对自己壮阔波澜的人生。

在《易经》有一卦《大过》，说的是"刚柔相济，力求平衡"的道理，理的是"大为过甚"的论述。面临压力重大之际，《大过》卦爻位关系不取远应，只取近比，诸爻以"刚柔相济"为善，不以当位得正为美。

处在《大过》的状态之际，即是事物的发展有时导致阳刚过甚，阴柔极弱的失常状态。在《大过》里，却又适合大有作为，成就大过于常的功业。所以，从爻辞里看看"大为过甚"之际，学习善处"大过"的道理及整治"大过"的规律。方孝孺身处大明开国皇帝朱元璋极力巩固皇权的非常时期，又陷身在靖难之变的皇权争夺战漩涡之中，他的生命规律如何因应，最后的大抉择又是所谓何来？

从《易经·大过卦》看四十六岁的方孝孺，如何骨鲠千秋

兑

巽

上六	过涉灭顶，凶，无咎。
九五	枯杨生华，老妇得士夫，无咎无誉。
六四	栋隆，吉，有它吝。
九三	栋桡，凶。
九二	枯杨生稊，老夫得其女妻，无不利。
初六	藉用白茅，无咎。

《大过》卦／上卦兑泽，下卦巽木，泽本润木，但泽在树上，卦象就是泽水淹没了树木，谕示君子从中得到启示："要独立不移无所畏惧"、"隐身遁世也不苦闷"，全卦阐明事物发展过程中"过中不当"的道理，也论述"采取非常行动的时刻"。大过，是大的度往行动，不是平常状态。《易经》也有《小过》卦，上卦震雷，下卦艮山，卦形▤有两个阳爻，如果把阴爻阳爻分别组合，就成了▤，像是代表"险"▤的坎水 2.0 升级版——"小小超过"。同理《大过》卦，上卦兑泽，下卦巽风，卦形有四个阳爻在中间，如果把阳爻组合，就成了▤，这个像是代表"险"的坎水 3.0 升级版——"大为过甚"。

人生有时会身处重大变故之中，身处排山倒海极大压力之际。这些都是"险"的状态，都不是我们熟悉的生活轨迹，要如何面对？已经不是要"过小溪"，而是要"涉大河""泅大江"了。大变动时，方孝孺要横越时代的大江大河。

第一爻·初六　藉用白茅，无咎。

> 藉，祭祀时承置祭品的草席。古时"席"地而坐，祭祀时，铺上清洁的白色茅草，再将供品的容器放置上面，表示恭敬。初六如《象传》所说：阴柔，又在下卦"巽"顺的最下方，所以，极端柔顺。初六以一柔对四刚，在如此盛大过度的时刻，只有畏甚之至，方能无咎。处大过之时，阴柔本已能慎，初六又居巽体之下，乃慎而又慎。就像在祭祀时，于祭器下，再铺上至柔至洁白茅般的郑重，所以无咎。这一爻，说明在非常时期行动应当非常慎重。年轻的方孝孺面对老皇帝朱元璋的亲自面试，进退之间的得体与巽顺，他以过慎的心做事，慎始虑终，则天下无不可为之事。

洪武十五年（公元一三八二年），东阁大学士吴沈等向朱元璋起荐二十五岁的方孝孺，说他学问可大用，也说明了他父亲的冤状。朱元璋让他应征至京，在奉天门召见，并以策论对他进行"廷试"，朱元璋听后非常满意。再要求他当场写好《灵芝甘露论》，因为朱元璋五年前已经读过他代老师宋濂创作的《灵芝甘露颂》，特地用相同题目的论述，察看他这几年的进步幅度与一贯性。方孝孺才思敏捷，从自然写到人间，从物的非常之质写到人的非常之才，从而凸显"人之甘露灵芝"：

圣人有非常之德，故天地有非常之征。

天之有雨露，地之有草木，此其所常有者也。

于其常不足观圣人之盛，唯其德充仁着，宴符默感，露而有甘露焉，草而有灵芝焉，沛然而降，莫测其源……

朱元璋阅后，脱口赞叹："异才也！"回首问身旁的揭枢："方孝孺和你相比，怎么样？"揭枢说："他的才学是臣的十倍。"朱元璋点头赞同。揭枢也是方孝孺的推荐人之一，时为东阁大学士。

赐宴时，朱元璋进一步试探他，故意使人给他欹斜几具，试其为人。"欹斜"就是"歪斜不正"，苏辙有诗《再赋茸居》："南北高堂本富家，百年梁柱半欹斜。"说的就是倾斜。简单地说，朱元璋故意给他一张略有高低不齐的歪椅子，看他有何反应，这就是"面试的考题"。

结果，方孝孺"正之而后坐"，就是他先将座椅调正，然后就座。太祖看了甚为欢喜，觉得孝孺举止端庄、学问又渊博，必是可造之才，便厚礼赠之，嘱日后有所重托。就是说"肯定"了他的才学但暂时"不录用"，以后再说，这在历史上常常可见。总的说来，这次召见，朱元璋没有给方孝孺任何官职，只以厚礼——绯袍腰带予以鼓励，然后遣送他回家乡。为何会这样？

事后，朱元璋对皇太子朱标说："此庄士，当老其才。""庄"就是端正严肃，"老"就是深度历练。整句话的意思是：方孝孺是个端正严肃的君子，还要再让他的才干历练历练。再延伸地说：这位人才我不用，留着你当天子的时候再协助辅佐你，现在暂时放在"人才银行"里。这跟后来郑成功在郑经十六岁时，向他介绍陈永华说："陈先生当今名士！"但是，"我不重用他，留到将来辅佐你。"道理是一样的。我们将来谈谈陈永华，天地会的总舵主。

此后十年，方孝孺隐居在家，一心著书立说，过着清苦的生活。著有《周易考次》《宋史要言》《文统》等多部作品，还写了大量的诗歌。这十年他的著作甚丰，内容醇深雄迈。当时每出一篇，人们纷纷抄录传诵，就此奠定了自己在文坛的地位。

第二爻·九二　枯杨生稊，老夫得其女妻，无不利。

方孝孺沉潜十年，

等待春去秋来，到了四川担任

蜀王「世子傅」

枯是木之老者；杨是近泽的树种；稊，读啼，是新长出的嫩芽。老夫指的是九二；女妻是少女年纪的妻子，说的是初六。九二以刚居阴，得中，下比初六，像是近于树的根本之处，所以有"生稊之象"。九二得中用柔，以阳处阴，能荣新芽，而救其老弱者也，也能成"大过之功"。像是老杨树虽已枯槁，却又逢春得稀，低调不彰显但是生机盎然。用人世比喻，像是老夫得到女妻，年纪相差显得过甚，引人侧目，最终还是有生育之功。结论是阳虽过甚，九二居中用柔，无过极之失，所以无不利。

人在家中坐，还不免有横祸。三十一岁时，仇家与方孝孺的叔叔争讼，方孝孺受仇家陷害，被牵连到这场官司里，"官府籍其家，械押至京问罪"。朱元璋在案卷里看到了方孝孺的名字后，将他从其中剔除释放。

直到洪武二十五年（公元一三九二年），又有人向朱元璋举荐。朱元璋再次召见方孝孺，与第一次召见相隔近十年之久了。这次面试，朱元璋谈及方克勤之死，承认说："尔父无罪，为奸臣所害耳。"你父亲无罪！这话实际上已经算是为其父平反冤案。听到此话，史册没有记录方孝孺的当下反应，我想平静的表情之下，内心一定激情跌宕，感慨万千。

六十五岁的朱元璋老皇帝，对已经沉潜十年的三十五岁方孝孺的道德与文章给予很高评价，认为他是当世"异才"、"异人"，可是朱元璋还是认为"今非用方孝孺时"。仅仅令其任居下僚"汉中府学教授"，给个芝麻官，继续"老其才"。所谓"府学教授"是个小小的九品清贫小官，而且还在万里之遥的陇地汉中。

其时，三十岁出头的方孝孺已名垂天下，"世咸以为程朱复出"，学术界都认为他的学问如同程颐、程颢、朱熹再世，文学高度已经等同这些南宋的理学大师。可是终洪武一朝，方孝孺始终未受到重用，这是为什么呢？朱元璋不用方孝孺，探究其底，除了"太子的人才银行"，最主要原因在于君臣二人的治国主张大大不同。

方孝孺主张仁政，反对暴政，即主张以仁义礼乐治国，反对以"庆赏刑诛"临民。他从年轻时就主张"恒以明王道、致太平为己任"，这与朱元璋执行的"治乱世，用重典"的政策不合拍。朱元璋以为严刑峻法才是巩固一统天下唯一的方法，因此处处严厉约制百姓。而方孝孺却认为对人民如果"不能使之安其生，复其性，而责其无为邪僻，禁其无为暴乱，法制愈详而民心愈离"。这里方孝孺已隐约地认识到人民造反是被逼上梁山的，他对人民是同情的。

就在同一年六月，皇太子朱标病死。大明的王储人选有了新变化，政局也微妙地有了新气象。

此时，蜀王朱椿聘请"府学教授"方孝孺到四川成都，作为他儿子的老师，蜀王是朱元璋的第十一子，个性孝友慈祥，博览群书。朱元璋曾经称赞他为"蜀秀才"，他是朱元璋所有儿子中学问最佳者。

方孝孺受任"世子傅"，世子，就是亲王法定继承人的正式封号；傅，就是老师。方孝孺低调地称自己书斋"逊志"，结果蜀王朱椿亲题"正学"二字赠其书斋，从此大家都称他"正学先生"。方孝孺对蜀地学风的带动有很大的功绩，当时他知道知藩内学子贫困，还将自己的食禄每月拨出一石救济。方孝孺每次见到蜀王时，除了讨论道德之事外，从不闲聊私事，令蜀王很是敬重。这段时间，他将文章收集成册，称之《逊志斋集》。

第三爻·九三　栋桡，凶。

九三、九四在此以"栋"比喻，"栋"是房顶中央的栋梁，"三"、"四"爻在卦的中央，像是屋顶最高处承载重量的大梁。桡，弯曲而削弱的意思。"九三"虽与上六有应，但刚爻刚位，过刚失中，就像栋梁下弯变形，不久就有倒塌的危险。"九三"刚强，过度自信，所以《象传》说："上六"虽然有心辅助，却也帮不上忙，因而凶险。这一爻，说明非常行动，必然危机四伏，不可过度自信，失去一切助力。年轻的建文帝，能力有限，自信心倒是满满，致使自身深处危机四伏的境地。

明洪武三十一年（公元一三九八年）闰五月，七十一岁的朱元璋去世了。

二十二岁的皇太孙朱允炆即位，诏定次年，公元一三九九年，为建文元年。朱允炆在六月晋用齐泰为兵部尚书、黄子澄为太常寺卿——古代掌管宗庙祭祀的机构。七月，召四十三岁的方孝孺为翰林院侍讲。朱允炆在国事上倚重齐泰和黄子澄，文学、教育、科举上则仰赖方孝孺。建文元年方孝孺职掌文渊阁，朱允炆待他以师礼，当这位年轻皇上读书有疑，即召讲解。凡国家大事，常命方孝孺坐在案前批答。之后兼任文学博士，奉命与董伦、高逊志等主持京考，开始为国家举才。

朱允炆的年号"建文"，刻意有别于其祖父的"洪武"，他不想仿效祖父以严刑峻法治国，即位后改行宽政，特赦天下，囚犯人数减至洪武时期的三成左右，这是朱允炆的仁慈。可是，对于大明政权结构失衡问题，不是大赦政治犯这么简单，这个政治大工程牵扯到各地藩王的利益与生存，必须用智慧慢慢解套，把诸侯坐大的问题以渐进的速度冰释消化。

大明创国时，朱元璋为了巩固皇室，大封宗室为藩王，各拥私人护卫军队。对朱允炆来说，诸藩王大多为其叔辈，且在封地掌握兵权，心中甚是不安。几年前，朱允炆为皇太孙时，有一天在东角门，问侍读黄子澄说："诸王尊属拥重兵，多不法，奈何？"黄子澄回答说诸王军力不足以抗衡朝廷中央，要他不要过度担心。黄子澄是洪武十八年的状元，曾经"伴读东宫"，现代话就是太子朱标同学。黄子澄长了朱允炆二十七岁，甚至都比他父亲朱标长了五岁，听了长者一席话，如同打了包票，皇太孙安心不少。

朱允炆即位后，他问黄子澄还记得在东角门的对谈吗？新皇帝下令各藩国的地方文武官员直接听朝廷节制，准备采取"削藩政策"，黄子澄便与齐泰计议如何进行。齐泰打算首先向燕王朱棣动手，黄子澄有不同意见，认为"周、齐、湘、代、岷诸王，在先帝时，尚多不法，削之有名。今欲问罪，宜先周。周王，燕之母弟，削周是剪燕手足也。"最后黄子澄的意见被朱允炆采用。

削藩政策快速启动：朱允炆把意图谋反的周王朱橚（朱元璋第五子）定罪，废为庶人，徙云南。湘王朱柏（朱元璋第十一子），因为在建造王府时规格越级，建文元年被人指控谋反，朱柏感到害怕，却无法证明自己清白，遂自焚死。凶暴的齐王朱榑（朱元璋第七子）、性格暴躁的代王朱桂（朱元璋第十三子）被朱允炆借机削藩，被定罪，废为庶人。岷王朱楩，封地是云南，他是刚被任命的新藩王，遭举报谋反也被拉下马。虽然这些算是实力稍逊一筹的藩王，但是对于一位尚未站稳的年轻皇帝，这是在火药库玩火。

把视线拉到北方，燕王朱棣面对新皇帝的削藩举动，这时，他在干吗？

第四爻·九四　栋隆，吉，有它吝。

> 九四阳刚居阴，虽然大过卦阳刚盛大过度，而"九四"却刚柔兼备，阳刚而得阴辅，如同栋梁高高隆起，能帮忙负担重荷，所以吉祥。不过，九四与初六相应，阴柔的初六前来辅助时，就会使本来刚柔均衡的九四，变成过于柔和，以致因他人的牵连（"它"与他相同），九四的振臂前进虽无凶险，但会蒙羞受耻。这一爻，说明在非常行动，固然需要一切助力，但也不可被邪恶牵累。

长达四年的"靖难之役"，无法三言两语说完，仅仅选择三人的所作所为，贯穿这段南军与燕军拉扯消长的大明内战。

第一位：姚广孝，他是一位僧人，法号道衍。从前朱元璋封藩时，选了一些名僧当诸王的导师，道衍被派入燕府。当道衍与燕王初见面时，也就预言朱棣要当天子，从此得到燕王的重用。如今，建文帝的削藩行动风风火火，道衍首先提出要大造兵器，因为担心有人泄露消息，就在后花园挖密室设立兵工厂，打造兵械的声音，则由花园里圈养大量的鸡鸭鹅，以叫鸣声掩护金属撞击产生的噪音。

当建文帝派人来燕府访视朱棣时，姚广孝建议朱棣装疯病、示弱、争取时间、制造机会。盛夏，红日炎炎，燕府内却点着火炉，燕王披着羊皮，坐在火炉旁瑟瑟发抖，直呼说天寒。当皇上的两位来使来探病时，他却又东拉西扯尽说些荒唐的事，一副神志不清的模样。皇上得到的情报自然是：燕王病得不轻。惠文帝使者松懈，燕王逮到机会，发动突击，将在北平城里皇上的人马一举擒获，全部斩首，取得北平城的完全掌控权。

朱棣为了师出有名，引《祖训》说："朝无正臣，内有奸逆，则亲王训兵待命，为天子讨平之。"他指齐泰、黄子澄为奸臣，便以"清君侧"为举兵大旗，称自己的军队为"靖难军"。靖难之役开打了，燕军迅速攻占居庸关、怀来、密云、遵化等地。

第二位：曹国公李景隆，他是继承父亲李文忠的封爵，算是朱元璋的外甥孙，喜读兵书，但没啥本事。靖难之役初期，建文帝为无堪用将领可派而大伤脑筋，因为早期跟随朱元璋打天下的元功宿将，早在胡惟庸、蓝玉两狱中被诛杀几尽，只剩已年逾六十的耿炳文，可是耿老帅率十三万南军，在滹沱河不敌燕军，不久被朝廷撤换。

于是李景隆接任南军的司令官，而且增兵到五十万人马。齐泰反对这样的人事布局，但是建文帝不听。李景隆只能纸上谈兵，而且傲慢自大，不得军心，当然连战皆败，甚至不战而走。建文二年九月，他被撤职回京。方孝孺骂他："坏陛下事者，此贼也。"

这时朝廷众臣怒拳相向，要求把他就地正法，建文帝不忍加诛，李景隆就此龟缩在南京城，当个守城将军。后话是，建文四年六月燕军从瓜洲渡江，进攻南京城时，就是他开门迎接燕王进城的。

第三位：兵部尚书茹瑺，就是建文帝的国防部长。当燕王朱棣攻入龙潭时，建文帝看到燕军势不可挡，于是派遣茹瑺、曹国公李景隆等人到燕军前议和。茹瑺见到朱棣，伏地猛流汗，不敢说一言。朱棣只得说："公等言即言耳，何惧至是。"你们要说什么就说便是，不用这么恐惧。

之后，茹瑺才说是奉诏来割地讲和的。朱棣笑道："我没有罪过却被削为平民，现在建文帝在救死，又拿什么割地来说！况且高祖封各位皇子，已经各有封地了。其缚奸臣来，吾即解甲谒孝陵归藩。"你们把奸臣绑来，我即解甲祭拜孝陵，回藩地。这是软钉子，茹瑺当然没有搞定割地止战的任务，而且让建文帝颜面大失。后话是，茹瑺是第一个劝燕王朱棣登基的大臣，论功行赏，他被明成祖封"忠诚伯"，食禄千石，赐"贤人君子"图章一枚。并立下金书铁券，券文有"中外一人，中流砥柱"的褒奖语。

第五爻·九五 枯杨生华，老妇得士夫，无咎无誉。

华，就是花朵。九五处大过之时，虽中正居尊，在一连四个阳爻的最上方，位于阳刚盛大过度的极点，在下无应，而上比过极之阴。"上六"是这一卦终极，已经衰老，过度阳刚的"九五"，与已经衰老的"上六"结合，就像枯萎的杨树开花，杨木开花，何益于枯？此"枯杨生华之象"以人世比喻，如同已无生育能力的老妇嫁给壮男（九五虽老犹壮），即或无咎，也不会光荣，终非美事。

渐渐逼近南京的燕王，祭祀江神后，发兵渡江。四年的靖难之役，总决战的时刻已经来临。不久整个江面，船舰相接，旌旗蔽空，战鼓声传到百里外。南军胆战心惊，还没交战，就已经乱成一团。燕军的前锋只有几百人马，已经将守江的南军杀得四处逃散。燕王渡江后，率军猛击数百里，南军溃败，不是被杀就是逃散。燕军攻下镇江，准备休息几天后就要进攻京城。

另一个镜头：南京的年轻皇上，在殿前走来走去，束手无策。这时方孝孺上奏："京城里还有二十万精兵，况且城高池深，粮食充足，防守不成问题。""敌兵远道而来，用不了几天就会不战而逃。"大家都知道这话是安慰语。可是，这时又能说些什么？逃跑吗？有人小声地提议过了，但是不可能有答案的。朱允炆依计请各将领分守都城，这时逮到机会的齐泰、黄子澄借口外出征兵，不等皇帝批准，他俩就自行离去。齐泰潜行到广德州，黄子澄则逃逸到苏州。朱允炆叹息："事情因他们而起，难道他们竟要弃朕远逃？"话音未毕，已有消息使者进宫通报燕军已经开始攻城了，朱允炆召问方孝孺怎么办？

"坚守城池，如有不测，殉死社稷！"朱允炆听了，更加心惊。

这时，翰林院编修程济跑入大殿喊道："不好了，不好了，燕军已经进城了。"原来，谷王朱橞（朱元璋第十九子）和李景隆打开了金川门，迎入燕王。南军不战而败，确实，历史是以"金川门之变"记录这一段转折的。朱允炆流着泪慨叹他们的负心，程济又说："御史连楹曾诈降燕王，在马前叩拜时，企图刺杀燕王，只因孤立无援，反被杀害。"听完，朱允炆低语："这样的忠臣，朕都没有重用。""朕错了，不如听从正学先生的话，殉死社稷！"

"说完拔起腰间佩刀，自刎。焚烧宫殿，尸首焦黑难辨，燕王入宫后只得从焦尸上的衣物判断朱允炆已死。"以上，史册是这样记载的。当然，我高中时的历史老师再三告诫我们："鬼才相信！"燕王当然也不信，所以才会有后面的郑和下西洋的行动，为的就是寻找传说在印度洋诸国出没的朱允炆。

野史记录，正当朱允炆要挥剑时，少监王钺急急上奏："陛下不可轻生，高皇帝升天时曾交代留有一口箱子，吩咐子孙有大难时开启。"这时四个人抬进来的红色木箱，铁皮包裹，非常沉重。里面放着三张度牒，所谓度牒，就是古时政府发放给僧尼者的证明文件，三张所书的法名分别是应文、应能、应贤。箱内还有袈裟、僧帽、僧鞋和一把剃刀，白银十锭，附有一张红纸写着："应文从鬼门出，余者走水关，傍晚在神乐观聚合。"朱允炆叹息说："天意如此，就这么办吧！"

程济动手帮皇上剃发，乔装成出家人，其余二人，分别是监察御史叶希贤、吴王教授杨应能，因为他俩的名字都应了另外两个法名：应贤与应能，随后他俩也剃去头发。接下来的场景是：朱允炆下令纵火焚宫，顿时火光熊熊，马皇后投火自尽，穿着龙袍的假冒死尸也面目焦黑，真假莫辨。

朱允炆先辞退一些人，免得风声走漏，仅跟九位誓死相从者，来到鬼门——这是在内城太平门内隐晦的一扇矮门，仅容一人出入。出了门正巧有艘小船等着，船上有位穿着道服老者，招呼皇上登船，叩头说道自己是神乐观的住持，昨晚梦见高皇帝命臣来此等候。这种梦话不必当真，显然朱元璋生前已有安全情报体系悄然运作，只是这位书生皇帝不知觉罢了。黄昏时，应能、应贤等十三人也来到神乐观会合。

所有人隐姓埋名，一番计划，几天后不知所踪。后话是，建文帝改姓易名为"让銮"——让出金銮殿——让姓由此而来。他初年多在湖南湖北一带定居，而且世代繁衍生息，打开《让氏家谱》可以寻觅一些端倪。当然，方孝孺对朱允炆的潜行云游，一无所悉，他完全被蒙在鼓里，伤心地以为皇上已经殉死。接下来的事，是文史工作者最感兴趣的了，六百多年来，大家都在找寻建文帝朱允炆的下落，他怎么了？他有墓陵吗？如果有，在哪里？

第六爻·上六　过涉灭顶，凶，无咎。

　　上六已经是这一卦的终极，以柔居阴，才质柔弱，又是一柔乘四刚，极度过分的要积极有所作为，由于缺少自知之明，其凶必矣。就像渡河不知深浅，而且此大河又是江面宽阔水深无比，如此不顾湍急冒险涉过，以致灭顶。不过，处大过之终，结果虽然凶险，但杀身成仁，慷慨赴义，依然是壮举，难以责怪，其义无咎。

　　燕王朱棣攻入京城后，没有遇到什么抵抗，南京的文武百官"踊跃地"到马前迎驾。回到军营后，兵部尚书茹瑺先到燕王帐下，劝他登基。燕王问："皇上呢？"茹瑺回道："皇宫被烧，皇上也已经驾崩了。"燕王皱眉说："我无缘无故被诬陷，不得已才发兵自救，一心想着为国除奸，以安定宗亲社稷，效法周公垂名后世。谁知皇上这样轻生，唉，我已经得罪天地祖宗，哪敢再登大位，还是另选德才兼备的亲王吧。"

　　茹瑺苦劝："大王顺天应人，怎能说得罪？"这时文武大臣们也跪了一地，游戏规则是：如果你是朱棣，千万不能立刻点头，基本上，这种"劝进大戏"要玩三次。朱棣入了城，悬赏擒捕齐泰、黄子澄、方孝孺等人。

　　在灰烬中找到了"似乎是"建文帝的尸首，枯骨焦黑，四肢残缺，朱棣叹道："痴儿，痴儿，何必弄成这样？"这种猫哭耗子的戏码当然要演一下。这时，有一人身着缟素，直奔朝中，伏在地上痛哭。原来南京陷落后，方孝孺闭门不出，日日为建文帝穿丧服啼哭，朱棣派人强迫他来见自己，结果方孝孺当庭大哭。朱棣凝视着他说："你就是方孝孺？朕正要捉你！"其实，朱棣并没要诛杀方孝孺，因为朱棣破城之前，姚广孝曾经再三跟燕王提醒不要杀方孝孺："城下之日，彼必不降，幸勿杀之。杀孝孺，天下读书种子绝矣。"方孝孺因此只被逮捕入狱而已。成语"读书种子"的意思，是指在文化上能承先启后的读书人。

几天后，朱棣接受百官劝进，准备在奉天殿即位。由于朱棣即位的情况特殊，今后能不能受到朝廷上下及国人拥戴，登基的诏书至关重要。大臣们都举荐方孝孺，才气佳，政治宣传效果又好。燕王也觉得要草拟好这份诏书，非方孝孺不可。

燕王让人把他从狱中带到宫廷，只见他仍一身素服，当即放声痛哭。燕王为他设座，起身劝慰："先生这是何苦？朕只想仿效周公辅佐成王。"方孝孺问："成王安在？""他自焚死了。"方孝孺又问："何不立成王之子？""国家需要依靠长君。"方孝孺三问："何不立成王之弟？"朱棣一时语塞，只得说道："这是朕的家务事，先生不必过问。"方孝孺还要再问，这时朱棣已经令人取来纸笔，委婉说道："先生一代鸿儒，如今还要劳顿先生起草诏书，请不要推辞。"方孝孺把笔一扔，哭道："死即死耳，诏书不草。"要杀就杀，这份诏书我不起草！

朱棣一下子火气也上来了，厉声道："就算你不怕死，难道不顾念九族吗？"方孝孺说："便十族奈我何？"就算灭我十族，我也不怕。说完，捡起地上的笔写了四个大字："燕贼篡位。"骂声益厉。看到这触目惊心的笔墨，朱棣不由大怒："你敢说我是贼？"接着喝令左右用刀划开方孝孺的腮帮子，从嘴唇割到耳旁，让他不再能开口，才停了骂声。性格阴险、变态的朱棣喜欢公开杀戮的黑暗面自就此曝现。

朱棣下令缉拿方孝孺的九族亲人，逮解入京，再加上朋友与门生，作为十族。每缉捕一人，就带给方孝孺看，但方孝孺不为所动，燕王当其面一一杀戮。方孝孺强忍悲痛，始终不屈。所幸他没看到至亲的死刑，因为方孝孺的妻子郑氏以及儿子方中宪、方中愈已先自尽，两个女儿也投秦淮河而死。这次惨剧，宗族亲友与学生全部连坐被诛，总计八百七十三人。流放边疆的更是不计其数。

最后，只剩方孝孺与他弟弟方孝友，兄弟一起被拖到午门内准备处死，临刑前，方孝孺无法言语，望着弟弟不禁流下泪水，方孝友从容吟诗给哥哥：

> 阿兄何必泪潸潸，取义成仁在此间；
> 华表柱头千载后，旅魂依旧到家山。

"华表"是皇宫前独立的一根巨柱，古时用以代表王者纳谏，柱顶有一只蹲兽，为传说中的"犼"，龙头虎身。有一成语"鹤归华表"，意思是感叹人世的变迁。方孝孺听完弟弟的吟诗，也执笔写下绝命词，慨然就死：

天降乱离兮，孰知其由；
奸臣得计兮，谋国用犹。
忠臣发愤兮，血泪交流；
以此殉君兮，抑又何求？
呜呼哀哉兮，庶不我尤！

时人称他们为"难兄难弟"。方孝孺之死，是论史者绕不开的一个沉重话题。几百年来，明代著名戏剧家汤显祖称他"天地正气"；黄宗羲说他是"有明诸儒之首"；胡适之说他是"为殉道之了不起的人物"；郭沫若则称他"骨鲠千秋"，当然也有议论"儒学之士的迂腐与固执"者。我呢？我在他《豫让论》文章中读到："生为名臣，死为上鬼，垂光百世，照耀简策"，肃然起敬。

六百多年后，我在台南孔庙大成殿旁的东庑，找到了"先儒方孝孺"牌位，与历代大儒司马光、欧阳修、诸葛亮、程颐、程颢、张载等等一百五十八位先贤先儒并列。此牌位是在同治二年，即公元一八六三年从祀。太阳西斜，穿过东庑窗棂的光影显得庄严，跨过门槛，我在牌位前合掌，深深鞠躬。

后记："先儒方孝孺"牌位，是摄政恭亲王下令在孔庙得以从祀。恭亲王的名字是"爱新觉罗·奕䜣"，这位没有天子命的传奇人物，他当了同治、光绪两朝的摄政王，他代表两任小皇帝书写"圣神天纵"、"斯文在兹"御匾，送给台南孔庙，虽押上"同治御笔之宝"、"光绪御笔之宝"印章，但匾额外框敷金的九只螭龙，仅有四爪，不能有五爪。这位恭亲王的委屈，下回说说他。

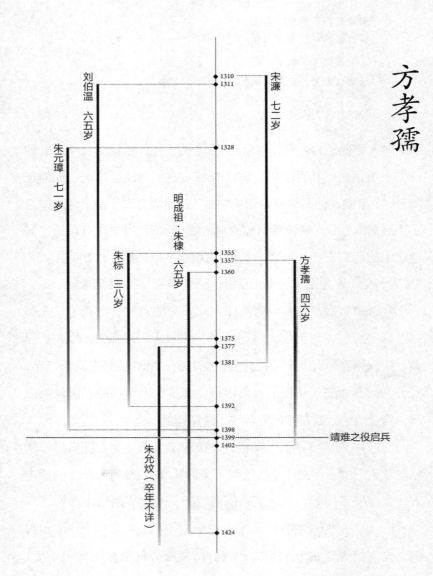

方孝孺

刘伯温 六五岁

朱元璋 七一岁

宋濂 七二岁

明成祖·朱棣 六五岁

朱标 三八岁

方孝孺 四六岁

朱允炆（卒年不详）

1310
1311

1328

1355
1357
1360

1375
1377
1381

1392

1398
1399 ————————— 靖难之役启兵
1402

1424

爱新觉罗·奕䜣

与皇位擦肩而过的鬼子六

震
艮
小
过

《小过》卦，上卦震雷，下卦艮山，卦象就是雷声在山上奋响，声势稍微过常，

白话是"山头上的雷声，要比平地更大声些。"

全卦展示事物发展过程之际，有时情势弱小、地位略卑、力量不显，

但是却要展现稍微过分的张力，不能一味藏锋，或是示弱。

四阿哥击败六阿哥登基为帝后，面对庸君水平的咸丰新皇帝，

能力强的六弟要如何自处？

落选的奕䜣，以曹丕与曹植兄弟之间"相煎何太急"故事当借镜，

谨慎恭敬，不逾越君臣之位。

尽管如此，咸丰的防卫心未曾稍减，几度借口让恭亲王远离政坛，

但奕䜣的重要性从未在历史上消失过。

在英法联军逼近下，无能的咸丰帝从圆明园仓皇逃往热河，再度需要恭亲王来善后。

咸丰病死后，奕䜣选择与慈安、慈禧两宫连手政变，

扳倒掌握朝政的肃顺集团，成为一人之下、万人之上的"代理皇帝"。

恭王府的一次美丽错误，成了二百年来的贴春联习俗

过年嘛，大门贴贴春联比较有春节气氛。龙年，我家贴上了"龙行大运"四个大字应景龙年，许多人家、店家也张贴了不少与龙有关的吉祥语：辰龙壮图、飞龙吉祥等等。其中，最劲爆的是台南市开山路的一店家，自己挥毫红纸黑字："大排长龙。"简单有力！

这种四字吉语称之"春条"，不能称"春联"，春联比较讲究，有上下联加上横批。如果贴的是单字吉语，专门名词则是"斗方"，单单写着大红"春"、"福"、"满"等字。这种贴在家庭院落的门窗上，往往会倒贴着，这可算得上是传统的习俗了。为何"福"字要倒贴？

这个习俗来自清代恭王府。一年春节前夕，大管家招呼家丁准备过年大大小小的事，其中照例写了许多个"福"字让人贴于库房和王府诸多门上，但是，有个家仆因不识字，误将大门上的"福"字贴倒了。

为此，恭亲王福晋十分恼火，所谓"福晋"，清朝亲王、郡王的正妻称呼，如果是妾则是侧福晋。多亏大管家能言善辩，跪在地上说："奴才常听人说，恭亲王寿高福大造化大，如今大福真的到（倒）了，乃吉庆之兆。"福晋听罢心想，怪不得过往行人都说恭王府福到（倒）了，吉语说千遍，金银增万贯，这位王府女主人一高兴，便重赏了管家和那个贴倒福的家仆。

事后，倒贴"福"字的习俗，就由达官府第传入百姓人家。有趣的是，两百年后，在台湾，二十多年来我家的"福"都是贴倒的，习俗的感染力真是无远弗届。

说到"恭王府"，这座经典建筑体，充满了故事：乾隆时期，最早是和珅的府邸，后来被嘉庆抄家后，转为庆亲王永璘——乾隆的十七子——称之"庆王府"。咸丰时，再转赐给恭亲王爱新觉罗·奕䜣，又成了鼎鼎有名的"恭王府"。后来大清国势没落，清朝末年此处被他的孙子将王府和花园抵押给天主教会，民国初年，即公元一九一三年，成了辅仁大学校舍。国共内战后，辅仁大学迁校到台湾。而此处先后为北京师范大学、中国音乐学院，近二十年已成旅游景点，供人参观。

我们来说说这座美轮美奂"恭王府"的主人——爱新觉罗·奕䜣。

抠门的道光皇帝，从不得使用化妆品到皇后的生日卤面

爱新觉罗·奕䜣的父亲是道光帝，道光帝的名字爱新觉罗·旻宁，他是清朝第八位皇帝，也是清军入关以来第六位皇帝。出生在乾隆四十七年（公元一七八二年），属虎，处女座，十三岁结婚，三十九岁登基，享年六十九岁。

历史学家给他三十年执政的评论是："勤政图治而鲜有作为。"

道光帝即位之初，大清王朝正面临最严重的内外危机，国力持续走下坡，历史称之"嘉道中衰"。至于他的特质是"生活节俭，治国吝啬"，成了史学家揶揄的话题。

节俭，本来是好事，但是节俭过分了——不该省的也硬要省，这就超出了节俭的范畴，显得吝啬了。道光带头过紧日子，他使用的只是普通的毛笔、砚台，每餐不过四样菜肴，除了龙袍外，衣服穿破了就打上补丁再穿。《满清外史》记载：道光帝"衣非三浣不易"，什么叫"三浣"？每月的上旬、中旬、下旬分别也叫上浣、中浣、下浣，三浣就是一个月。简单地说，他的衣服一个月洗了三次，才再换一套，说明衣服不多，还好当时没有时尚产业，否则这个产业肯定没落不堪。他自己节俭就算了，还规定除了太后、皇帝、皇后以外，非节庆不得食肉，嫔妃平时不得使用化妆品，不得穿锦绣的衣服。

道光帝对第二任皇后——孝慎成皇后的贤惠十分满意，有一次皇后生日，决定为皇后祝寿。满朝亲贵重臣献上寿礼，拜完寿，自然留下参加宴席。众多文武百官心想皇家御宴将是何等排场，不料开宴才见一人一碗"卤面"，大家总算见识到了这位抠门皇帝省吃俭用的作派。

这个"卤面"，后来成了福建著名的"古早味喜庆豪华肉羹面"，台南有称之"鲁面"者，至今台南人家有喜庆时，仍会烹煮飨食。摘自网络上一位府城人的说法是："小时候亲戚或邻居间有人家里办喜事时，我们最期待最开心的就是可以吃到一碗香喷喷热乎乎的鲁面了。"这是台南在清领时期后叶，由福建漳州移民引进的习俗，算算时间，刚好是道光皇后的生日卤面辗转流行到了府城的时间。羹汁带有微甜甘香，精湛不俗美味佳肴。做法是先以大骨、扁鱼、虾米熬煮汤头，汤内有白萝卜、胡萝卜、木耳、大白菜等。当然，主角肉羹块口感最为丰富，卤得软嫩的瘦里脊，外面裹上旗鱼浆，口感香嫩。汤汁勾芡后，轻轻搅动着，同时缓缓倒入蛋汁。油面另外煮熟，起面后先入碗，再淋覆量好料多多的卤面羹汁，加上五印醋，再放些翠绿香菜，扑上一些胡椒粉，即成。

回头说说道光的内政危机：吏治腐败，武备张弛，国库空虚，百姓反清斗争频频；对外危机：西方列强势力东侵，鸦片荼毒国民。道光颇想有一番作为，也采取了一系列措施，企图中兴。他虽然朝纲独断，事必躬亲，以俭德著称。但内政事物，如吏治，河工，漕运，禁烟等均无起色。

尤其"禁烟"这事成了最为后人诟病的败笔。话说道光帝的爸爸嘉庆帝，这位爱新觉罗·颙琰从皇太子时期便有积极任事的想法，在隐忍老乾隆与权臣和珅几年后，他在嘉庆四年亲自掌政后，就赶紧下令严禁鸦片，但是越禁越旺。根据英国东印度公司的工作报告里说：满洲政府禁烟令，"不过官样文章"。确实，清朝官员们长久以来纵容鸦片私运以为发财机会，所以嘉庆年间"产品销路继续增长"，到了道光年间更是问题严重。

六十岁的道光帝，将目光聚焦在皇四子奕詝和皇六子奕䜣身上

道光帝算不上是昏君但也绝非明主，被湮没在历史长河的暗处是正常的，但是因为他是鸦片战争的头号当事人，却成为后世无法回避并屡屡提及的人物，所产生的历史涟漪效应也是影响深远，其中他选储君这件事也影响深远。

话说道光帝是十六岁那年被嘉庆帝秘密确定为皇位继承人的。现今，他登基当皇帝已过了二十二年，年届六十，却仍未确定继位人，因为太难下决定了。

他迟迟没有确定皇太子，除了深刻了解当个好皇帝真不容易外，祖宗打下的江山绝不能随便交给哪位皇子，一定要慎重，慎重，再慎重。之外还有个重要原因：他总共有九个儿子，分成三梯，第一梯次的头三个皇子先后夭折，使他精神备受打击，希望一再落空，尤其长子在青春年华的二十四岁戛然离开人世（爱新觉罗·奕纬于道光十一年四月卒）。后面六个儿子都是长子死后才陆续出生的，分成两批。

就在道光帝痛失长子奕纬以后两个月，皇四子奕詝呱呱坠地，没过多少天，皇五子奕誴又来到人间，二年后，皇六子奕䜣降生，这梯次的三位皇子来自不同的母亲。接着是七年后，第三梯次皇七子、皇八子、皇九子相继出生，这三人则是第四位皇后一人所生。五十到六十三岁之间竟得六个儿子，这使道光帝丧子之痛得到慰藉，他可以在第二梯次年轻皇子中间好好选拔一番，看谁更

有资格做皇太子，来日君临金銮殿，统治大清江山。

经过多年的用心审查，道光帝将目光聚焦在皇四子奕䜣和皇六子奕䜣身上。这两个皇子哪个适合接班呢？道光帝左盘右算，就是拿不定主意。奕䜣的读音是亦柱，䜣是智慧、学问的意思；奕䜣的读音是亦新，欣是欣然、喜悦的意思。

皇四子的优势主要有二：首先，他是皇后（第三任）之子，皇六子则不是。其次，老四比老六早出生一年又五个月，身为兄长。处在封建宗法和礼教的时代，即便皇室，也不能不对嫡庶、长幼之别视而不见。

但是，皇四子也有两项劣势：首先，他是一个隐性瘸子。据私家笔记，有一年，他到南苑打猎，从马上重重摔下来，伤及骨头。上驷院御医用尽一切手段，无法使其恢复正常，后遗症是走路不灵活。在相信天命的时代，瘸子似乎不符合真命天子之相。其实里面有个宫廷秘密：老四、老五还在娘胎时，因老四的预产期比老五晚，所以皇后吃了早产药希望早生贵子，虽然提前生产，但因为早产，所以老四体质较差。

第二劣势：生母孝全皇后病逝，奕䜣是一个才八岁多一点的小朋友，道光帝将他交给皇六子的生母静贵妃抚养。这件事意味着奕䜣由其皇后妈妈地位带来的优势，已经荡然无存。

皇六子奕䜣天资聪颖，很讨人喜欢，道光帝非常宠爱他。奕䜣工于骑射，跛足的四阿哥奕䜣与他比较是差了。每次行围打猎，老六都能收获很多猎物。骑射功力雄厚，对在马背上得天下的满族皇室来说，是极为重要的能力。奕䜣还有一项优势：那就是生母静贵妃健在，而且深受道光帝宠爱。在奕䜣生母孝全皇后去世后，她在后宫的地位堪比皇后，统摄六宫之事。道光帝把皇四子也交她养育，就是代表她在道光帝心目中的独特地位。这对奕䜣是一笔重要的政治资本。

十六岁皇四子和五十九岁师傅杜受田 vs 十四岁皇六子和六十五岁师傅卓秉恬

对于立皇四子奕䜣为皇太子，还是立皇六子奕䜣为皇太子，道光帝还是一直决断不下。道光帝年纪渐渐衰老，他眯着那双昏花的老眼，在两位年轻的儿子中间，游离不定。他赐奕䜣一把"锐捷宝刀"，同时又将"白虹宝刀"赐给了奕䜣。道光帝心中的天平左右摇摆。

鸦片战争，道光廿一年正月，英军占领香港。道光廿二年七月，英军兵临南京，清廷同意议和，签立《南京条约》。道光廿三年八月，双方签立《中英五口通商章程》。道光帝无奈地批准英国强加的一系列屈辱条约。

道光廿六年（公元一八四六年）春天，道光帝带着毁损祖宗基业的愧疚心情踏上祭祖之路。祭祖，对他来说是孝举，更是心灵的抚慰，这使他得以暂时卸去败家之子的内心自责，抛开国事衰败的重重忧虑。初春三月十五，他似乎一身轻松，在一行车马的簇拥下，顺道来到皇家猎场南苑。道光帝要跃马挽弓，好好过一番骑射之瘾。南苑，这一天成了具有重要意义的皇位竞技场。较量的两组，一方是十六岁的皇四子奕詝和他的五十九岁师傅杜受田，另一方是十四岁的皇六子奕䜣和他的六十五岁师傅卓秉恬。

杜受田，山东滨州旧城人，来自书香官宦人家。道光三年，他中会试第一，殿试二甲第一（就是全国第四名，仅次于状元、榜眼和探花，称之传胪）。道光十五年，进京直上书房，授四阿哥读书；道光十八年，升左都御史、工部尚书，充上书房总师傅、实录馆总裁。所谓"上书房"，就是清朝皇子皇孙上学读书的地方，道光之前称之为"尚书房"。

当年，杜受田受命为四阿哥的师傅，他为了能及时进宫授课，搬到邻近皇宫的西安门内静默寺中居住，三五天才回家一次。教学认真，道光皇帝十分满意，连连加官晋爵，提升他为工部左侍郎。杜受田在教书的同时，还肩负着其他重任，道光二十年四月，担任朝考阅卷官，次年受命为会试副总裁，也兼任户部左侍郎，管理国库，成为清王朝的财政总管家。

卓秉恬，四川成都人，他是嘉庆七年的进士，殿试位列三甲第七十三名。道光十四年，内阁学士兼礼部侍郎；道光十八年，任兵部尚书，接着经历户部尚书、吏部尚书、都察院左都御史、协办大学士；道光廿四年，拜文渊阁大学士。卓秉恬是个清正严谨、作风敢言的技术官僚。他是少年奕䜣的授业老师，第三任授业老师。

冬烘保守的道光帝出了一些烂考题，当然选出一个烂皇帝

三月十五日，春光明媚，道光帝领诸皇子往南苑围猎，他要考察诸子骑射身手。

按清朝惯例，皇子读书授业时，外出须向老师请假。四阿哥行前先向老师请假，杜受田理解今天的猎局是个契机，沉思后向四阿哥耳语："阿哥到猎场中，只坐观他人骑射，自己千万不要发一枪一矢，并约束随从不得捕杀任何生灵。"十六岁的四阿哥奕詝一脸不解，杜受田解释后，再三叮咛事后皇上问话原因，你再如此这般答话……

当天狩猎结束，骑射精湛的十四岁六阿哥所获猎物最多，面露得色，见四哥默坐，随从也垂手侍立，感到奇怪，就上前问道："诸兄弟皆满载而归，为何四阿哥一无所获？"四阿哥平静地回答："今天身体欠安，不能与诸兄弟驰逐猎场。"夕阳西斜，诸皇子携所获猎物复命。道光帝纳闷询问缘故，四阿哥就把杜受田教的话说了一遍："时方春，鸟兽孕育，不忍伤生以干天和。且不欲以弓马一日之长与诸弟争高低。"道光帝龙颜大悦，对身边的大臣说："此真帝者之言。"这才是君主之度啊！一个昏招，四阿哥得到谬赞。

不相信直觉的道光帝，直到死前仍对传位之事犹豫不决。道光三十年（公元一八五〇年），刚过完年，重病在床的道光帝自知回天乏术，临终前，他还想考察两位皇子的能力和气度，再拍板

决定皇位继承人。六阿哥的老师卓秉恬授计："晋见时，皇上若在病榻上询问治国安邦大计，你应当知无不言，言无不尽。"另一方面，杜受田知道皇上病重，预见道光帝的最后心思，对四阿哥解释："你若陈条时政，论智力、口才根本比不上六爷，只有一策：皇上若自言病老，将不久于人世，你只管伏地流涕，以表孺慕之诚而已。"

其实，杜受田也非什么未卜先知，或是伟大的心理预言家，只是道光帝这种优柔寡断的性格，处女座"谨小慎微"的特点，在他身上成了最大的缺点。道光帝的鸟肠鸡肚心思，太容易被"顺藤摸瓜"了。另一边，"清正严谨，作风敢言"的卓秉恬，个性耿直墨守成规，他搞不清楚道光帝的内心世界，此前所言并未得到道光帝的赏识。更何况人都要死了，哪管得治理国家的大事。

兄弟同时晋见时，道光帝果然询问身后治国大事，六阿哥无视皇上的痛苦病情，口若悬河，大谈自己治国安邦的见解和抱负。四阿哥则一如师言，面对父皇的垂问，悲伤得涕流满面，以至于不能作答。道光帝在病榻上，仔细观察两人的言谈举止，最终被四阿哥的举动所感染，对身边的大臣说："皇四子仁孝，可当大任。"

第二天，六十七岁的道光帝驾崩于圆明园。领班大臣宣读密谕："着皇四子奕詝继位。"四阿哥终于击败六阿哥，登基做了皇帝，年号咸丰。咸丰两字"咸""丰"都是《易经》六十四卦里的卦名。从此，奕詝与奕䜣的命运自此大不同，当然大清帝国的国运更显颓废。

在《易经》有一卦《小过》，说的是"因应时机，小有过越"的道理，理的是"小有压力之时"的论述。《易经》也有《大过》卦，理的是"大有压力之时"的论述。《大过》以夫妻来解释君臣关系，《小过》则寄之"祖"与"妣"者来引申。《大过》君骄，所以"君父"言之，而《小过》臣强，故以臣人的言辞论述整个卦义。

　　所谓《小过》，《易经》要教我们什么？《小过》阐明"过"与"敛"之间的平衡道理。信心度高，必然会有行动，有行动难免会有过度，所以"过"与"敛"的火候拿捏，两者的进退消长需要大智慧。在不须重视大方向的消极面上讲，一些小事情上的过度要求，有益无害，我们可以说它是重视细节；如果在积极面上看，大事情上过度，则是自不量力的躁动，这样见树不见林的行为，可能招来大祸。因此，过与敛，进与退，刚与柔，如何掌握因应力度，适当节制，变通运用才是"小过"正确的道理。

从《易经·小过卦》看十八岁的恭亲王，如何在天子兄长咸丰帝下自处

震
艮

上六	弗遇过之，飞鸟离之，凶，是谓灾眚。
六五	密云不雨，自我西郊，公弋取彼在穴。
九四	无咎，弗过遇之。往厉必戒，勿用，永贞。
九三	弗过，防之，从或戕之，凶。
六二	过其祖，遇其妣；不及其君，遇其臣；无咎。
初六	飞鸟以凶。

　　《小过》卦，上卦震雷，下卦艮山，卦象就是雷声在山上奋响，声势稍微过常，喻示"小有过越"情况，白话是"山头上的雷声，要比平地更大声些"，君子有时不妨"矫枉过正"，才能"导正"，所以"君子以行过乎恭，丧过乎哀，用过乎俭"。全卦展示事物发展过程之际，有时情势弱小，地位略卑，力量不显，但是却要展现稍微过越的张力，不能一味藏锋，或是示弱。面对庸君水平的咸丰新皇帝，能力强的六弟要如何自处？

第一爻·初六　飞鸟以凶。

栋
飞鸟

卦象，《大过》☰☰用"栋"当是六爻画面；《小过》☰☰用"飞鸟"形容六爻的全貌。初六处小过之初，仅仅小过越，只要稍事矫正，即可反归中道。初六柔居阳位，质柔用刚，虽然居艮体，但上应九四——震体主爻。柔爻"宜下不宜上"，如果初六只知上行而不知止，在过越之际，得凶。

十八岁的奕䜣太清楚曹丕与曹植兄弟之间"相煎何太急"的悲剧，这是他的前车之鉴，他要记取帝位落选的教训，竭力做出"忠顺"的姿态以求自保。在皇位竞争中，咸丰帝以所谓"仁孝"得胜，而立为储君，继位为帝。奕䜣虽以"才智"见长，现在只得"努力讪笑"自己是个小聪明罢了。

咸丰帝于道光三十年正月即帝位，他随即封奕䜣为恭亲王，"恭亲王"是道光的遗诏所拟定，"恭"有"恭慎行事"的暗示意思，咸丰急急封老六恭亲王，除了恪遵父皇遗旨，一方面也"隐含警告"奕䜣要"恭敬事上，谨言慎行"。白话就是新皇帝要老六以后夹着尾巴过日子。奕䜣懂得皇上的意思，他谨慎而聪明地善用机会，对刚刚称帝的兄长进行颂扬，一再贬抑自己，经营出两人境遇的天壤之别。

咸丰帝找出一件经典墨宝：王羲之真迹《快雪时晴

帖》，这是内务府珍藏多年的绝品，皇上赐给恭亲王鉴赏并索取题诗。奕䜣自然表示受宠若惊：

真迹多年内府藏，钦瞻炳焕耀天章；
前人遗跋成缃帙，臣下濡毫付锦束。
神品流传千百载，书法珍重两三行；
疏庸蠡测惭宸鉴，奉命赓歌荷宠光。

这件《快雪时晴帖》墨宝目前在台北故宫博物馆珍藏。全书二十八字："羲之顿首。快雪时晴。佳想安善。未果为结。力不次。王羲之顿首。山阴张侯。"字字珠玑，被誉为"二十八骊珠"。乾隆十一年（公元一七四六年），与王献之的《中秋帖》以及王珣的《伯远帖》，被乾隆帝称为"三希"，珍藏在冬天暖阁的书房里，不时拿出来把玩赞叹。乾隆帝得意于自己拥有此三件稀世珍宝，因此把书房改称"三希堂"，此《快雪时晴帖》即是"三希堂"第一珍品。

咸丰帝的心机实在幼稚，将《快雪时晴帖》给老六鉴赏，这是示威，意思是这件曾祖父乾隆帝的最爱，已经落在我新皇帝的手上。当然，奕䜣充分掌握皇上的心态，他"输诚"作诗响应，诗文内容枯燥，感情干瘪，但是乖巧地说自己"疏庸"，感谢皇上的"宠光"，这对于保全自身是多有助益的。

咸丰帝对于六弟的表现内心十分满意，于是将城外圆明园里的"春和园"拨给奕䜣。此举表面上示以特别恩宠，骨子里却是要他远离诸王公大臣政治圈。春和园的房舍没有丹腰雕甍，也无象征帝王气象的明黄琉璃瓦，奕䜣倒是以简为乐："不尚其华尚其朴，不称其富称其幽，而轩墀亭榭，凸山凹水，悉仍其旧。"他的日常起居就在这一座小园林里，陶醉其中，"观风月之青朗，林池之秀润"，他赏荷观竹涵养性情，吟诗嘱文，诵习经史。奕䜣努力冷却热衷朝政的心，他知道竹林的后面有人正监视着他。这时，他才十八岁。

在中秋佳节之际，咸丰帝来到春和园，看望奕䜣老六。咸丰帝热心地将此园改名为"朗润园"，这个名字有许多想象空间，朗润两字来自奕䜣文章自述："风月之青朗，林池之秀润"，咸丰帝取用这二字，除了表示欣赏奕䜣的文笔，同时也告诉他说："你写的文章，我，都，有，在，看！"这是"思想检查"的一部分。同时，咸丰帝也御题园内池水为"水共心池"、"月同明池"，这个也有另外一层意思："乖，如果你共心、同明，这个水与月就少不了你。"奕䜣是觉察到这层深意的，他表示感念兄长的友爱，今后要在此安心读书。

　　卦文"过"与"不及"中，不及是没赶上，过是超过、越过。卦合而言之，《小过》者，臣强也。"过其祖，遇其妣"意思是越过了祖父，遇到了祖母。"不及其君，遇其臣"意思是没赶上君王，但最终君王遇到臣子。九三为父；九四为祖；六五为妣，亦君位；六二喻为臣，在"小事"，如家事，可越过九四的祖，得遇六五的妣。至于"大事"，如国事，六二与六五，两爻阴阴无应，又有九三、九四高高阻隔，所以"不及其君"，只得谦谦臣事之。

　　处小过时，可小事，不可大事。如果是可过越的小事，也要"过乎恭"，所以"遇其妣"。但是如果是不可过越的大事，一定要"谦退自守"，所以"不及其君"。六二有中正之德，能精准拿捏过与不及，在两者之间进退自如，如此无咎之臣，当然六五之君就可以"遇其臣"。简单说：六二小事专权，认真负责，大事不越其位，把小事当大事认真办！

　　咸丰元年正月十四，元宵节前夕，是道光帝逝世一周年的纪念日，咸丰帝指派奕䜣代替自己前往祭拜。一年了，十九岁的奕䜣在生活中尽量向咸丰帝表达安命、忠诚，他用隐忍的痛苦换取安全。对父亲的伤感与追念，他只能深藏内心。道光帝的陵寝称之"慕陵"，位在清西陵。在祭陵途中，他有《晓行感述》二首，一年来的失意、悲哀、孤寂的心情，都借由对父亲的思念，借景借题吟哦泉涌的心情：

远村隐隐起晨炊，展谒心殷觉马迟；
去岁今朝承校色，春风融目不胜悲。
转瞬风光一岁更，四周山色近相迎；
年来易水经行熟，何似今年倍怆情。

当年冬天，顶着凛冽寒风，奕訢又奉咸丰帝之命前往慕陵检查工程进度，致祭。咸丰二年三月，工程全部完成，奕訢奉命随员咸丰帝赴陵寝，奉安道光帝的"梓官"，所谓梓官就是皇帝、皇后的棺材，因为用珍贵的百年梓木——密度高不易变形又耐潮耐蛀——所制故名。四月初二，再把道光帝牌位以"宣宗"庙号升配入殿。初五，举行释服礼。至此道光帝的葬仪全部礼成，历时两年三个月。

咸丰帝心领神会六弟的敬重行事，他将原来是乾隆年间和珅的府第，赐给了他。从此以后，奕訢及其后人在此宅第生活了八十五年，这个府第一直被称之"恭王府"。

七月，咸丰帝的师傅、协办大学士杜受田去世，享年六十五岁。皇上亲自带领两班大臣前往祭奠，并追赠杜受田为"太师大学士"，谥号"文正"，是清朝人臣中最高级的一种册封。话说咸丰帝即位后，感激老师的拥戴之恩，任命杜受田为吏部尚书兼协办大学士，遇事言听计从，奉若生父。杜受田逝世后，咸丰帝伏案痛哭流涕。

奕訢领命替咸丰帝料理杜受田的丧事。此刻，他的师傅与我的师傅，如此强烈的人生境遇对比，奕訢内心对自己第三任老师卓秉恬协助争取帝位失败一事，"无话可说"，那种怨怼一定是强烈的。可以理解，他怀念第一位师傅翁心存与第二位师傅贾桢的心情。翁心存是江苏常熟人，道光二年进士，曾任国子监祭酒，补授大理少卿。不过，他只教了一年，便以母老乞养，回归故里，由贾桢接替。贾桢则是山东黄县人，道光六年的榜眼，比杜受田和翁心存的科考等第都高。

咸丰三年，四月初十，咸丰帝交办奕訢一件差事，就是去验查内务府所存的三口大金钟，然后负责"熔铸化钱"事宜。整件事是因为内务府没钱了，库房重达三万三千余两的金钟，可通融变折，以济军需。国家正在打仗，铸成金条救急，可供朝廷颁赏之用。打什么仗？救什么急？在南方，太平天国已经攻克武昌，并且拿下江南第一名城南京，军情紧急。

任事"金钟熔铸化钱"是奕訢三年多来，努力调整兄弟新关系所获得的实际效果，他感谢咸丰帝的信任，说道："臣等惟有督率司员，始终奋勉，勤慎奉公，以期无负圣主委任之至意。"然而推荐奕訢来执行此事的贵人，正是他的第一位师傅翁心存，当时翁心存任职工部尚书，熔化金钟是分内业务。奕訢身后的实力人士们暗中助力，让他登上政坛。

十月初七，咸丰帝特命恭亲王奕訢在军机大臣上行走，这对君臣二人而言都是重大的决定。奕訢也进入国家军事政策核心圈。

站在清理战败灾难的第二线

恭亲王第二次复出，

英法联军战争已经引燃，

　　"弗"是不。"过"是超越。"弗过"是不超越。"从"是随从。"防之"是要提防，做好防范。《春秋》解释"戕"者："其所从来有渐"，杀机是慢慢累积的；"戕"者："一朝一夕之故也"，短时间引发的杀戮之心。"从或戕之，凶"是随从别人就会受到戕害。恭亲王这段故事，说的是鸦片战争后的朝廷颟顸无知，惹来英法报复、戕暴、贪婪的杀机。

　　九三阳刚得正，是刚直的君子，与上六相应，本来适宜大有作为，勇往直前。但上六是阴柔的小人，故诫之："进不可过。"加上六三以阳刚居正，为众阴所恶忌，所以提醒六三要谨慎，不过分，才可以防止阴柔小人，这就是"弗过，防之"的意思。如果没小心周防，反而听从小人，则小人或将戕害九三，这样惹来突如其来的杀机，是凶。处小过之时"不可大事"，可进不可过，这一爻，强调过与敛的分际，应当明辨。

　　不到两年时间，咸丰五年（公元一八五五年）七月，就在清军击败太平天国北伐部队后不久，咸丰帝以一些家事理由，便将恭亲王逐出军机处，并罢黜其他一切职务，罚到上书房读书。恭亲王又回到一位普通的闲散亲王角色。

　　咸丰六年（公元一八五六年）十月，广东的民怨与排外的活动，在鸦片战争后十多年，达到新的引爆点，终于发生了亚罗号事件。这次关键事件成为了英、法联合出兵中国的导火线，成了冤冤相报恶化系列的起源。年底，英军攻入广州城内，抢掠督署后退出。新的一波西方列强的侵略战争蓄势待发，即将爆发前后为期五年的战争。这次的战争，英国历史称之"亚罗号战争"（Arrow War），或是英法联军之役，历史学家也有称之"第二次鸦片战争"者。

咸丰七年正月十四，立春后，也是道光帝晏驾七周年，咸丰帝邀奕䜣同去向道光帝神位行礼，兄弟两人的关系有改善迹象。到了五月，咸丰帝授予奕䜣以蒙古都统，虽非实权，但还是重要的荣誉官职，恭亲王复又回到政坛。

咸丰八年（公元一八五八年）英法联军连帆北上，攻占了大沽口炮台，大沽口是北方海防重镇，创建于明嘉靖年间，位于天津东南的海河与渤海汇流口，是入京的咽喉，津门的屏障。英法联军以强大的炮火进逼天津，以武力威胁要求"修约"，迫使中国进一步对外开放。朝廷知悉英法联军已经打到大门口了，京畿震惊。咸丰帝急急派出大学士桂良、吏部尚书花沙纳前往天津求和。

桂良是奕䜣的岳父，在道光廿八年，道光帝因他反对鸦片态度积极，把他从热河都统职务上召回京，说要娶他的女儿为奕䜣的嫡福晋——就是后来在恭王府奖励贴反春联的那位王妃。成婚当年，奕䜣才十六岁。岳父在天津谈判，女婿奕䜣在京城积极地向咸丰帝献策：原则上同意议和，但如果洋人无理要求则"仍不便曲从"，同时，他还建议了朝廷要做好备战工作的几项意见。

就在奕䜣具奏的同时，咸丰帝又找来与老外谈判经验丰富的耆英加入桂良议和小组，咸丰帝认为他有办理夷务经验。在这件事上，奕䜣的观点与咸丰帝有分歧，恭亲王说耆英在粤多年的经验是卖国经验，指责他"畏夷如虎，视民如草，以致酿成大患，流毒至今"。奕䜣讲得太对了，当时耆英身为鸦片战争败后的和议钦差大臣，他所主导的不平等条约如《中英南京条约》《中美望厦条约》等，真是可耻加无能。奕䜣又说既然已指派桂良二人为议和钦差大臣，却又谕令"所有议抚事宜，专归耆英办理"，这不是指挥错乱？如果像是耆英过去只会对侵略者"所求悉允"，谁不会？桂良二人也可以这么做啊！当然奕䜣的口气一定十分委婉，不像我面对这段历史，总是火性大起。

耆英到了天津，果然英法方面火气更大。原因是当时英法联军攻陷广州时，掠得许多官方档案，发现耆英的秘密，耆英多年奏章文稿，多有耍弄与污辱洋人的字样，以及外欺洋人内瞒朝廷诸多欺骗手段。所以，谈判现场耆英受到洋人百般羞辱，在一筹莫展的时候，他颓然回到北京。这一事件让几位亲王大为惊骇，因为他们都是当初耆英的举保人，大伙终于了解了耆英的真面目：办理夷务未有头绪，却往往借词卸肩，甚至陷害忠良。

举例来说，鸦片战争期间，与英舰对战"唯三"取得胜利者，是镇守广州的钦差大臣林则徐、据守厦门的两广总督邓廷桢和严守台南的台湾知府姚莹，但是，耆英却牺牲他们三人来取悦英国的谈判代表。最终，林则徐、邓廷桢被贬谪到新疆；姚莹当时被朝廷强行拘捕到北京审判，在押解离开台湾前，有数万台南人手持炷香跪在府城街头，苦苦哀求朝廷不要冤枉英雄。后话是姚莹差点被绞杀在北京死牢，最后被道光帝裁定罪不至死，贬谪到西藏。林则徐与姚莹这两位民族英雄的报国壮志，就断送在耆英的手上，以羞辱作收。

这些亲王赶忙引咎"滥行保举",向咸丰帝请罪,纷纷举发耆英的不是,咸丰帝大为震怒。宗人府与刑部立刻举行会审,要严惩耆英。最后,咸丰帝传旨令耆英自尽。

另一个场景:天津。议和小组在多次折报入京,备述英法联军恃强要挟的条件后,再把《天津条约》草案送给咸丰帝审核,众臣深感不满,奕䜣主张以战止战,以战迫和,才是釜底抽薪的办法。但咸丰帝批准了条约内文,当然他私下有个天真的小算盘:他准备待联军退兵之后,让桂良到上海去,再寻找适当时机,取消一些已经许诺但有碍大清尊严的条款。哎!这样的皇帝真是令人无语!

第四爻·九四　无咎,弗过遇之。往厉必戒,勿用,永贞。

恭亲王成了「便宜行事全权大臣」

咸丰帝从圆明园仓皇逃往热河,

九四是个"过乎恭"的爻。九四以刚居阴,以刚处柔,不会逞强,所以无咎。"弗过"说的是九四不过刚,所以"宜下"能得遇初六。在此处的初六被比喻是阴柔小人,一心想侥幸高升;但九四刚柔并济,不会过分,虽然相遇小人,仍然可以安然。如果九四嫉恶如仇,就会有"往厉"下场。要清楚自己的条件,有时积极地扼阻眼前的不公不义,本身反而有危险,不可不警惕,这是"必戒"的本意;更不可永远固执自己的正义,应当顺应状况,知道变通。"勿用"是不能使用,也就是不能动。"永贞"是永守正固。这一爻说明刚与柔、过与敛，必须因时变通，不可固执。第二次大沽口之战恭亲王没有角色，暗地忧虑的奕訢只能眼巴巴地，看着咸丰帝被一群小人包围，然后不断地误判局势。

咸丰九年（公元一八五九年），咸丰帝命令僧格林沁在大沽口大力修缮，南岸增设三座炮台，北岸增设两座炮台，至此，大沽口炮台共有大型炮台六座，小型炮台二十五座，置大小炮台六十四尊。僧格林沁是谁？他是清朝首席蒙古大将军，僧格在藏文里是"狮子"的意思，他也是成吉思汗二弟的二十六代孙，历史记录他"军功卓著"。

六月，英、法、美三国公使到达大沽口外，清廷要求公使往北方北塘登陆，并由清军保护到北京换约，但遭到拒绝。英法联军陆战队近千人向炮台侧面登陆，清军发炮威吓，双方不久便展开激战，炮台守军也加入战局，发炮反击海面的联军，结果战功惊人，有四艘联军军舰被击沉。经过整夜激战后，联军撤退到杭州湾。这也是鸦片战争以来，清军唯一的"大"胜利。小格局，没有韬略的咸丰帝，则为了这次胜利，乐而骄，而僧格林沁成了清廷的大英雄。

隐然忧虑的奕訢，他在举国陶醉于大沽口之战胜利的时候，中元节前去慕陵祭奠道光帝，路过涿鹿的张飞庙时，下马凭吊这位传奇英雄，他冷静地祈求大清有像张飞这样的猛将，为国清除"氛祲"：

西行涿鹿谒桓侯，庙宇巍峨古树秋；
恍若威容开虎帐，凛然劲气挟蛇矛。
壮心未泯孙曹恨，故里犹称姓字留；
安得将军奋雄武，扫除氛祲奠皇州。

第二年，咸丰十年（公元一八六〇年），夏至过了几天，英军一万八千人，法军七千人，为了雪仇，联袂入侵大沽口。他们先从北塘登陆后，陆续拿下新河、塘沽，接着从大沽炮台北侧进攻，清军在奋战后溃败，北炮台被联军攻下。之后僧格林沁因咸丰帝的命令放弃了南炮台，自此南北炮台沦入联军手中，僧格林沁撤退到天津通州防守，建立首都北京前的第二道防线。

咸丰帝呢？巨蟹座的他，几天前还在圆明园庆祝三十寿辰，身穿绛红色龙袍，在正大光明殿接受百官朝贺。朝廷的庆祝活动之一，是在同乐园连演四天庆寿大戏，咸丰帝和王公大臣沉醉在园内的听戏欢乐之中。话说咸丰帝好戏，已经达到了痴迷的程度，他喜欢场面恢宏的大型歌舞剧情来炫耀"豪华太平"。然而，歌舞外的世界，英法联军却不断加紧军事进攻。

大沽口炮台沦陷，咸丰帝及其近臣闻讯大惊。近臣是谁？怡亲王载垣、郑亲王端华、军机大臣——宗室肃顺——端华同父异母的弟弟，这些人应敌无方，派直隶总督恒福去洽接和谈，英法联军意在报复，完全不理。咸丰帝只得谕令有经验的桂良，再度为钦差大人，让他"便宜行事全权议和"。桂良与恒福二人组，他俩了解和平的代价是很高的，硬着头皮去"解急"，果然对方的条件是苛刻的，但是为了防止大局决裂，二人还是着手整理条约。

结果，看到草约的咸丰帝大怒，传旨严厉申斥桂良，痛责他们"概允"英法联军的无理要求。谈判中断，英法联军继续向通州进军。

看到敌军的进逼，没有政治韬略的咸丰，内心慌了，急急再派出怡亲王载垣、兵部尚书穆荫两张王牌，他们向英法使者说会完全接受桂良等议妥的条件，保证"盖印画押，绝无耽延"，可是，原先条件的期限已过，联军不予理会，继续前往通州，进逼第二道防线。

在紫禁城的咸丰帝已经乱了方寸，就在重阳节当天声称要"御驾亲征"，此话一出，吓死一批大臣。不久他又说要巡幸到"热河木兰"去想想办法，诸大臣又说不妥不妥。所谓热河木兰，就是承德避暑山庄，康熙时期开始修建，乾隆时期建成，依照全国各地园林艺术风格而建的"人间仙境"，宫殿区有正宫、松鹤斋、东宫和万壑松风等建筑群。正宫有九进院落，主殿为"澹泊敬诚"殿，全部由楠木建成。松鹤斋在正宫东，有七进院落。万壑松风在松鹤斋之北，由六幢大小不同的建筑错落布置。此外还有大片的湖泊区和山岳区，林深菁密，水草茂盛。

咸丰帝真像他爹道光帝，反复而寡断，性格战和不决，小胜即骄。打了败仗，签订《天津条约》；略获小胜，即自我感受良好，飘然乐甚；再吃了败仗，又拒绝妥协；只会施展猫伶狗俐小技，使得事态不断扩大。没有掌握第一时间在天津谈判时，就地解决危机，控制灾难。反而支持肃顺、载垣、穆荫一伙，甚至将英使巴夏礼等"诱擒"到北京，这是最严重的错误决策，事态即将无限扩大。

英法联军扑向僧格林沁的张家湾大营，清军溃败。联军再追击到通惠河八里桥——此处离京城仅八里故名，结果僧格林沁的蒙古精英部队几乎被歼灭，都统胜保的满洲精英部队也惨遭失败，其中，胜保本人也被炮弹击伤，用舆轿抬回城内。战报传来，北京城内"仓皇奔避"，乱成一团。

北京"市肆汹汹"之间，咸丰帝偷偷落荒跑了，他从圆明园仓皇逃往热河。临走时，留下恭亲王为"便宜行事全权大臣"。而圆明园被英法联军劫烧一番，人类有史以来最美丽的皇家园林，不复存在！

第五爻·六五　密云不雨，自我西郊，公弋取彼在穴。

弋是带绳的箭，射出后可以拉回，用这种箭去射称"弋矰缴射"。"公弋"是王公缴射。"取彼在穴"是射取在穴中的猎物。"密云不雨，自我西郊"，在《小畜》卦中也有同样的句子。六五在君位，但阴爻力弱，心有余而力不足，所以说密云不雨。云属于阴，西是阴的方位，比喻阴气太重，致阴阳不能中和。说明从西郊飘走"有雨而不能施行"的云，隐喻"恩泽不能下施"。"公"指六五；"彼"指六二，乃岩穴之士。这两者都是阴爻，不应，但六五求助于六二，"公弋取彼在穴"是比喻这种尴尬关系。六五虽居尊位，架子高，往往泽而不润。可是当需要施膏泽于生民，咸丰帝屈尊，求岩穴之士来辅佐他。这一爻，告诫过度强求不足以成大事，无能的咸丰帝需要六弟奕䜣来善后。

圆明园被大肆劫掠并焚毁后，英法联军进逼到安定门、德胜门一带，扬言再不接受条件就要攻占紫禁城，在此情况下，清廷被迫全面接受英法联军提出的要求，恭亲王在礼部衙门分别与英法公使签订了《中英北京条约》和《中法北京条约》。条约除了规定赔款、通商、开放商埠、谢罪外，还要割让土地，这是不折不扣的不平等条约。割让的土地指的是香港岛旁的九龙半岛，此原始文件目前典藏于中国台北故宫博物院。

作为爱新觉罗的子孙，亲手签订辱国丧权和朝廷颜面尽毁的条约，奕䜣心中充满了羞愧和愤懑，特地上折请求处置。咸丰帝对于奕䜣的请求议处折，答复："恭亲王办理无局，本属不易，朕亦深谅苦衷。自请处分之处，着无庸议。"这是咸丰帝对奕䜣办理和局给予了宽慰和肯定。

至于带着一大群后妃逃往热河的咸丰帝，依然惊魂未定。而他最焦虑的其实是他的"鹿"，你没看错就是鹿！咸丰帝自幼体弱多病，面如黄土，素有咯血的痼疾。得有御医的处方签，说鹿血可治此病，于是在宫中养鹿一百多头，随用随取。而当时忙着逃命的关口，咸丰帝还不忘记要带上他的鹿，说："鹿血是朕的命根子，不能没有它。"虽然一再坚持，但逃难之中谁还管得了鹿？结果在热河承德因为喝不到鹿血，身体状况每况愈下。即使如此国难当头，咸丰帝依旧终日纵情于声色之中，透支自己的身体，雪上加霜。

签订合约后，咸丰帝忙着"着升平署三拨至热河"，什么是"升平署"？就是清代掌管宫廷戏曲演出活动的"皇家歌舞"机构，收罗民间艺人，以为宫廷应承演出。咸丰帝先后把京城内府伶人两百多名，调到避暑山庄来给他演戏消愁解闷。他根本不想回京城，不想面对眼前烂局。

在京城的恭亲王却忙得很，公事烦杂，他说自己"几不知世间有吟咏事"。条约订立后，在京的军机大臣奕䜣、桂良和文祥等人，开始就长治久安问题进行深入探讨。事实上，以"天朝"大国自居的大清，把别人都看成"蛮夷"，所以一直没有设立平等对外交涉的外交部，即使办理朝贡和少数民族事务，过去也仅通过礼部与理藩院进行政务。

咸丰十一年，即公元一八六一年初，春节还没到来，奕䜣同文祥、桂良等人一起上折子，提出切实推行新政的六项要点：第一项是，在北京设立总理各国事务衙门，以王大臣领导；南、北通商口岸分设大臣；第二项是，各省办理外交事件互相知照；开设外国语学校等等。咸丰帝批准了，近代中国的第一个外交机构——总理各国事务衙门，简称"总理衙门"，就在北京成立了，衙门的事务由奕䜣、桂良、文祥负责管理。

总理衙门的成立，标志着清政府在现实面前，开始放弃闭关自守、盲目排外的政策，承认国家和主权平等，是近代外交事业的一大进步。奕䜣在筹建总理衙门的过程中，表现出了远见的外交眼光和不凡的政治胆识；机构成立后，又以宗室重臣的身份负责管理，算得上是近代的第一位"外交部长"。当然，一些保守派则私下轻蔑称呼奕䜣：鬼老六！

第六爻·上六　弗遇过之，飞鸟离之，凶，是谓灾眚。

　　九四是"弗过遇之"，上六则是"弗遇过之"，两者的层级大大不同。第六爻已经到了"亢"的位置，这是不可复返的转折点，现代话是"已经回不去了"。上六以阴居震体的高点，在小过的极处，不仅与九三不能相应，居"亢"已超越九三的阳刚，所以"弗遇，过之"。"离"是附着、落入。"飞鸟离之"是飞鸟落入网罟。"灾"是天灾；"眚"是人祸。上六违理过常，也是这一阴过度的极点，就像鸟飞到天上，飞升过度，不知所至，以致穷极，遭到凶险。"上"与"初"爻相当于鸟的翼，所以是用飞鸟比喻。上九是自己升得太高，已到了绝高的境地，超过而不能遇到。因此说是天灾，实际上却是自找的人祸。这一爻，告诫极端过度，必然招致灾祸。

　　咸丰帝死了，享年三十一岁。

　　咸丰十一年仲夏，病死于热河。咸丰帝仅有一子，懿贵妃（后来的慈禧太后）所生的大阿哥载淳。他死后，江山必将由载淳来继承，但载淳年纪太小，仅六岁，刚刚开始上学读书，毛笔字还写得歪歪扭扭，虽然登基了，但十年八年之内，尚不能亲理国政。由谁来辅佐儿子，代行皇权呢？就在收到由热河传来咸丰帝驾崩噩耗的前

扳倒肃顺集团，史称「辛酉政变」

奕䜣与慈安慈禧两宫连手政变，

一天，奕䜣等留京王大臣，得到谕旨：

咸丰十一年七月十六日　奉朱笔
　　皇长子御名现立为皇太子，着派载垣、华端、景寿、肃顺、穆荫、匡源、杜翰、焦佑瀛尽心辅弼，赞襄一切政务，特谕。

第二天，奕䜣收到咸丰驾崩消息，他沉浸在悲痛的是、恼恨、失望之中。悲痛：他早就说过热河苦寒，不宜皇上久居，可是屡屡受到肃顺八人集团阻挠皇帝回銮；恼恨的是：肃顺等人离间他们兄弟关系；失望的是：他竟然没有列入顾命大臣之列。不仅如此，连赴热河奔丧的权利都没有，这使得他在失望之外平添一层气愤。就在各种情绪夹杂之中，恭亲王收到从热河偷偷携来的密函，信差密使是七弟醇郡王奕譞的福晋——也是懿贵妃的亲妹，写信人是六岁新皇帝的两个妈妈——新出炉的两位皇太后，其一是咸丰的正室皇后钮祜禄氏，即是二十五岁的慈安皇太后，其二是懿贵妃——小皇帝的生母叶赫那拉氏，即是后来鼎鼎大名的慈禧皇太后，当年她二十七岁。

收到密函的奕䜣，理解在承德的局势诡谲，两位皇太后有难，急需政治联盟。恭亲王立刻再次正式具文奏请"奔谒梓宫"，他要去谒灵，尽皇弟的臣道，这是皇室宗亲的大义，也是明修栈道，暗度陈仓之计。

谒灵前，恭亲王暗中联络能够信赖共谋大事的人：岳父桂良、师傅贾桢（他是大学士兼管兵部事务）、文祥（现任军机大臣兼总理各国事务衙门大臣）、周祖培（大学士兼管户部事务）、赵光（刑部尚书）、宝鉴（户部侍郎）等文人，武将则有胜保和僧格林沁两位清军大门神。恭亲王同时派出文祥，到英国使馆会见了公使普鲁斯，向他说明恭亲王此次赴热河的目的：要向两宫皇太后解释英法方面丝毫不存敌意，并要努力削弱妨碍回銮的势力。至于文祥暗示即将发生政变一事，英国公使心领神会，也隐晦地祝他们成功。

到了热河，奕䜣奔到咸丰帝梓宫前，用力大哭，"声彻殿陛"。祭毕，两宫皇太后召见。恭亲王清楚如果自己单独前往会面，肃顺集团一定生疑，他索性做作一番，也邀请载垣、端华、肃顺等人跟他一起入见。如此表态，肃顺集团反而不知如何回应，遂放松了警惕，说道："老六，汝与两宫叔嫂耳，何必我辈陪哉？"这次的单独进见，进行了两个多小时，两宫谈了许多委屈、肃顺的种种跋扈不臣情形，最后要求奕䜣设法诛灭之。大家打开天窗说亮话，恭亲王说出两点意见：第一，要下手"非还京不可"，而且要"速归"；第二，外国无异议，这点奕䜣有把握，保证"如有难，唯奴才是问"。他小心地要求两宫要坚寺目标，不要半途而废。

奕䜣返回北京后，进行韬晦之术，许多廷臣纷纷会谒恭王府，探听口风，奕䜣只对他们谈皇上梓宫即将还京，皇太后和小皇帝圣体健康，其他事守口如瓶，甚至"噤若寒蝉"，故作戒慎恐惧状，朝臣们当然失望而返，士气不振。果然，京城的奕䜣"寒蝉消息"风传到了热河，肃顺集团"大喜"。

于是，这八位顾命大臣放手准备回京。发布上谕：咸丰帝梓宫离开热河的确定日子，当皇太后与皇上恭送梓宫后，由间道先行回京。之后公布行事历：十月初甲子卯时，将在北京举行新皇帝的登基大典。双方阵营，肃顺这一方掉以轻心，想要风光回京掌权；另一方则鸭子划水，暗中严阵以待。其间，奕䜣集团以"垂帘听政"当是舆论战的主轴，在京城布置了攻击网，然而肃顺集团浑然不觉。

　　九月廿九日，奕䜣带领百官远迎小皇帝、皇太后于京郊道上。德胜门外，所有王大臣、文武百官身着缟素排班跪迎于道。当大伙顺利进了大内皇宫，恭亲王即密陈两宫："一切已经就绪！"次日，表演节目开始：两宫皇太后正式召见百官，慈安皇太后当众哭诉肃顺集团欺侮两宫等罪，接着取出早已写好的谕旨给奕䜣。恭亲王接旨，当众宣布肃顺集团三大罪，要将他们革职！霹雳行动开始，火速将已经进京的怡亲王载垣、郑亲王端华逮捕，摘去戴顶，锁禁于宗人府。至于还在京热大道护送梓宫的肃顺也被擒拿，肃顺被抓时大骂道："悔不早治此贱婢！"他骂的是慈禧。后话，慈禧祸国殃民的故事又是历史上的重要一幕，在此不表。总而言之，一场宫廷夺权就这样兵不血刃地结束了，史称"辛酉政变"。

　　之后，两宫皇太后"垂帘听政"——共同治理国政——新年号就此定为"同治"。她俩的第一件委任令，就是授奕䜣为议政王，指令他在军机处负责，成了"议政王军机大臣"，一人之下，万人之上的"代理皇帝"。

恭亲王则在同治元年，代表皇上书写了"圣神天纵"匾额颁赠孔庙，字迹圆润流转，端雅大方，押上"同治御笔之宝"金印，匾框敷金，但是环匾的九龙仅能四爪，不能五爪，这是礼制。当年礼部制作了十几张一样的御匾，其中一方高悬台南孔庙。与皇位擦身而过的恭亲王，命运峰回路转，他所书写的御匾就此与康熙匾、雍正匾、乾隆匾、嘉庆匾、道光匾、咸丰匾并列。

这一年，恭亲王奕䜣才三十岁。

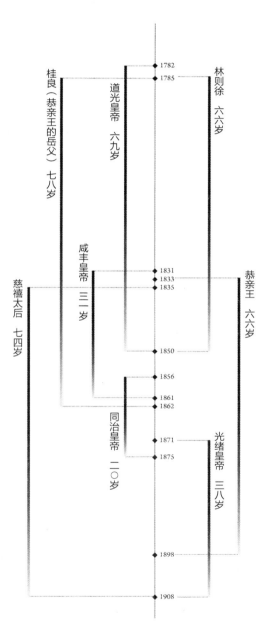

恭亲王

林则徐　六六岁

道光皇帝　六九岁

桂良（恭亲王的岳父）　七八岁

1782
1785

咸丰皇帝　三一岁

恭亲王　六六岁

1831
1833
1835

1850

慈禧太后　七四岁

1856
1861
1862

同治皇帝　二〇岁

光绪皇帝　三八岁

1871
1875

1898
1908

李 绩

一旬之间，胜兵二十万余

坤
坎
师

《师》卦，上卦坤地，下卦坎水，卦象就是水源聚藏地下，地中有水，

地中众者，象征"兵众"，部属兵士众多的意思。师卦的下卦水，也象征"险"，

六爻之中，只有九二是阳爻，一阳为众阴之主，而处下卦之中，有将帅统众之象。

整卦诠释："众行险上"，师之象也，"行险而顺"，师之道也。

天地会祭祀开香堂时，都会焚"三长一短"的四根炷香。

这四根长短炷香，分别代表四个故事与英雄人物，充满仁义的意涵，

而那半炷香又称"有仁无义香"，它说的就是李绩的故事。

李绩是沙场勇将，也是历史上有名的五大军师之一。

他一生参与许多战事，二十四岁带领五千瓦岗军，不但快速战胜敌军，

并一口气招收到二十多万义军；二十七岁，平定窦王两军。

他对故主、友人都极有情义，但是当他面临以身许国与兄弟情义间的抉择时，

他选择含泪舍弃情义。也因此才有唐高宗与李绩君臣同心协力二十年的时代。

天地会以三把半香祭祀，分别代表忠义、侠义、仁义、有仁无义

在金庸《鹿鼎记》小说里，有相当篇幅叙述天地会，以"反清复明"为宗旨，因为会员都"拜天为父，拜地为母"，所以称作"天地会"的秘密组织。因当时清朝已经据有整个汉土，所以帮会的运作与会员的认证，趋于严密和小心。当时会员彼此的称呼是"香"——拜拜时手持的炷香，非常平凡，不易被清廷察觉。这样小心，是有缘由可以理解的，早在春秋时期，墨家的信徒即自称是"虫"，就是一例；日本德川家康的潜伏密探，也自称为"草"，都是以最平凡的事物，来遮掩最神秘的帮会。

天地会祭祀开香堂时，都会焚"三长一短"的四根炷香，或是"三把半"——三大把再加半把焚香，向忠义堂的先贤先烈祷祝。而这四根长短炷香，分别代表四个故事与英雄人物，充满聚义、保义的意涵：

第一炷长香——忠义香，说的是东汉末年，汉灵帝中平元年（公元一八四年），那年岁次刚好是甲子年黄巾之乱，发生了让后世人称道的"桃园三结义"：有三位意气相投的年轻人，三月，选在一个绚烂的桃花园林，举酒结义，对天监誓，有苦同受，有难同当，有福同享！这三位热血青年即是二十四岁的刘备、二十三岁的关羽、十七岁的张飞。他们义薄云天，令人称羡。

第二炷长香——侠义香，说的是北宋末年，描述了梁山泊一百零八好汉的故事。宋江、吴用、晁盖、林冲等各自不同的故

事，从他们一个个被逼上梁山，他们如何讲究侠义，打抱不平、劫富济贫，不满贪官污吏，最后集结梁山，与腐化的朝廷抗争，展现"替天行道"的英雄本色。

第三炷长香——仁义香，说的是羊角哀与左柏桃的故事。春秋时期，楚元王招贤，燕国人羊角哀前往，路上遇识左伯桃，二人结为兄弟，同赴楚都。时值严冬，有大风雪，二人又冻又饿，在荒郊破庙左伯桃利用羊角哀外出寻找枯枝时，将自己衣物脱下，活活冻死，他留下遗书说明自己的衣物给羊角哀取暖，否则两人将都会因衣物单薄而同时冻死，他的牺牲可以保全另一人。羊角哀十分感动，只得哀泣前行，至楚都，得上大夫裴仲举荐，上陈十策，拜中大夫，赐黄金百两。羊角哀奏请楚王，为左伯桃建墓立祠。

至于，那炷短香呢？天地会则称之为"有仁无义香"，它说的是谁的故事呢？

历史上的五大军师，徐茂公又名徐世绩，依序排行第四

故事的主角是李绩，也是贯穿本篇文章的英雄。原名徐世绩，字懋功，在许多民间传说中，都喜欢称呼他：徐茂公。历史上有"五大军师"，分别是：姜子牙、张良、诸葛孔明、徐茂公、刘伯温，五位都是赫赫有名的大人物，但是，如果以熟悉指数统计，

可能徐茂公是得分最低者，让我们来认识这位唐朝开国大军师。

徐世绩出生于开皇十四年，即公元五九四年，"开皇"是隋文帝杨坚的年号，他在位二十三年。在他出生的这一年，关中大旱，杨坚竟然不肯开仓赈济。原因是这位隋朝的开国皇帝，是个"节俭得过分"的皇帝。许多史书均记载杨坚晚年日渐吝啬，渐失仁爱百姓之心，"开皇之治"颓势已现。徐世绩是山东的曹州离狐人，父亲徐盖，家豪富，"家多僮仆，积粟数千锺"，一锺约当六斛四斗，算是一个庶族地主。但在那个重视门第的年代，就连徐世绩晚年也自称是"山东一田夫耳"，准确地说，徐世绩就是出生在一个富而不贵的家庭中。

徐世绩在启蒙年纪，从私塾先生学了四书五经，但他最感兴趣的却是兵书，对所谓《孙子》《吴子》《三略》《六韬》等，反复诵读，百看不厌。读书之余常习武练武，舞枪弄棒，与童年好友游戏布阵用兵。十二岁时，他已是肩阔体壮的猛少年了。

当徐世绩十一岁时，弑父杀兄的杨广登基。新皇帝动用了二百多万民力修建大运河、长城和洛阳城，耗损了民间大量物资和人力，其中百万计的劳工因此伤亡，许多家庭破碎。大业八年，即公元六一二年，隋炀帝更征集三十万军队攻打高句丽——疆域在朝鲜半岛靠北处，结果"惨胜"而归，惨胜就是没有大败的委婉表述。次年，他又发兵再攻高句丽，但国内发生叛变，隋炀帝便不得不折返平乱。大业十年，即公元六一四年，他第三次发兵进攻高句丽，高句丽王高元不敌，只有投降，隋炀帝便班师回朝。只是，如此"三征高句丽"的战争，使得百万隋军丧命异国他乡，国力也耗费甚巨。至此，民间造反的活动渐成以燎原之势，最终引发国内烽火遍起。

隋朝末年农民举旗抗暴，始于大业七年，即公元六一一年，山东邹平县铁匠王薄，领导贫苦农民举起了反隋第一面大旗。起义军占领长白山，王薄自称"知世郎"。他作了首号召歌谣，规劝要去辽东赴死的军夫，不如起义，一样掉脑袋也无所谓，这是那个年代的广告歌曲：

> 长白山前知事郎，纯着红罗锦背裆，
> 长槊侵半天，轮刀耀日光。
> 上山吃獐鹿，下山吃牛羊。
> 忽闻官军至，提刀向前荡，
> 譬如辽东死，斩头何所伤。

自此，隋朝江山的农民起事犹如熊熊火焰，全国各地立即蜂起响应。从公元六一四年到六一七年间，农民起事的风暴已席卷全国大部分地区，先后在各地兴起的大大小小起义军高达百军以上，参加的人数达数百万。后来，农民军汇成三支强大的反隋主力：一支是河南的瓦岗军，一支是河北的窦建德军，一支是江淮地区的杜伏威军。

瓦岗军是三支农民军中最强的一支。大业七年，即公元六一一年，翟让聚众在瓦岗寨起义，即是今河南滑县南，举兵反隋，山东、河南两地农民纷纷参加。其中最重要的有两人，一是翟让的同乡好友单雄信，二是年仅十七岁的徐世绩。魏征、秦琼、程咬金、李密、王伯当则是之后陆续投奔了瓦岗山，队伍迅速发展壮大。

十七岁青年徐世绩与三十一岁的魏征，先当道士，再加入瓦岗寨

十七岁青年徐世绩为人慷慨，仗义疏财，与三十一岁的魏征在河南相识，两人年龄相差十四岁，但徐世绩的正直、机智和胆识过人，深深地吸引了魏征。

话说魏征八岁时，父亲魏长贤病逝老家巨鹿，魏征的母亲年龄尚轻，与家族关系紧张，过了没几年也病故了，此时魏征"少孤"。因为家境贫寒，十岁出头的魏征只有两条路选择：一是去京城洛阳投靠他的叔叔魏振德，二是去河南内黄县去找他父亲的好友裴瑞卿。他父亲生前曾写信托付好友裴瑞卿，万一自己病逝，请好友帮忙照顾自己的幼儿少妻。于是，魏征投靠了裴瑞卿。在内黄裴家，魏征真正地过了几年风平浪静的青年生活。他拜裴瑞卿为师，学了不少的东西，史书说他"喜爱读书"。在裴家，他与老师的女儿裴蔷薇相恋，最后结为夫妻。结婚的时间在隋炀帝杨广继位之后，即大业二年（公元六〇六年）。当年魏征二十六岁。

大业六年，即公元六一〇年，面对江山涂炭，社会动荡，三十岁的魏征在徐世绩的劝说下，把妻子留在内黄的岳父家，告别妻子岳父等人，和徐世绩一同寻找救世的机会。他俩先做了道

士（当时道士被视为社会的一种政治身份）。大业七年，即公元六一一年，魏征随着徐世绩前往河南滑州，双双参加了翟让所领导的瓦岗军。从此，这两人以道士的身份投入起义活动。这也是后世的《隋唐演义》里，为何徐世绩被描述成身穿道袍，像是诸葛亮一样半仙级的军师人物。

至于魏征，他凭借自己的才智，在翟让领导的瓦岗军中，成为小有名气的瓦岗军师。之后经人介绍，他认识了武阳郡的郡丞元宝藏，于是，他脱离瓦岗军，被元宝藏任为书记。这一年是大业十一年，即公元六一五年，魏征时年三十五岁。

再介绍一位瓦岗军大人物：长安人李密，他是在大业十二年，即公元六一六年，投瓦岗军。李密——比魏征年轻了两岁——年长徐世绩十二岁。他的家世显赫，曾祖父为西魏八柱国将军之一的李弼。关于"八柱国将军"在《我们君臣志同道合：杨坚》文章中已介绍过。至于李密的父亲李宽则是隋朝名将，封爵为蒲山公。年轻的李密因为是贵族之后，被派在隋炀帝的宫廷里当侍卫。他生性灵活，曾因在值班的时候左顾右盼，被隋炀帝发现，认为这孩子不大老实，就免了他的差使。

失业后，李密并不懊丧，因为他被免职的时候，被告之免职的理由是："你当侍卫太可惜了，应该好好读书，将来一定大有可为。"李密从此发愤读书，势要闯出一番名堂。有一回，李密骑着一头牛，出门看朋友。在路上，他把《汉书》挂在牛角上，抓紧时间读书。正好宰相杨素坐着马车，经过端坐在牛背上的李密，看到这个少年低头读书，暗暗奇怪，不禁赞许。成语"牛角挂书"

就是出自此处，比喻利用一切时间勤奋读书。

瓦岗英雄徐世绩，在隋末农民战争中崭露头角

瓦岗山起义的初始阶段，深受粮秣短缺之苦，尽管单雄信将全部家资都运到山上，依然入不敷出，所以起义军队开始打家劫舍，骚扰邻近的百姓，引起民怨，翟让、单雄信的威信也开始下降。

徐世绩劝翟让说："东郡于公与绩皆为乡里，人多相识，不宜侵掠。荥阳、梁郡，汴水所经，剽行舟，掠商旅，足以自资。"归纳建议有三点：一，不宜侵掠自家东郡乡亲，因为这些都是旧识；二，邻近的宋郡、郑郡也要避开；三，目标只要拦截行驶在宋郡、郑郡境内的皇家运河"通济渠"，过往的船只财物，已足够满足瓦岗寨的军需给养。因此，他们截获许多官方粮秣钱财，甚至夺得了许多优良御马，连带吸引更多人归附，一时人马逾万，声势壮大。此时翟让为寨主，单雄信和徐世绩为左膀右臂。

大业九年，即公元六一三年，隋炀帝二次征讨高句丽，还亲自到辽东前线督战。因此国内空虚，礼部尚书杨玄感趁机在黎阳发动兵变，兵力高达十万声势，李密为其谋士。但是，兵变很快被回朝的隋炀帝镇压，造反的势力瓦解。可是，农民军却方兴未艾，如火如荼。此时，隋炀帝也开始认真要求各地政府镇压，其中齐郡的郡丞张须陀勇谋兼备，加上他有两员骁将罗士信、秦琼，

和训练有素的士兵，突袭作战能力极强，是隋朝的剽悍一军，所向披靡，许多支农民军都魂断于他们刀下，节节败退。最后，河南境内只剩瓦岗军可以与其抗衡。

大业十年至十二年之间，两军交战三十余次，张须陀屡有小胜，而瓦岗军虽然打过败仗，但损失较小，依然顽强地存活下来，成为山东、河南地区义军的中流砥柱。这三年，共有三十几场大小激战，既锻炼了瓦岗军，更淬炼了徐世绩本人，磨炼了他的作战意志，也培养了他的军事才能。

大业十二年（公元六一六年），李密也加入了瓦岗军。他本来参加杨玄感反隋义军，在杨玄感兵败后，经过几年的辗转流离，最终落户瓦岗山。李密家世显赫，才兼文武，志气雄远。他到了瓦岗山后，给翟让出了不少计策，也说服了周遭小股义军如王伯当、王当仁、周文举等部归附，使得瓦岗军人数激增、势力更盛，连续攻破荥阳附近几个县。

荥阳位于河南中部，是洛阳东边的门户，统辖十一个县，地处平原，物产丰富，粮食充足。所以，如果失去荥阳，隋朝可就失去重要的物资补给来源。隋炀帝便升任张须陀为"荥阳通守"，统领河南道所有隋军，全力讨伐瓦岗军。

十月，张须陀率两万精兵准备攻打瓦岗军山寨，瓦岗军经过分析局势，决定利用张须陀的"既骄且狠"的个性，布下圈套：由翟让率军到荥阳城求战，正面阻攻隋军，李密则领精兵千余人埋伏城北大海寺树林，待隋军倾巢迎战时偷袭，同时徐世绩与王伯当分率军旅分布李密两侧，形成包围之势。结果，整个战局的发展走势完全在瓦岗军意料之中，徐世绩在战斗中勇冠三军，几次与张须陀遭遇，史载："绩频与战，竟斩须陀于阵。"瓦岗军大获全胜，而战败的秦琼则转而加入瓦岗军，开始与志气相投的瓦岗兄弟开展反隋的军事活动。

战后，隋王朝的统治根本被严重动摇了。李密的威信也越来越高。瓦岗军经过几次重大军事行动，翟让的格局与远见已经明显远远不及李密，始终处在领导核心的徐世绩，早就察觉翟让只满足眼前的利益，根本不能适应瓦岗军继续壮大的需求。大业十三年（公元六一七年）二月，为了长远利益，徐世绩与王伯当共同劝说翟让，让李密为新盟主，翟让勉强同意退位，共推李密为魏公，以河南回洛城为首都，年号为"永平"。这一年，中国疆土除了隋朝，同时冒出九个自立称王的"准国家"，分据各地。由瓦岗军为班底的"大魏政权"，控制黄河以南、江淮以北的大片土地。魏公李密封翟让为上柱国、司徒、东郡公；任命单雄信、徐世绩为左、右武侯大将军。

再回头说说魏征。魏征在武阳郡府做书记官时，找到了自己的人生方向，他从道士身份转化为谋士身份，以文才谋略崭露头角。魏征多次劝说郡丞元宝藏，改弦更张投靠瓦岗军。大业十三年（公元六一七年），元宝藏率领全郡归降李密，同时归降的还有黎阳郡、洹水郡、清河郡、平原郡、齐郡、任城郡等郡丞，如同骨牌般地倒向"大魏"新政府。魏征因其才能，被李密任为元帅府文学参军。

当年七月，有一股新军事势力诞生了：李渊正式在太原起兵，十八岁的李世民为右领大都督，统右三军。

罄竹难书的隋炀帝，在江都行宫被宇文化及叛军缢弒

大业十三年四月，李密派大军正面攻击隋朝的东都——洛阳。大军进逼到洛阳城外，李密命祖君彦执笔《隋炀帝十大罪状》，传檄天下。其中的"罄南山之竹，书罪无穷；决东海之波，流恶难尽"之语，成为经典，"罄竹难书"成语即是源于此。一直藏身江都的隋炀帝，遥控洛阳战局，紧急派王世充率军进入洛阳城，建立防守军事。他集结了十万大军，准备全线反击瓦岗军。王世充是西域人，本姓支，当时任"江都通守"。

王世充夜渡洛水，在黑山扎营，次日与李密对战于洛水北岸，李密不敌，退守南岸。徐世绩建议李密"围魏救赵"，直捣王世充的黑山营区，王世充必退回援救，等他退守之际，伺机伏击隋军即可。此计果然奏效，瓦岗军转败为胜，徐世绩因领军击败王世充的退军，被封为东海郡公。王世充只得死守洛阳。

秋天，河南、山东等地洪水成灾，粮食奇缺，饿殍遍野。隋炀帝下令开"黎阳仓"——当时河南、河北最大的粮仓，赈济灾民，结果守卫黎阳仓的官吏抗命，拒不开仓，群情激愤，民怨暴动一触即发。

徐世绩看到进攻的契机，他向李密献计说："天下大乱，本

是饥饿造成，假如我们能再取得一大粮仓，就大事可成了。"于是，李密命徐世绩率兵五千，从原武渡河，再结合其他义军，四面夹击。不到一天，就夺得了黎阳仓，徐世绩一面迅速开仓赈灾，一面宣传瓦岗军的主张，乘势招兵买马。结果"一旬之间，胜兵二十万余"，十几天时间，瓦岗军受到了饥民的热烈拥护，一口气招收义军二十多万人，瓦岗军的兵力扩充了好几倍，声势大振。这一年，徐世绩才二十四岁。

不久，瓦岗军内部发生了公开分裂，李密设计诛杀翟让与其兄长翟弘等人。整个火爆冲突过程，单雄信与徐世绩都在现场，他俩采取中立政策。结果，在冲突过程中，徐世绩被门卫误伤，而单雄信当场表态愿意听命李密。事件过后，李密对单雄信、徐世绩、王伯当仍委以重任，李密把受伤的徐世绩扶到自己的帐中，亲自为他上药敷伤。最终，李密把翟让的旧部众分派他们三人统领，史书记录为"中外遂定"，内部夺权风波平息。

另一方面，此时李渊已率军南下。大业十三年（公元六一七年）十二月，唐军非常有效率地夺取了河东、关中等地，甚至占有了隋朝首都"大兴城"。李渊的唐军成为割据一方的新势力，发展迅速令人吃惊不已。

但是，发展到顶峰的瓦岗军势力，却开始走下坡。李密开始骄傲自大，又不抚恤士兵，仓粮虽多，但府库无钱帛，战斗获胜，又无所赏赐，兵士心怀不满。徐世绩见军心不稳，一再提醒李密，指出他的政策失误，批评他的一些做法背离瓦岗军宗旨。李密很不高兴，遂命他出镇黎阳。"虽名委任，实亦疏之"，这是史册的纪录。

回头说说隋炀帝当时的状态：隋末天下大乱，隋炀帝选择留在江都行宫，不愿北返。大业十四年（公元六一八年）三月十一日，右屯卫将军宇文化及与其弟宇文智及煽动兵变，将隋炀帝行宫包围，炀帝闻变，仓皇换装，逃入西阁，但还是被叛军逮获。隋炀帝说："我实负百姓！至于尔辈，荣禄兼极，何乃如是！今日之事，孰为首邪？"意思是说我对不起百姓，但是你们享受荣华富贵，为何要背叛我呢？今天是谁带头造反？杨广至此还不清楚为何人们会起义推翻他的政权。

宇文化及命令封德彝宣布隋炀帝罪状。隋炀帝十二岁的爱子赵王杲，侍立在侧，号恸不已，叛军一刀，将其斩杀，血溅御服。隋炀帝欲饮毒酒自尽，叛军不许，最后将其缢弑。隋炀帝死后，叛军拥立秦王杨浩（隋炀帝之侄）为帝，实为傀儡，宇文化及自称大丞相，并领兵西归，率十万大军北上，奔东都洛阳而来。

五月，徐世绩到了黎阳。六月，李渊将据有的大兴城改名为长安，在长安称帝，改年号为武德，史称唐高祖。

另一个历史场景是：隋炀帝被弑的消息传来洛阳，五月廿四日，王世充与元文都、卢楚等拥立越王杨侗，于洛阳即帝位，改元皇泰，史称他为"皇泰主"。杨侗识相地任用真正握有兵权的王世充为吏部尚书，封"郑国公"。后话是，王世充在次年四月，废掉杨侗，自称"大郑皇帝"，建元"开明"。然而，此时的杨侗政府，面对宇文化及与奔东都洛阳而来的十万大军，自度抵挡不住，于是利诱李密，暗中答应许多美好的条件给瓦岗军，希望他讨伐宇文化及。

在黎阳城的徐世绩首当其冲。六月，宇文化及将辎重留在黄河南岸，亲率大军北渡黄河。这十万大军多是急着要归返家乡的关中精兵，他们声势惊人，直逼黎阳而来，而驻守黎阳城的徐世绩只有五千兵力。

在《易经》有一卦《师》，师就是"兵众"，说的是"统师兵众，纪律严明"的道理，理的是"行动之时，劳师动众"的论述。《师》卦阐明行师、择将、进退等各方面的用兵规律，我们可从军事思想与行动之中，找寻某些可资借鉴的智慧。在《师》的理解中，看到徐世绩（李绩），他如何"每行军用师，颇任筹算"，如何以战略全局发想，以发展的眼光看问题。同时，看他如何善于根据敌我形势及战场地形特点，灵活运用不同战略，从而取得战争的胜利。

从《易经·师卦》看二十五岁的李绩，如何多谋善战

坤

坎

上六　大君有命，开国承家，小人勿用。

六五　田有禽，利执言，无咎。长子帅师，弟子舆尸，贞凶。

六四　师左次，无咎。

六三　师或舆尸，凶。

九二　在师中，吉，无咎，王三锡命。

初六　师出以律，否臧凶。

　　《师》卦，上卦坤地，下卦坎水，卦象就是水源聚藏地下，地中有水，地中众者，象征"兵众"，部属兵士众多的意思。其实，《孙子兵法》第六篇"虚实"说明得很清楚："兵形象水，水之行，避高而趋下，兵之胜，避实而击虚。"虚实就是强弱，胜兵的表现形态，避开敌人坚实的强点，主攻空虚的弱点，如同水的表现形态，避开高点而往低处流。战场上的阵势变化万端，水受地形限制，也没有一定的形态。明白水会因地形变化而顺势奔流，胜兵则因敌情而取得胜利契机。师卦的下卦水，也象征"险"，六爻之中，只有九二是阳爻，一阳为众阴之主，而处下卦之中，有将帅统众之象。整卦诠释："众行险上"，师之象也；"行险而顺"，师之道也。

李勣……一旬之间，胜兵二十万余……181

第一爻 · 初六　师出以律，否臧凶。

　　律，原意为乐器，古时出师必吹律，"律合"则士卒同心，进退有节。如果失律，则是相反。"律"引申为兴师的律令法纪，也是行军的号令节制。初六处用师之始，出师要有名，要有正义之旗，禁乱诛暴，才符合出师之义。臧，就是善；否臧，则是不善。出师不以正道，或是行师纪律松弛，"否臧凶"就是"致凶之道"了。本爻强调：行师贵军纪严明，令出必行，这是行师之道，也只有这样的行师才可能制胜。

　　面对十万大军，敌我兵力悬殊，徐世绩决定放弃黎阳城，全力防守西南十里远的黎阳仓。宇文化及的攻击目标本来就是粮仓，因为他必须解决军粮问题。徐世绩缩小阵地，集中兵力，善用仓城易守难攻的地形，坚守不出。宇文化及修造了大量云梯、高车等攻城器具，而徐世绩的守军则拼命在城外挖掘壕沟，使得攻城器具无法靠近。待敌军士气低落，徐世绩潜挖地道，利用夜色偷袭宇文化及营区，并且烧了那些攻城器具。此时，李密率领二万部队驻扎在五十里外，牵制宇文化及的后方。粮仓久攻不下，两军处于对峙状态。久攻不下宇文化及的军队面临缺粮的窘境，不利于作战。

　　七月，宇文化及决定放弃攻打黎阳仓，掉头直接攻打李密，两军在黑山展开激战，这一战堪称惨烈，双方都损失甚巨。李密中箭落马，幸得秦琼相救。宇文化及也只剩两万兵力，北逃而去。后话是，宇文化及以河北魏县当根据地，叹曰："人生固当死，岂不一日为帝乎！"他太想尝尝当皇帝的干瘾，于是毒弑秦王杨浩，自立为帝，国号"许"，年号天寿。唐武德二年（公元六一九年），唐淮安王李神通攻讨宇文化及，宇文化及被迫东走聊城，为夏王窦建德所擒，以槛车载着他与两子到了河北邢台，一同斩于襄国。

回头说说瓦岗军，虽然作战获胜，但是"劲兵良马多战死"，元气大伤。在洛阳的王世充看到鹬蚌相争，渔翁之利不可失，挑选精兵两万，直扑瓦岗军而来。面对强敌，李密依然骄傲轻敌，双方在邙山展开大战，结果瓦岗军大败，单雄信、秦琼、程咬金和罗士信全部败阵，投降了王世充。李密辗转逃往虎牢，走投无路，最后率领残部两万西奔关中，投降李渊。而以前瓦岗军控制的不少州县相继归附王世充。后话是，立下大功的王世充，野心膨胀，回到洛阳杀死内史令元文都，专擅朝政，求加九锡，杨侗被迫答应，王世充完成篡位前的手续，现在只剩选个黄道吉日，风光登基。

邙山之战后，徐世绩仍坐镇黎阳，控制着东至大海，南至长江，西至汝州，北至魏郡的广大地区。徐世绩审时度势，他开始把大唐放入他的视角。这时，魏征来了。原来魏征跟随李密到了长安，主动申请招抚潼关以东的地区。魏征并不直言来因，只取出一封信给徐世绩，分析了当时的群雄格局与未来，徐世绩反复阅读，明白魏征的用心良苦，决定正式归顺大唐。于是，徐世绩派遣长史郭孝恪到长安，又开仓运粮支援前来安抚山东的唐将淮安王李神通，表达善意。

徐世绩的使者到了长安，并未向李渊献表，只是交给李密一封信。对于这个举动，李渊好奇地询问郭孝恪，郭孝恪说明徐世绩的想法：原来，徐世绩说他所统辖的百姓和土地，都是魏公李密所有。他如果上表献之给大唐李渊，就是借主人的财产，来为自己邀功。这种追求富贵的举动，徐世绩是深以为耻的。所以，徐世绩将所有户口、士兵和马匹数目，上报魏公，再由李密自己献上。

李渊听完，深为感叹，认为徐世绩这种做法"感德推功，实纯臣也"，不背德，不邀功，乃是忠贞正直的臣子。李渊当下任命徐世绩为"黎阳总管"、上柱国，继续统辖黎阳一带，同时封其为莱国公。几天后，改封曹国公，赐姓李。其父徐盖也受到了封赏，改名李盖。此后，我们将以"李世绩"称呼他。李世绩此时负责经略虎牢关以东地区，得有所在州县选补官吏的权力，这是当时一种极高的政治待遇，而李世绩此时才二十五岁。

李密当时虽被封为邢国公，并无实权，心生不满。武德元年（公元六一八年）十二月，李密骗取了李渊的信任，出使山东，他带着王伯当等旧部同行，途中攻克桃林，准备再到襄城招揽旧部，企图东山再起。结果在熊耳山中了唐将盛彦师的埋伏，全部战死。

李密的首级被送到长安，李渊又派人转送到黎阳城，并告之李世绩关于李密谋反的经过。李世绩看到李密的首级，不禁长跪不起，嚎啕痛哭，他向唐高祖恳请允许他将李密收葬。李渊被他的忠义所感动，下诏将李密的尸体也送到黎阳。李世绩以君臣之礼为李密服丧。安葬当天，全军上下缟素，仪仗队伍盛大，他还动员瓦岗军旧部都来送行。

李世绩表示了对李密的最后忠诚，这种"事君以忠"的举动，再次博得了人们的赞许，"朝野义之"，尤其受到了秦王李世民的高度赞扬。至此，历史上赫赫有名的瓦岗军正式走下历史舞台，李世绩也结束了瓦岗英雄年代，开启在大唐王朝的新篇章。

第二爻·九二　　在师中，吉，无咎，王三锡命。

李世绩随李世民，败窦建德破王世充，穿黄金甲受封下将

> 九二，以刚居中，而得有六五正应，"王三锡命"亦有"承天宠，怀万邦"之象。九二，以刚居阴，处下卦之中，刚柔相济，一阳为众阴所归。九二乃卦中所称的"丈人"——老成持重的人物，居中军，为主帅，总制用兵行师之事，独揽大权又具刚中之德，吉，而且无咎。锡，就是赐，"王三锡命"喻六五之君对九二"丈人"宠信之深，倚赖之重，所以王赐宠命，接二连三。

黎阳南临黄河，是洛阳东北方重要战略要地。盘踞在洛阳的王世充早就虎视眈眈，这时他已经废掉"皇泰主"杨侗，自立为帝，国号郑国，年号开明。隋朝政权不复存在。至于在河北的窦建德，势力正盛，部众达数十万人，他更早几年前就自称"夏王"，年号五凤，当然，他也觊觎黎阳。当时天下三足鼎立：郑王王世充、

夏王窦建德、唐王李渊，其他势力都相形见绌。

窦建德挥军进逼而来，唐将淮安王李神通在前线不敌，退回黎阳城。最后，黎阳还是守不住，结果李世绩的父亲李盖、李神通、唐高祖的妹妹同安公主、大唐使者魏征等全部被俘。只有李世绩率数百骑逃出重围，北渡黄河。当他听到父亲被俘，决定返回向窦建德表示归降，一心想着如何"可以救父又败夏"。窦建德十分高兴，依然让他镇守黎阳，授他以左骁卫将军。但事情没那么简单，窦建德"拴着"李世绩的父亲与他殖时同行，当是软禁的人质，他对李世绩依旧怀疑。

此时，李世绩早已跟李渊取得联系，李渊也明白他心向大唐的苦志，奈何父亲被控制，几次计划要动手，但又举棋不定，最后决定以静待变。李世绩与老部下郭孝恪商议，最后制定了周详的计划，即：先杀敌立功，争取窦建德的信任。杀谁？当然对王世充开战，一来建功；二来制造窦、王之间的矛盾；三来双方彼此拼斗，互损兵力，有利未来大唐与他们对战时在兵力上占据优势。

经过几次战役，李世绩攻破获嘉城，俘获很多；接着又袭击新乡，俘虏其骑将刘黑闼，他将所获军资全部献给了窦建德。窦建德甚是满意，对李世绩渐渐放松了警惕。李世绩开始在窦建德内部煽动兵变，创造机会杀掉窦建德，可惜密不透风的计划还是被人识破。李世绩只得与郭孝恪等数十骑逃奔长安。对于如何处置李世绩的父亲，有人劝窦建德杀死李盖，窦建德拒绝了，说："世绩，唐臣，为我所虏，不忘本朝，乃忠臣也，其父何罪？"

李世绩归唐后，仍任总管。不久，随从秦王李世民平定自称皇帝的刘武周，大获全胜，而且尉迟恭来降。接着，李世绩又参加了平定王世充的战斗。九月，唐军于邙山击败王世充军，准备进逼洛阳。武德四年（公元六二一年）二月，李世民围攻洛阳，李世绩受命清理虎牢关以东的王世充势力。这里是他原来的统辖区域，拥有较好的政治优势，他赴镮辕道安抚民众，于是，荥、汜、湆、豫九州岛相继来降。唐军能不费一兵一卒取得该地区，李世绩居功厥伟。

王世充一面死守洛阳孤城，一面向窦建德求救。

李世民与李世绩则扼守虎牢关，阻止窦建德军西进，截断两军汇流的可能。三月，李世民与李世绩等在虎牢关之东，观察窦建德营垒。李世民决定利用窦建德"冒险争锋"的个性。一天，李世民以自己当饵，亲率五百精骑，预先在虎牢东二十余里的道路两旁，依序埋伏李世绩、程咬金、秦琼等骁将。最后仅仅带领尉迟恭等四骑将，故意到窦营挑衅，窦建德立即派出五千骑兵追击。当追兵进入埋伏圈，李世绩率伏兵奋力冲杀，大破敌兵，斩首三百余级，并活捉其二员骁将。唐军大胜，窦军元气大伤。夏天，唐军完全击溃窦军，窦建德也在牛口渚被俘，窦军降者达五万人。至此，唐军平定王世充部。当时，李世绩二十七岁，李世民才二十二岁。

这时，有个重要的大事发生了。原来李世绩在瓦岗时曾与单雄信结拜为兄弟，他俩誓同生死。后来李密兵败邙山，单雄信降了王世充，李世绩投靠了李渊，从此两人分道扬镳，各为其主。

单雄信作战勇猛过人，在唐军围攻洛阳时，他驰骋沙场，杀了不少唐军。李世民平定洛阳后，擒拿单雄信，准备将其处死。

李世绩向李世民力保，说单雄信骁勇无比，愿意以自己的官爵来赎单雄信之罪。但是，李世民认为此人反复无常，虽然李世绩多次请求，始终没有答应。临刑那天早上，李世绩前往送行，单雄信怒道："我早就知道你不办事！"李世绩哭着说："平生誓共为灰土，岂敢念生，但以身许国，义不两遂。虽死之，顾兄妻子何如？"意思是说我不惜余生，与兄俱死；但我既已此身许国，此事无法两全。再说我死了后，谁来照顾兄长你的妻儿呢？说罢，自己割下一块大腿肉，炙熟，给单雄信吃下，对他说："让此肉随兄化为尘土，示无忘前誓。"

当然，天地会对他的义字当头，既满意又不满意，所以那炷"有仁无义"短香，或是半把香，说的就是李世绩与单雄信的故事。后话是，李世绩收养了单雄信的儿子，抚养长大成人。至于天地会的秘密手势，是手掌摊开，四指合并，拇指分开，然后食指钩卷，这时合并的四指像是"三个半"，其中半截食指说的就是他俩的故事。

当李世民率师凯旋长安时，李渊论功行赏，李世民为上将，李世绩为下将。向太庙献俘告捷的那一天，李世民与李世绩都身被黄金甲，身后有二十四员大将，统领铁骑万匹，军乐齐鸣，鼓乐喧天，人声鼎沸，盛况空前，长安城为之轰动。

> 六三以阴居阳，质柔用刚，处非其位，而又在坎险之极，乘九二之刚，有"出位犯分"之象，所以有"舆尸"之戒。所谓"舆尸"就是用大车载运尸首，喻战况之恶，其凶甚矣。

武德四年（公元六二一年）冬天，窦建德的旧部将刘黑闼起兵。刘黑闼是窦建德幼时好友，他在窦建德所创建的大夏王朝被封为"汉东郡公"，以骁勇善战著称。当窦建德兵败被俘后，他回到河北乡里潜藏，以种菜务农为生。七月，窦建德在长安被斩，消息传来，原来沉潜神隐的刘黑闼等旧部悲愤，长叹曰："若不起兵报仇，实亦耻见天下人物！"

于是，刘黑闼起兵反唐，旗帜一举，声势浩大，很快占有河北大部。这次燎原之势，窦建德被诛是引爆的起因，真正的原因是，大唐新据有这宽广的河北之地，但是新任的官吏却不恤百姓，姿态高傲，引发民怨。所以，当故国旧势力反扑时，天平很快又倒向另一边。

此时，李世绩在宗城屯守，这是河北南部，威胁着刘黑闼的南线。十二月，刘黑闼率数万大军南下，先击败淮安王李神通与幽州总管的联军，再攻克冀州，直逼宗城而来，兵锋甚锐。李世绩只有五千步兵和少数骑兵，为了避敌锐气，主动放弃宗城，退守洺州城。结果，行至半路，被风风火火的刘黑闼的骑兵追上，双方展开殊死厮杀。五千步兵究竟战力不及骑兵，加上人数悬殊甚巨，唐军终寡不敌众。但李世绩治军有方，士卒以死相报，无人临阵投降，五千步兵全部浴血战死。最后，只有李世绩和秦武通等人逃脱。

这是李世绩一生中失败最惨的一次战斗，也是最壮烈的一次。

次年，兵势大盛的刘黑闼自立为汉东王，年号天造，建都洺州城。所有文武官僚的设置都与当初窦建德的大夏朝廷相同。这时，刘黑闼已重占窦建德旧有的地盘，用时仅半年。为了巩固自身政权他也遣使北结突厥，寻求盟友协助。

刘黑闼坐大，这问题严重了，武德五年（公元六二二年），大唐的李世民率军征讨，当他抵达获嘉城，李世绩赶来会合。三月，两军开打，李世绩与刘黑闼的主将高雅贤大战一场，将其重伤，不久高雅贤伤毙。五月，李世民率军与刘黑闼在洺水南岸展开主力决战。李世绩负责坚守洺水北岸军营，以抗阻洺州城中出兵支援。结果，前线的刘黑闼兵败，但因李世绩已经早早阻断他的退路，无法进入洺州城，只得逃往北方，寻求突厥庇护。

第四爻·六四　　师左次，无咎。

"左次"就是"驻扎在左边"的意思。依据兵法，布阵要使低地在左前方，才便利攻击，而且有速度；高地要在右后方，可以当作防御的据点。六四以柔居阴，不在中位，不中但得正，才虽不足以克敌制胜，却能全师而回。阴爻阴位得正，又在下卦"坎"的险阻的前方，象征知道量力而为，于安全地带布阵，据守高地，而不轻举妄动，所以说无咎。《象传》说：这是由于不违背常规。

　　唐军乘胜攻取洺州城，平定河北。李世民击败刘黑闼后，即率军南下讨伐徐园朗集团，李世绩随军同征。往山东征讨的李世民，七月，夺取了十几座城池后，班师回朝。李世绩留在此地，被受命为"河南大总管"，即唐朝黄河以南的军事主管，全权负责继续征讨徐园朗的战事。

　　武德六年（公元六二三年）二月，被困在兖州城的徐园朗势蹙无望，他原是刘黑闼在山东的盟友，可是洺水之战时，他被淮安王李神通牵制，动弹不得，无法前来支持。如今，他弃城逃跑，途中被杀。李世绩在平定徐园朗之后，就任齐州都督，加强对新附地区的控制。唐朝有了河北施政错误的教训，这次在山东新扩张的疆域，由名将李世绩威恩并施，小心经营。

　　同年八月，江南有人叛变。这次是淮南道的行台仆射辅公祏和响应的洪州总管张善安，辅公祏在丹阳举兵反唐，自称宋帝，年号天明。叛乱的消息传到长安，李渊十分震怒，下诏襄州道的行台尚书左仆射李孝恭为行军元帅，率水军自江州出发，李孝恭是李渊的宗亲，算辈分是李渊的侄子，一位有守有为的大唐王朝的宗室元帅。李世绩受命率步兵一万走泗水渡过淮水南下，从北面进攻。另一方面，李靖率部自宣州，黄君汉自谯州，共四路兵马发兵讨伐辅公祏。

武德七年（公元六二四年）三月，李世绩与李孝恭所率的水军在当涂会师。虽然叛军气盛，在博望山与青林山屯守，并且以铁链封锁江面。但李孝恭采纳李靖计策，避开江面，直接攻山，对战叛军，博望山、青林山的戍兵溃败，被杀死及淹死一万多人。同时，由李靖袭攻丹阳城，等辅公祏弃城东走之际，再由李世绩不分昼夜，尾随追击，叛军一路崩溃，从数万人最后只剩五百人，辅公祏在武康被擒，江南叛变遂平。

江淮平定后，统一战争正式结束。从隋炀帝大业七年（公元六一一年）隋末农民起事，王薄举旗反隋开始，到武德七年（公元六二四年）四月辅公祏被诛结束，群雄竞逐天下的战乱，共计十四年，最后赢家是大唐王朝。

李世绩从十八岁到三十一岁，十四年里南征北战，全程参与了那个大时代的波澜壮阔，当然，他也为大唐统一大业立下了赫赫战功。李世绩年老时，回忆戎马一生，他说："我年十二三时为无赖贼，逢人便杀。十四五岁时是个难对付的贼，有所不惬意就杀人。十七八岁时成了好贼，临阵才杀人。二十岁成了大将，用兵使人免于死难。"

第五爻·六五　　田有禽，利执言，无咎。长子帅
　　　　　　　　师，弟子舆尸，贞凶。

　　"田"是狩猎，"禽"是猎获物。"执言"是发表意见，责难
对方的过错，加以声讨的意思。六五乃柔顺中正用师之主，唯
敌国挑衅，方不得已而应战，如同禽在山林，固无事渔猎取。
今此禽既入于田中，侵害稼穑，则宜畋猎之。师出有名，得无
咎。"长子帅师"，长子指明智的将帅，即卦辞中的"丈人"，代
表君王出征。"弟子"指无能的庸才，如果不当使之为帅，将是
致败之道，所行虽正，但因任将不专，终不免于凶。"舆尸"就
是用大车载运尸首，大凶。

　　中原地区这十四年统一战争，兵火连天，天下大乱
之际，北方少数游牧民族势力不断增加，他们越界侵略
内地，染指中原战事。尤其是东突厥汗国每次南下进犯，
都带给北方人民极大灾难，他们不仅掠夺财物，还俘虏
人们当是"赀口"，就是把他们押到漠北当作奴隶。

　　所以，统一战争结束，大唐王朝开始准备对突厥反
击。

　　武德九年（公元六二六年）六月，长安发生玄武门
之变，故事原由已在李世民与长孙皇后两篇文章说过，
不再复述。八月，李世民登基，史称唐太宗。李世绩为

了避皇上名讳，改名为李绩。我们此后改以李绩称呼他。唐太宗为了反击突厥，他将李绩由齐州都督改任并州都督。并州，在今天山西太原附近，是当时突厥南下四条路径里，与灵州最关键的两个防御阵地之一。并州，境内西有吕梁山和黄河，东临太行山，如果被突厥占有，就可以很容易控制整个河东地区，进而南下关中，直逼河南。

李绩到任后，立刻改变兵种。他知道今后所面对的敌人，已非过去割据诸侯，而是骑马打仗的突厥骑兵。骑兵机动性高，战斗力强，面对骑马的游牧民族威慑性的速度。建立强大而精锐的大唐骑兵，是唯一与他们对抗的办法。三年之内，李绩大力发展骑兵力量。

贞观三年（公元六二九年）经过三年的秣马厉兵，唐朝大举反攻的时刻到了。因为东突厥与其他民族之间发生严重冲突，又连年雪灾，马牛多死，国力大衰。次年正月，春风初到，战役正式开始。李绩被任命通汉道行军总管，李靖为定襄道行军总管，柴绍为金河道行军总管等等，兵分五路，共十余万人，总司令是历史名将李靖。李靖是位军事天才，经验丰富。他年纪长了李绩二十三岁，当年，李绩三十六岁，李靖五十九岁。

战争结果就是唐军大胜，历史上称之为"定襄大捷"，自此，东突厥汗国灭。

战后，李绩被授光禄大夫，仍镇守并州，以威慑东突厥部落。贞观十一年，改封英国公，继续镇守北疆。直到贞观十五年（公元六四一年）才召回任兵部尚书。此时，他已经镇守北部边境共达十六年之久。唐太宗深有感触地说："隋炀帝不解精选贤良，镇抚边境，惟远筑长城，广屯将士，以备突厥，而情识之惑，一至于此。朕今委任李绩于并州，遂得突厥畏威远遁，塞垣安静，岂不胜数千里长城耶？"李绩就是大唐的万里长城，而且有胜之。这一点，唐太宗是值得自喜得意的，而李绩的坚毅不懈则是惊人的。这时，李绩四十八岁了，十八年成长期，十四年统一战争期，十六年并州驻守期。

待准备起程回长安时，边境战事又起。北方部落民族铁勒族的薛延陀汗国，南下侵犯已经归顺大唐的突厥部落。酋长夷男纠合同罗、回纥等族军队二十万，穿过漠南，企图并吞漠南地区的部落。新任兵部尚书的李绩，这次被任命为朔州道行军总管，率兵六万，抵御薛延陀主力。此外，还有其他四路外围支持李绩。

李世民登基称帝，无法亲征，忍不住面授机宜，要李绩烧尽草原的牧草，使得薛延陀部队"粮糗日尽，野无所获"。十二月，薛延陀可汗之子大度设率三万骑兵逼近长城，适遇李绩率唐军赶到。大度设见尘埃冲天，兵威强盛，望而生畏，不战，遂率众北逃。几次遭遇之后，主战场李绩歼敌三千，俘虏五万。残兵在逃回漠北时，大雪漫天，人和马冻死逾半，唐军大胜。这次李绩大败薛延陀之战，是历史上以少胜多的著名战役。

李绩终于可以回到长安了。

第六爻 · 上六　大君有命，开国承家，小人勿用。

《易经》于师卦六五为人主之训："田有禽，利执言，无咎。"说的是禽之犯田，执之为有辞，如吊民伐罪而师出之有名，所以"无咎"。而上六以柔居尊位，决非好大喜功之君。上六以柔居师卦之终，坤顺之极，乃论功行赏之时，大君以爵命奖赏有功人员，"开国"乃对之诸侯，"承家"乃对之卿大夫。如果是小人，虽征战有功，赏之金帛厚禄即可，千万不要使之"开国承家"，以免后患无穷。这是任何执政者应该深深体认的智慧。

可是，齐州出事了，原来唐太宗的五子李佑起兵反抗朝廷，他的个性轻狂急躁，又不务正业，喜好游猎，结交邪奸之人。加上唐太宗诸子之间的勾心斗角，在舅舅的挑唆下，最后，在贞观十七年（公元六四三年）三月，于齐州起兵。唐太宗即刻派出兵部尚书李绩率大军前往征讨，因为李绩从瓦岗军时代就在河南地区活动，而且又曾任齐州都督三年，所以大军还没到齐州境内，他在齐州的余威，已经使得李佑斗志全失，开门投降。后话，李佑被赐死。

四月，唐太宗改立李治为太子，李治虽是九子，但他是长孙皇后所生的三子，也就是嫡三子。嫡长子李承乾原是太子，唐太宗登基时，八岁的他就已经同时被立为太子，可是在李佑起兵失败被捕之际，意外发现李承乾另外牵涉谋反，他的皇储资格立刻被废。李绩被新任为太子詹事——教育和辅弼年轻的太子，也任同中书门下三品。唐太宗为新太子李治选择三位辅佐大臣，除了皇后大哥长孙无忌——李治的舅舅，和皇上心腹褚遂良之外，武将唯一入选的就是李绩。唐太宗特地致歉李绩说："我儿刚刚立为储君，爱卿过去就是长史，现在将宫事委托，故有此任命。虽然官阶降低，请千万勿怪啊！"

有一次，李绩得了一种暴病，御医药方里提到一味"胡须烧成灰"入药，唐太宗知道后剪下自己的胡须为他配药。事后，李绩感动得顿首出血泣谢，唐太宗却道："这是为了江山社稷，并非为了你个人，有何可谢？"唐太宗爱才也深谙领导统御，而李绩的反应，出于真诚但也耐人寻味。

唐太宗举行君臣宴会，有感而发，又动容地对李绩说："朕将属以孤幼，思之无越卿者。公往不遗于李密，今岂负于朕哉！"朕一心想找一个可以托孤的大臣，没有人能够超过你，往年你曾不负于李密，岂能辜负朕！唐太宗掏心地表达了对李绩的信任与了解。李绩听完后热泪盈眶，当即啮指出血为誓。不一会儿，他喝得酩酊大醉，趴睡在厅堂之中，唐太宗解下身上的皇袍给他披上，以免着凉。李绩他忠义律己，为世人尊崇，也深受唐太宗的尊敬。

贞观二十三年（公元六四九年）春天，唐太宗患病，病重时对太子说："李绩才智有余，然而你对他没有恩德，恐怕他不能敬服你。我现在将他降职，等我死后你再将他重新起用，任为仆射，他必致死效忠于你。"随后，唐太宗任命李绩为迭州都督，那是甘肃的一个小地方。李绩接受诏令后，二话不说，"不及家而去"。

他没有回家告别，面对贬任，无怨怼，立刻前往上任。一代名将如此效忠，唐太宗真的"很幸福"。

五月，唐太宗驾崩。六月，二十二岁的李治即位，史称唐高宗。唐高宗的第一件大事就是调升李绩为特进、检校洛州刺史、洛阳宫留守，不久，再以李绩为开府仪同三司、同中书门下三品，重新担任宰相职务。九月，又册封李绩为尚书左仆射，实现了唐太宗"施恩于李绩"的嘱咐。历史进入唐高宗与李绩君臣同心协力二十年的时代，李绩成了唐高宗最不可或缺的股肱大臣，如果说唐太宗对李绩最了解、最器重，那么唐高宗对李绩是最信任、最尊重了。

总章二年（公元六六九年）十一月，李绩身染重病，卧病在床。唐高宗特命李绩在外的子弟全部回到长安探视，又将李绩的弟弟李弼，从晋州刺史调回长安改任司卫正卿，可以就近照顾哥哥。可是，家人延请的医生、巫师，李绩根本不许他们入门。子弟端药碗伺候他吃药，他则说："我山东一田夫耳，攀附明主，滥居富贵，位极三台，年将八十，岂非命乎？修短必是有期，宁容浪就医人求活！"意思是说我本是山东一个农夫，遇到了贤明的君主，才能官居三公之位。现在年届八十，能如此长寿，我很满足了。寿命有期，用不着再就医求活了。

十二月，李绩病逝，享年七十六岁。在安葬那一天，唐高宗于未央古城楼哭着送丧，还诏令百官送丧至故城西北。所造坟墓按照汉代卫青、霍去病故事，形似阴山、铁山及乌德鞬山，以旌表他破突厥、薛延陀之功。

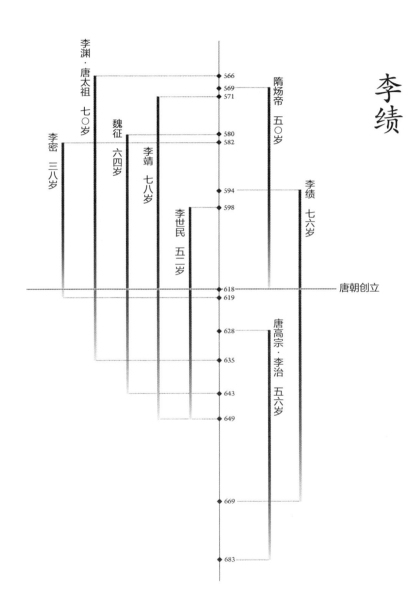

李绩

李渊·唐太祖　七〇岁

魏征　六四岁

李密　三八岁

李靖　七八岁

李世民　五二岁

隋炀帝　五〇岁

李绩　七六岁

唐高宗·李治　五六岁

566
569
571
580
582
594
598
618　唐朝创立
619
628
635
643
649
669
683

陶 侃

过尔优逸，恐不堪事，故自劳尔

巽
兑
中
孚

《中孚》卦，上卦巽风，其义为"顺入"，下卦兑泽，其义为"欣悦"，

卦象就是"泽上有风"，泽上吹拂着和风，微风起于青萍之末，

此时应有所感，和顺欣悦，喻示《中心诚信》的情况，

全卦阐明"笃诚信实"的意义。

陶侃四十七岁终于披甲上阵，面对乱贼，往后的岁月仕途有起有落。

年近六十因功高震主以及成了野心家的挡路石，死里逃生派驻远离中原的广州。

六十岁的陶侃担心自己过分悠闲安逸，不能承担国家大事，

每天搬砖一百块，鞭策自己。

看他如何禀忠笃信其中，也看他如何内心诚信，

对国家、对人民，对母亲，对自己。

看他如何面对生命意义与精神价值所展现的诚信。

故事从周处说起，课本只说"除三害"，没说下文

中学时，有一课"周处除三害"的故事，三国时期后叶，有一东吴的年轻人周处，他是鄱阳太守周鲂之子。因为父亲逝去得早，所以年轻的周处纵情肆欲，为祸乡里，就是现在所说的"官二代"、不良青少年。成人后，结婚生子，三十多岁的周处，依旧凶暴强悍，好争斗，被乡亲们认为一大祸害。

有一天，周处问义兴郡乡里的长辈："当今时局平和，又是丰年，大家为何苦闷不乐呢？"长辈叹道："三害未除，何乐之有！"周处追问哪三害，得到的答案是："南山白额虎，长桥下蛟龙，若是你能先除掉这两害，再告诉你第三害。"于是周处自告奋勇，先入山杀了猛虎，又下水与蛟龙缠斗，浮沉数十里，飘流到太湖，一连三天三夜没有消息，乡人以为周处死了，全都互相庆贺。周处活着回来看见了这番景象，才知自己在乡民眼中是一祸患，心生悔意。

源自《世说新语》的故事，课本阐扬"改过自新"是比刺虎击蛟更勇敢的事。然而，课本没说的是，周处知道自己是乡人眼中的祸害之后，他做了何事？他的人生有何改变？

公元二七五年，是三国东吴的天册元年，也是东吴末代皇帝孙皓的第六个年号。周处到苏州拜访"贤人"陆机，结果陆机不在，只见到了弟弟陆云，他就把全部情况告诉了陆云，并说自己想要改正错误，提高修养。但已蹉跎岁月，恐怕将来一无所成。陆云说："古人贵朝闻夕死，况君前途尚可。且人患志之不立，亦

何忧令名不彰邪？"年轻时，读到陆云这样的回答语，总觉得过于呆板。

但是，如今我才知道当时周处已经三十八岁，而才气纵横的陆云仅仅十四岁，那他们之间的对话不是过于呆板，而是令人佩服。当年陆机十五岁，陆云十四岁，兄弟合称"二陆"，他们的祖父陆逊是三国名将，父亲陆抗曾任东吴的大司马——国防部长，领兵与晋国羊祜对抗。父亲死的时候，陆机十四岁，与十三岁的陆云，两兄弟分领父兵，为"牙门将"——位高五品的将军。后话，陆机二十岁时，东吴亡，陆机与其弟陆云隐退故里，十年闭门勤学。有没有觉得这"二陆"年轻兄弟很厉害？可是，我觉得周处更了不起，他弯得下腰，向一位比自己儿子还年轻的少年请教人生的道理，实在了不起！

一年后，周处果然接到诸多州府下的聘书。周处在东吴的天纪年间，担任东观令、无难督两种基层职务，颇受百姓好评。

面对西戎大军，周处：这是我效忠死节、以身殉国之日！

公元二八〇年，是东吴的天纪四年，也是东吴的亡国年。周处四十三岁。

这一年，在西晋强大的军事攻势下，吴军毫无抵抗之力。结果孙皓投降，建业陷落，东吴灭亡，孙皓本人也成了晋武帝的俘虏。

晋军大将王浑在建业宫中开庆祝酒会，半醉时问底下的吴臣：
"你们的国家亡了，不难过吗？"周处站出来说："汉朝末年天下分
崩，三国鼎立，魏国灭亡于前，吴国灭亡于后，该难过的岂只一
人？"曾是魏臣的王浑面有惭色。周处所指的魏国灭亡是说，十五
年前，就是公元二六六年，司马炎逼二十岁的魏元帝曹奂禅让，
曹魏灭国，西晋正式建国，史称司马炎为晋武帝。

吴亡后，大批吴臣出仕于晋，周处也是其中之一，他出任陕
西的雍州新平太守，处理边疆游牧民族种种问题，因方式得当，
外族纷纷归附而有美名。之后，转任四川梁州广汉太守，处理争
讼详细正直，平息缠讼经年案件。后来因为母亲老迈辞官归里。

不久，周处再被征为楚内史，尚未到任，又被征召入京担任
散骑常侍。同时有两个职位征聘他，怎么办？周处认为应当"辞
大不辞小"，所以他先到楚国赴任地方官，有了安抚教化等治绩之
后才入朝为官。这个抉择智慧真是令人钦佩，难得！

周处在朝中以正直出名，迁任御史中丞，纠劾对象不避权贵；
梁王司马肜违法也遭到他的纠举，司马肜因此记恨周处。西晋元
康六年（公元二九六年），西北少数民族氐羌反叛，首领齐万年
称帝。十一月，晋朝任命司马肜为征西大将军、都督关中诸军事；
周处为建威将军。周处是吴国降臣，既有武勇之名，又因正直得
罪不少人，便被推上了最前线，准备当炮灰。五十九岁的周处自
知身处险境，必被司马肜陷害，但为尽人臣之节，也不推辞，抱
着必死决心，率军西征。

次年正月，齐万年屯兵七万于梁山。司马彤逼周处仅以五千兵力发动攻击。周处抗议："我军没有后援，必然失败，不只会死，而且为国取耻。"司马彤不听，硬是逼迫周处发兵前进，与齐万年军战于六陌，士兵连饭都没吃就被推上战场，没有后援。行前，周处留下一首诗：

> 去去世事已，策马观西戎；
> 藜藿甘梁黍，期之克令终。

走吧！走吧！世上的大小事已经完结了。就骑马前去，看看西戎外族吧。我将以低劣的野菜甘心当作美食，只希望自己能坚持到最后啊！周处知道自己必败无疑，奋勇作战，杀敌数以万计，终于弦绝矢尽，友军们皆不救援。旁人劝周处撤退，他却按着剑说："这是我效忠死节，以身殉国之日！"遂力战至死。享年六十岁，这就是周处的故事。

了不起的母亲与出息的陶侃，从寒门到孝廉

周处有三子，其中有一位叫做周访。周访年轻时就沉着刚毅，谦虚礼让，性格果断而且慷慨施予，家无余财。周访最初任安阳县功曹，在那时就遇上当时任庐江郡散吏的陶侃，陶侃长周访一岁，两人结成一生的好友，后来成为儿女亲家，周访将女儿嫁给了陶侃的儿子陶胆。

陶侃何许人也？这一位"性聪敏，勤于吏职，恭而近礼，爱好人伦"的英雄。同时他还是晋朝大诗人陶渊明的曾祖父。

陶侃出生于公元二五七年，当时还是三国时期，曹魏甘露（曹髦第二个年号）二年，蜀汉延熙（刘禅第二个年号）二十年，东吴太平（孙亮第三个年号）二年。这一年，诸葛亮已逝世二十三年之久，孙权离世也有六年了，这时的东吴是由第二任皇帝十五岁的孙亮执政。

陶侃出生在江西鄱阳——长江之南，父亲陶丹早亡。母亲湛氏是妾，所以陶丹死后被大老婆强迫离家，家贫无所依靠，只身抚养陶侃，以纺织为生。公元二八〇年，东吴灭亡，母子搬到长江之北的寻阳。"湛氏每纺绩资给之，使侃结交胜己者。"陶侃的母亲努力纺织，将赚得工资给了年轻的陶侃，希望他手头宽裕，能多结交一些"上流社会"的朋友，可以增长学问和器识。要知道在那个讲究身世的年代，甚至科举制度都还需再等三百年才开始实施的年代，"寒门"的低阶层社会地位，现代人是难以想象的。陶侃先世无显赫仕宦可以溯记，他的起点是从零开始的。

陶侃的第一个工作是寻阳"鱼梁吏"，那是个寻阳县政府里管理河道与渔业的小官员。有一次"尝以坩鲊饷母。母封鲊付使，反书责侃"，就是说：陶侃曾经拿一土罐装的鱼干，托派官府里的差役送给母亲，他母亲却把鱼干封好交还给来者，再写一封信责备陶侃："汝为吏，以官物见饷，非唯不益，乃增吾忧也！"意思是你做官，用公家的东西送给我。这不但没有好处，反而增添了我的忧虑啊！

陶侃幼年丧父，家境贫寒，"酷贫"更能恰当说明家中的经济状态。他与母亲湛氏相依为命。母亲立志要使儿子出人头地，因此对陶侃管教很严。一位普通的家庭妇女，对已经作"鱼梁吏"的儿子，能够进行廉洁教育，公私分明，实为可敬。现代人读"陶母责子"，更令人感悟颇深。后来，陶侃终成国家栋梁之才，相信这与母亲的教育有关。

在洛阳的陶侃，面对讲究出身的社会氛围无计可施

西晋元康六年（公元二九六年），四十岁的陶侃来到了京都洛阳。

当年执政的是西晋的第二位皇帝——晋惠帝——天生缺陷的司马衷，你猜对了！就是说"何不食肉糜？"没有饭吃为何不吃肉粥的那位晋惠帝。西晋的第一位皇帝晋武帝司马炎，当年没有废黜智力有所缺陷的太子司马衷，主要原因是他把希望寄托在皇孙司马遹身上。之所以有如此寄望，是因为在司马遹五岁时，一天，宫中夜间失火，晋武帝登楼眺望，不料这位小孩子却表现出惊人的老成，他把祖父晋武帝拉到暗处并郑重地说："事出仓促，又值夜间，作为皇帝尤其应该警惕意外，所以不该站在明处。"司马炎对他的早慧又惊又喜，在司马遹身上，晋武帝看到了帝国的希望，这才没动摇司马衷太子的地位。

江南小人物陶侃北上到洛阳的当年，即公元二九六年，晋惠帝已经登基七年了，北方匈奴与其他少数民族陆续反叛，西北氐人首领齐万年称帝建立政权。就是这一年，五十九岁的周处跟着征西大将军司马肜，率军准备征伐氐羌。

　　洛阳是西晋的首都，京城的繁华却没有给陶侃带来锦绣前程。实行七十多年的"九品中正制"，已使西晋在选官制度上呈现"上品无寒门、下品无势族"的弊端。世族子弟凭借自己的父、祖余荫，即可身居要津，并不须为今后升迁而费神。自晋惠帝即位后，社会风气更是"纲纪大坏，货赂公行。势位之家，以贵凌物。忠贤绝路，谗邪得志，更相荐举，天下谓之互市"，这种近亲繁殖的上流社会阶级，成了牢不可破的"既得利益集团"，家境差的自然成了社会底层。这种鄙视"远人、小人"的社会氛围，名流士族们谁还去理睬被中原人瞧不起的江南小人（小人物）陶侃呢？

　　陶侃到了洛阳的第二年，即公元二九八年，也去求见"性好人物"的司空张华。但张华却"初以远人，不甚接遇"，陶侃对张华的轻视并不灰心。几次求见，"每往，神无忤色"，终于在张华的赏识与推荐下当上了"郎中"。郎中，即是有资格入选各类官职，但像陶侃这样的穷贱之士，又是江南来的"远人"根本坐不上那些显要的官位。

天下骚动，陶侃返乡，有了施展才干的新契机

最终，陶侃任职在"伏波将军"孙秀麾下，当个"舍人"，舍人即是将军府幕僚。而这位孙秀大有来头，他就是东吴大帝孙权的弟弟孙匡之孙，但是，命运作弄，他的人生有了大转折。事情是这样的：孙秀原是东吴将军，夏口都督。由于孙秀是东吴宗室，又拥兵在外地，东吴末代皇帝孙皓粗暴骄盈、暴虐治国，又好酒色，从而民心丧尽，孙皓一直忌惮孙秀，意图将他除去。

东吴建衡二年（公元二七〇年），孙皓派遣心腹佞邪僭媚的何定，带领五千人，到夏口狩猎鹿群三千只，孙秀见此阵仗，担心是孙皓有所图谋，害怕自己会遭到诛杀，于是乘夜带同妻室及亲兵数百人投奔西晋。西晋任命孙秀为骠骑将军，兼任交州牧，开府仪同三司，封会稽公。这等待遇着实不错，因为当时西晋与东吴对立，善待孙秀有政治效益。

西晋咸宁六年（公元二八〇年），西晋灭掉东吴，孙秀已经身在西晋十年了，西晋群臣听到孙皓投降，大声欢呼庆祝，唯独他向着南方哭："昔讨逆弱冠以一校尉创业，今后主举江南而弃之，宗庙出陵，于此为墟。悠悠苍天，此何人哉！"孙秀的祖国——孙策创立的东吴，国祚陨落了，而自己无奈先降于敌国，往事悲愤交杂，情何以堪。西晋灭东吴后，孙秀降职为伏波将军，不受待见，这是政治现实，也是人之常情。

陶侃虽然得到一介小官职，但他的出身以及与北方人不同的相貌、声腔，依然为奉行现实主义的洛阳达官贵人所轻视。陶侃

就这样在洛阳前后待了五、六年，前途依然渺茫。在此期间，西晋的内乱愈演愈烈，历史称此内乱为"八王之乱"。永康元年（公元三〇〇年），赵王司马伦废掉贾后——晋惠帝的跋扈皇后。第二年干脆废掉晋惠帝，自己称帝，动乱就由宫廷内发展到宫廷外。洛阳内外成了诸王军队冲突、争夺之地。在这种动荡危急情况下，寓居洛阳的江东士族们纷纷返家避乱。陶侃早已有不如归去的念头，尤其洛阳动乱，江东士族纷纷返乡，受到此氛围的影响，他也准备南下了。

巧的是，刚好有朋友推荐，他得补任职武冈县令，武冈是荆州南部的一个小县。陶侃即刻打包行装，离开洛阳。这时的陶侃已经四十四岁，他想起自己在洛阳奋斗经营多年，竟然只得从南方偏远的小县令起步，其心情可想而知。陶侃到任后，与荆州太守吕岳的关系很紧张，最终选择弃官回家，反正天下骚乱不止，应该还有其他机会出人头地。确实，此时的西晋王朝已是风雨飘摇。

永宁元年（公元三〇一年），四川流民因不堪当地官吏欺压，聚众起义。西晋朝廷急忙调集荆州武勇，开赴益州进行镇压，结果被征调的荆州武勇拒绝听令，都不愿远征，加上受到当地官吏驱迫，他们愤而屯聚起事。平静的江南地区，也开始动荡起来。

太安二年（公元三〇三年），义阳的蛮族人张昌，武艺高超，他聚众在江夏起义，不愿远征的丁壮及江夏一带流民纷纷投奔张昌。张昌声势大涨，率众攻下江夏郡，获得许多武器资源，旬月之间，众至三万。他甚至找了一位才貌出众的丘沈，改姓刘，号称汉朝皇室后裔，让他穿上皇帝的龙袍，坐着华丽的凤辇，建国号为"汉"，张昌自己担任相国。他在石岩山上用石头建造宫殿，然后在山顶上用竹片编织成一只大凤凰模型，披上五色彩绸，在四周放置许多谷物、肉食，引来许多飞鸟，张昌声称这是"百鸟朝凤"，宣布年号为"神凤"。

张昌势力的快速发展，引起西晋朝廷的不安。张昌的部队都用红布裹头，丹红是汉的国色，士卒两鬓上贴了毛，手握大刀长戟，见到官军就砍，锐不可当。一时之间，张昌控制的地区竟然横跨荆、豫、江、扬、徐五州的大部分地区，影响广大，民心浮动。

在《易经》有一卦《中孚》，说的是"诚信之德"的道理，以及"处诚"的要领，和培养诚信之时的人生功课。《中孚》卦强调君子的"诚信"，应该像小动物，如小猪小鱼那样的纯真生命载体一样，来不得半点虚伪和矫饰，才能取得民众的信赖。苏东坡对于"孚"有两点强调：一是"无心"，乘天下之至顺而行于人之所说（悦），必无心者也。无心便是抛弃功名利禄等私心，顺应自然，顺应人心。二是能"静"，苏东坡说：正而一，静而久。不能急躁，躁就会失常。我们来看看被母亲教育"小小土罐鱼干"都不能的陶侃，他如何面对生命意义与精神价值所展现的诚信。

从《易经·中孚卦》看四十七岁的陶侃，如何内心诚信

巽 兑	上九 翰音登于天，贞凶。
	九五 有孚挛如，无咎。
	六四 月几望，马匹亡，无咎。
	六三 得敌，或鼓或罢，或泣或歌。
	九二 鸣鹤在阴，其子和之，我有好爵，吾与尔靡之。
	初九 虞吉，有它不燕。

《中孚》卦，上卦巽风，其义为"顺入"，下卦兑泽，其义为"欣悦"，卦象就是"泽上有风"，泽上吹拂着和风，微风起于青萍之末，此时应有所感，和顺欣悦，喻示"中心诚信"的情况，全卦阐明物情"笃诚信实"的意义。

观看《中孚》六根爻的整体图像，像不像一轮竹筒的断面？外环是竹肉，内中是虚空。古人把竹板剖开，各持一半为依据，当两个合在一起时用以验证取信，这种用竹制成的合同契约就是"符节"。"节"是凭据，"孚"是诚信，内心诚信的"中孚"是符节对合，就是取上下两卦对合之象。陶侃四十七岁终于披甲上阵，面对乱贼，往后的岁月仕途有起有落，看他如何禀忠笃信其中，也看他如何内心诚信，对国家、对人民，对母亲，对自己。

第一爻‧初九　虞吉，有它不燕。

虞，料度也，就是说如当初猜想的那样去做，不要变更；燕，收声燕息，有安裕的意思；有它，有了其他选项，就会三心二意，志不定也。初九正应在六四，故为"虞吉"。此为中孚卦，内心要诚信如一，不能变来变去，让人难以相信。初九为一卦之初，孚信刚刚开始，不能忽东忽西失去立场。刘弘对陶侃的相知相信，消弭了江南的初乱。陶侃也踏出功业的一大步。

朝廷派镇南将军刘弘出任荆州刺史，前去平叛。这位刘弘，小时候是晋武帝司马炎的同学，司马炎建晋称帝后，因他与皇上关系非常，所以刘弘官运亨通，加上本身就是经世治国之才，有政绩，有战功，有声望。现在，他年纪虽长，但仍是西晋的重要人物。刘弘到荆州上任，起用了陶侃为南蛮长史，命他为先锋开赴襄阳，准备讨伐张昌。

八王之乱引起江南动荡不安的局势，为陶侃施展才干提供了机遇。四十七岁的陶侃投身戎旅，他已经准备好了。

太安二年（公元三〇三年），陶侃率军进驻襄阳城，张昌率军攻打，结果败于陶侃，掉头逃亡。陶侃追击张昌，连战皆捷，迫使万人投降陶侃，这次民乱就这样被镇压下去。在这个平乱过程中，陶侃的军事才干得到刘弘赏识，他大加肯定又感慨地说道："吾昔为羊公参军，谓吾其后当居身处。今相观察，必继老夫矣。"意思是：我昔日是大英雄羊祜的参军，在西晋东吴对峙的那个年代，我们一起镇守荆州二十年，为西晋灭夺东吴，立下大功。今天，我已经六十八岁了，年老难继羊祜功业，我观察你的表现，寄望你未来能在荆州有所作为，能继任我当上荆州刺史，正如我当初继任羊祜一样。这些话，对初试身手的陶侃是期许，也是预言。

这时，北方的"八王之乱"愈演愈烈，西晋朝廷已经奄奄一息。八王之乱从元康元年（公元二九一年）开始，到光熙元年（公元三〇六年）结束，共持续十六年。

在八王之乱接近尾声的太安三年（公元三〇四年），太傅司马越组成讨伐军，他挟持晋惠帝一起前往征讨东海王司马颖。御史中丞兼侍中嵇绍，也在此讨伐军之中。他是被征召前往的，工作是护驾，即保护晋惠帝的安危。

司马越与司马颖两军交锋，结果讨伐军兵败，晋惠帝身边的官员和侍卫全部溃散逃命，只有嵇绍在乱兵和如雨的飞箭之下，舍身到乘辇捍卫晋惠帝的安危，当时司马颖的士兵追斩嵇绍到乘辇，晋惠帝试图阻止，但士兵说："奉皇太弟司马颖命令，只不许伤害陛下一人而已。"于是，嵇绍就在晋惠帝眼前被杀，鲜血溅在皇上的衣服上。之后，晋惠帝呆立在草地上，被擒往司马颖根据地邺城。入邺城后，有人要为他浣洗衣服，晋惠帝却阻止说："嵇侍中血，勿浣也。"这是嵇侍中的血，不要洗去！嵇绍无疑堪称忠臣，他的父亲嵇康，就是竹林七贤之一。而说出不要洗去嵇侍中血迹的晋惠帝，这位历史上最愚蠢透顶的皇帝，终于说出一句令人敬佩之语。后话，文天祥的《正气歌》，其中"为严将军头，为嵇侍中血。为张睢阳齿，为颜常山舌。"嵇侍中，就是这位舍身护驾的英雄。

八王之乱最终在东海王司马越的镇压下宣告结束，但此时的西晋王朝早已是夕阳西下，风雨飘摇。之后的历史是北方中原将要进入"五胡十六国"时期，南方也将不得安宁地进入东晋王朝。

永兴二年（公元三〇五年），晋右将军、前锋都督陈敏见北方大乱，朝廷无力控制江东，自己干脆起兵占据了扬州，并遣其弟陈恢沿江西上游，进攻武昌，以图割据江南。面对新乱，刘弘命陶侃为江夏太守，率军抵御陈恢。

陶侃领有重兵，但是他听到许多耳语，有人猜疑他的忠诚，为了辟谣，他派遣儿子陶洪与侄儿陶臻两人前去刘弘麾下听差。此举就是把他俩押在司令官刘弘帐下当人质，陶侃以此表示自己的诚信不二，这是那个年代的游戏规则。当然，刘弘也明白陶侃的用意，把这两位年轻人升任为参军，又让他们回去帮助陶侃，并增加资助给陶侃的军队，再升任陶侃为大都护。刘弘用人不疑，陶侃无后顾之忧，遂与陈恢力战，所向必破。陶侃这两次取得的战绩，奠定了他在荆州地区军事上的地位。

光熙元年（公元三〇六年），刘弘病故，享年七十一岁。不久，陶侃亦因母病故去职，丁忧在家。陶侃守丧期间，江南的政治形势又发生了变化。

第二爻·九二　鸣鹤在阴，其子和之，我有好爵，吾与尔靡之。

子，指初九；我，九二自称；爵，古代酒器，这里指酒；靡，就是"共享"。这一爻是讲人与人的关系真诚相待。说明人际关系的天然融洽，没有丝毫虚伪造作。引申指朋友之间不分彼此，真诚相待，有好酒与朋友共享。所谓"中孚"者必正而一、静而久，而初九与六四、六三与上九有应而相求，九五无应而求人者，皆非所谓的"正而一、静而久"。只有九二以刚履柔，又伏于二阴之下，所以称"在阴"，九二虽处幽昧而言行不失信，而为其同类初九所相应和，所以"鸣鹤在阴，其子和之"。"我有好爵，吾与尔靡之"，犹如我有好酒，愿与同道分享。陶侃的忠贞诚信，与好友并肩共创伟业。

公元三〇七年，东海王司马越毒死晋惠帝，浑浑噩噩当了十八年傀儡皇帝的晋惠帝毫无政绩可言。改由司马炽即位，史称"晋怀帝"，改元永嘉，司马越自任为太傅辅政，把持朝政。永嘉元年，西晋朝廷任命琅琊王司马睿为安东将军，都督扬州诸军事。特别说明的是：琅琊王司马睿是——东海王司马越——"八王之乱"最后胜出者的死党。

三十二岁的司马睿奉命到了江东，在王导的建议之下，从扬州城改往建业——石头城——原东吴的京城。后话，"建业"因避西晋第四任皇帝晋愍帝司马业讳，几年后改名为"建康"（今天的南京）。

在建业城，司马睿极力结交江东大族，可是大家都不理他。原因是江东世族对北方政权心存观望，加上当时社会风气普遍崇尚"清谈"、讲究名望，而这方面恰恰是司马睿的弱项，因此江东人士对他并不认同，士大夫也不愿与他交往。所谓清谈，又称玄学，是魏晋时期出现的一股社会思潮。它将儒家学说与道家学说相结合，特别重视《老子》《庄子》《易经》这三部书，专门讨论一些抽象的脱离实际的问题，例如：有与无、才能与道德、名教与自然、语言与思维等等。曹魏的清谈代表人物前期有王弼、何晏，后来有竹林七贤，到了西晋则有王衍和乐广。

初到江东的司马睿，开局不利，好在谋士王导出身名门，名动天下的王衍便是其族兄，王导的堂弟王澄与王敦也都颇具声望。于是，王导安排司马睿乘坐肩舆隆重出行，仪仗盛大，风风光光地在大街亮相。王导盛装打扮担任一名随从人员。在王导的精心设计下，一些江东名士开始拜服司马睿。司马睿乘机对他们大肆笼络示好，并由王导出面邀请他们出任要职，至此，司马睿算是站稳了脚步。但是，当时司马睿所占据的地盘，只是长江下游扬州一带。

至于长江中上游的广大地区，则有流民势力在活动，以及洛阳朝廷署置的其他都督刺史。没有稳固的上游，下游的建业就无安全可言。永嘉五年（公元三一一年），司马睿以王敦为都督征讨诸军事，统率甘卓、周访（周处的儿子）等沿江西上，扩张地盘。

同一年的北方，西晋朝廷太傅司马越，面对已经自称汉帝的匈奴人刘渊，在即将大肆进攻洛阳的前夕，他以讨伐汉军石勒为名，率领四万甲兵离开京师洛阳径自逃跑了。

来说说关于匈奴人刘渊的事：永安元年（公元三〇四年）十一月，他以自己祖先与汉朝宗室刘氏约为兄弟而自称汉王，建国号"汉"，年号元熙，并追尊蜀汉后主刘禅为孝怀皇帝；又设汉高祖刘邦等八位西汉、东汉和蜀汉皇帝的牌位作祭祀。他以汉室继承者自居，置百官，正式建立一个脱离西晋朝廷的独立政权。西晋当时忙着镇压八王之乱，根本无暇约束北方少数民族的独立与建国活动。

最终，匈奴汉军攻城，洛阳大乱，晋怀帝成了汉军的俘虏。此时，西晋重臣们拥兵自保，各自为政，在江东的司马睿则忙着网罗人才，大家都"没空勤王"。

再回头看南方地区，王敦率军至江州，与华轶的势力相遇。江州刺史华轶，是东海王司马越的亲信与司马睿是同盟关系。可是如今洛阳朝廷已经崩落，占有当前的地盘才是最为实际的。大混乱的时代，地盘利害成了各地势力激化矛盾的诱因。

前些时日，陶侃母丧丁忧期满，他得到太傅司马越之命为参军，督护江州诸军事。考虑到陶侃的声望，华轶上表朝廷，加封陶侃为扬武将军，率兵三千，屯夏口。陶侃则派侄子陶臻，前去华轶麾下担任参军。两人缔结联盟关系。当华轶与司马睿矛盾越来越尖锐，陶臻这时选择"托疾而归"。他离开华轶后，告诉陶侃说华轶"有忧天下之志，而才不足，且与琅邪不平，难将作矣"。陶侃觉得陶臻离开华轶有违忠义，要他回去华轶处任职。

但是，陶臻私下投靠了建业城，司马睿"大悦"，并任命陶臻为参军，同时主动加封陶侃为奋威将军，企图以名器收编陶侃。得知消息的华轶，不管事情的缘由，愤而与陶侃"告绝"联盟关系，陶侃只得选择投靠司马睿。不久，华轶兵败被杀。

永嘉五年（公元三一一年），司马睿占据了华轶的江州全部地盘，为了确保巩固江东地区，司马睿委派王敦出任扬州刺史，都督征讨诸军事，从此形成王导主政于内，王敦领兵在外的格局。陶侃也升官为龙骧将军、武昌太守。然而，此时长江中游的荆州、湘州的大部分地区，为杜弢率领的流民起义军所占据。

公元三一三年，即建兴元年，因为晋愍帝司马业——西晋的第四任皇帝，也是最后一任皇帝，于长安城即帝位，改元建兴。建业城因避讳改名为"建康"。这时南方地区寻阳太守周访——陶侃的亲家——被杜弢围困在寻水城。武昌太守陶侃接到求援，遣军击之，杜弢退却。陶侃对诸将说，杜弢必由陆路偷袭武昌，因此率军抄近路连续行军三昼夜，先在武昌设下埋伏。果不其然，杜弢率军来攻，陶侃率伏兵出去，大破之，获其辎重，杀伤甚重，杜弢败军退入长沙。陶侃军威大盛。

在那个乱世里，许多人都想趁机割据称雄。建兴二年（公元三一四年），陶侃有一位参军王贡，他在战争中获得了一块地盘，舍不得放弃既有利益，决定自起炉灶，于是与败战的杜弢连手，反戈一击，大败陶侃。陶侃不愧是名将，处变不惊，很快地组织起有效反击，指挥周访等再次对杜弢发动攻击，并取得了重大胜利。这次，周访击败杜弢部将张彦、杜弘，斩张彦，收复豫章（就是今天的南昌）。周访升任龙骧将军，转豫章太守，加征讨都督。周访也成了江东战功彪炳的一员大将。

第三爻·六三　得敌，或鼓或罢，或泣或歌。

　　敌，就是敌对。六三履非其位，以柔居阳，处中孚之时，失中不正。"得敌"是遇到敌人、对头。《易经》所有六十四卦，只有在第三爻与第四爻才会有"或"，说的是上下卦之际，上下之间不稳定。阅读此爻辞需要一点想象力。

　　整个卦有六根爻，二三四成为一个体，三四五成为一个体，当二三四成为"正震"，三四五则成为"反震"，彼此像是镜子反照，震为雷，故为击鼓，正震与反震两震相对，各擂战鼓。当三四五成为"正艮"，二三四则成为"反艮"，艮为止，罢就是罢战。对峙不下，只能打打停停。所以"或鼓或罢"。

　　如果一二三成为一个体，四五六成为一个体，彼此像是镜子反照。情形就像四五六成为"正巽"，一二三成为"反巽"，巽是号叫，也是哭泣。一二三成为"正兑"，四五六成为"反兑"，兑是欣悦，也是讴歌。所以"或泣或歌'。

　　建兴三年（公元三一五年），最后决战到来了：杜弢首先令王贡向陶侃挑战，由于王贡曾是陶侃手下，于是陶侃便向他喊话："杜弢本益州小吏，盗用库钱，父死不奔丧。卿本佳人，何为随之！""卿本佳人"的成语即来自此处，陶侃的阵前策反成效显著，王贡很快宣布投降，杜弢的队伍也随之土崩瓦解，他本人在撤退途中死于非命。但是，另一位叛将杜曾，却在混乱中从容逃遁，杜曾本是新野人氏，勇冠三军，能够身披铠甲在水中游弋，落此下场，令人唏嘘。

杜曾随后率领一万兵马围攻了宛城，这是都督荆州江北诸军事荀崧的驻地。围城多日后，城中几乎粮尽，荀崧打算派人到襄阳求援。襄阳太守石览是荀崧昔日的老部下，荀崧的小女儿荀灌年仅十三岁，主动请缨出城求援，荀崧开始不同意，后来经过荀灌多次恳求，他终于答应了。这位小女生毅然率领数十位勇士在夜间突围。石览得知求援一事，便火急地邀周访一起出兵。此时官拜南中郎将的周访，立即派其子周抚率兵驰援，杜曾仓皇撤兵而去。

荀崧亲自到城外迎接石览和周抚，石览将军拉着荀灌的手，对荀崧说："您有这样一位智勇双全的好女儿，真令人羡慕！"周抚也说："宛城解围，百姓得救，小荀灌应该是第一位有功之臣，可敬！可敬！"后话是，在陶侃撮合下，灌娘与周抚之子周楚，日后成婚。

因陶侃与周访在战事上接连取得胜利，司马睿加封他们的上司——王敦为镇东大将军、江州刺史、都督江扬荆湘交广六州诸军事，而且可以自行任免刺史以下的官员。殊不知，此举实为不妥，司马睿养虎为患，为接下来发生的事情埋下了伏笔。王敦开始巩固自己在长江中游的地位，以便与江东的司马睿形成分庭抗礼之势。在此野心计划下，荆州刺史的职位变得举足轻重，他违背原本要升任陶侃为荆州刺史的承诺，将荆州刺史一职给了堂弟王廙，以便今后的指挥。反而将战功卓著的陶侃转任为广州刺史，并以其子陶胆担任参军。他将战力强大的陶侃排挤到战区之外。自此王敦愈发骄横难制，成了雄视四方的"权臣"。

建兴四年（公元三一六年），陶侃手下有些将领以王敦的所作所为不再选择隐忍，以王敦处事不公，起兵抵制。王敦指责这是陶侃所指使的，便心生邪念，想借机杀掉陶侃。对质中，陶侃正色回答王敦："使君之雄断，当裁天下，何此不决乎！"此刻，王敦佐吏提醒说：陶侃的亲家周访正统兵在豫章，若杀了陶侃，周访决不会善罢甘休。王敦才改变主意，设宴欢送陶侃前去广州。

放行命令一到，陶侃见得以成行，便连夜发兵出城，速速离开是非之地。途经豫章，见到周访，不禁泪流满面："非卿外授，我殆不免。"意思是说，幸亏有亲家你率兵在外，否则我已经遭遇不测了。陶侃如此境遇，功高震主是假象，实际是因为他已成为王敦实现野心的挡路石。

第四爻·六四　月几望，马匹亡，无咎。

广州远离战乱，六十多的陶侃　每天搬砖一百块，磨炼意志

十五满月称"望"。两马为"匹"。"月几望"比喻六四阴德之盛，犹如月亮几乎盈满。若"月望"，则亢克其君而灾祸接连而来。初九以应六四而从之，九五以近六四而孪之，一阴而有两阳求之，盛之至，这样解释也符合"月几望"现象。然而"月几望"者非六四所能胜任，所以必须舍其一，当舍其一的时候，就像有两匹马而"亡"其一，去除其一，才能得有"无咎"。六四以柔居阴位，此乃柔顺的近君大臣。居正得位，上

比九五刚中大，舍弃初九的相应，笃信中道，故得无咎。陶侃在广州养志，不在意一时得失。

陶侃率兵即将抵达广州前夕，杜弢余部杜弘与温劭等竟抢先占据了广州。

他们听到陶侃将至，杜弘想利用诈降偷袭。陶侃识破其诈，布兵设阵，反而一举将杜弘击溃。这时身边诸将都请陶侃乘胜追击温劭，陶侃笑笑说道："吾威名已著，何事遣兵，但一函纸自足耳。"信心十足的他竟然只写了一封信，就将温劭吓跑了。陶侃顺利进驻广州。

广州远离中原，当时受战乱影响较小，境内较为安定。陶侃在广州"无事辄朝运百甓于斋外，暮运于斋内"。意思是：陶侃清晨把一百块砖运到书房外边的天井，黄昏又把它们搬回书房里。别人问他这样做的缘故，他回答说："吾方致力中原，过尔优逸，恐不堪事，故自劳尔。"意思是：我正在致力于收复中原失地，过分的悠闲安逸，唯恐不能承担大事，所以才使自己辛劳罢了。这时，陶侃已经六十岁了，还一心想着报效国家，以搬砖磨炼自己的意志，真是令人惊叹。"运甓习劳"的成语典故，即是来自此处，我们说"陶侃搬砖"就是景仰他的自励。

周访凭着战功升任凉州刺史，屯兵襄阳。周访在襄阳时推动务农和练兵工作，用心听取群众意见，而且又自选地方官员，任命后才上表朝廷。周访虽然屡立战功，且被王敦所惧，但仍谦虚而不言功勋，更将功绩都归于朝廷，深得士人尊重。从此，王敦对周访更加忌惮，对自己的野心也能有所约束，江南地区呈现短暂安宁。

但是好景不长，北方的西晋朝廷，长安城破，末代皇帝晋愍帝被俘，西晋的法统已经中断。远在江南的司马睿在部下的劝进声中，依魏、晋两朝交替之先例，暂称"晋王"，年号大兴。随即对文武大臣加官晋爵，以征南大将军王敦为大将军，王导为录尚书事，等同宰相。晋愍帝被擒捕后，被送往平阳，贬为怀平侯，并且承受身为狩猎队伍的前导人员，以及宴会洗杯子杂役的屈辱。公元三一八年春天时被杀，西晋王朝自此不复存在。

晋愍帝遇难，晋王司马睿正式称帝，年号建武，史称东晋王朝的"晋元帝"。登基大典那天，皇帝司马睿突然拉住大臣王导同升御床，一同接受群臣的朝贺，表示愿与王氏共有天下的意向。但天无二日，王导吓了一跳，连忙推辞说："若太阳下同万物，苍生何由仰照！"太阳岂能与万物同辉，君臣名分是有区别的，晋元帝才没有勉强他。司马睿之所以这么做，我想除了对王导的器重，他一定忧心控制着长江中游荆州等地的王敦。在那个场合邀请王导并肩而坐的举动，实在耐人寻味。

太兴三年（公元三二〇年），周访病逝，享年六十一岁。当时晋元帝十分伤心，下诏追赠周访征西将军，谥号为壮，更在寻阳郡立碑纪念。次年，镇西将军祖逖——"闻鸡起舞"的那位英雄也去世了，享年五十六岁。周访和祖逖两个令王敦不敢作乱的将军都已死亡，王敦已无顾忌，野心昭然若揭，于是在永昌元年（公元三二二年），于武昌举兵，史称"王敦之乱"。

而此时的陶侃，依旧困守在广州，对挚友兼亲家的周访病逝，只能遥祭，掬一把清泪。对王敦即将爆发的野心军事行动，无能为力。

第五爻・九五　有孚挛如，无咎。

> 挛，就是卷曲固结而不可解；如，语助辞。九五得位居中。"有孚"就是指六四，以九五的角度而言，以得六四为"无咎"。以六四的角度而言，则绝其类（六三）而上比，与九五紧紧相连结。九五是卦的核心，诚心相交，团结紧固，把全卦凝固在一起，具有相辅相成的力量，得无咎。在广州搬砖的陶侃，一搬就是八年，从五十八岁到六十六岁，他的坚持与忠贞，成了东晋王朝最后的希望。

王敦以"清君侧"为名，挥军直捣京城建康，晋元帝急忙征调戴渊、刘隗回京勤王。刘隗向晋元帝建议把王氏一族全部诛杀，司马睿却明确地表示拒绝，原因很简单，王敦起兵，只有王含叛逃，一叶轻舟投奔王敦之外，其余的王家人，现正由王导率领，跪在宫门口请罪，杀他们轻而易举，但问题的关键是，王敦大军已经近在咫尺，这个书生的建议非但于事无补，反而会招致王敦的疯狂报复。

另一镜头，跪在宫门的王导，他清楚此时非但自身难保，而且可能落得百余口家人满门抄斩，他向急着要上朝觐见晋元帝的周顗哀求道："伯仁（周顗的字），以百口累卿！"周顗眼神肃穆，并未搭理。入宫后，周顗却在晋元帝前竭力为王导的清白辩解，并一再担保其忠诚可靠，司马睿当场表示相信。

一整天了，依旧带领宗族子弟在台城待罪的王导，终于盼到已经喝得大醉才出宫的周顗。王导企图向他探听一下皇上的态度，不料，周顗仍然不予理会，王导以为伯仁见死不救。其实，当天周顗就起草了一份表章，再次为王导辩诬，可惜王导并不知情。晋元帝让王导重穿朝服，君臣重修旧好。

王敦重兵闯入建康城后，无心觐见司马睿，反而拥兵盘踞城内。王敦没有公然造反，晋元帝也没诛杀王家人，双方都没把事情做绝，形成某种微妙的政治平衡。晋元帝示弱，命令文武百官去拜见王敦，而被晋元帝重用，但志大才疏，贪生怕死的小人早已逃出宫中。

王敦与众臣见面时，问几天前他率军攻城时，与他对阵的戴渊说："前日之战，有余力乎？"戴渊回答干脆："岂敢有余，但力不足耳！"王敦又问："吾今此举，天下以为如何？"戴渊再答："见其形者谓之逆，体其诚者谓之忠。"意思是表面看起来这次举兵是逆叛，我却能体会你的内心仍然是忠于皇上的。戴渊不卑不亢，他仍努力让王敦幡然悔悟，言语之中他留了台阶要让王敦下。王敦转头对周顗说："伯仁，卿负我！"周顗回说："公戎车犯顺，下官亲率六军，不能其事，使王旅奔败，以此负公！"意思是我亲自率领六军，无法击败你们，无法让你们奔窜败逃，这是我对不起你的地方！哇，伯仁真是好汉！

王敦听了幕僚建议，决意要杀了这两人。可是，他还是慎重地征询王导的意见，而王导对周顗依然满腔怨气，因此不置可否。王敦将他俩一起押往城南。周顗经过晋室太庙时，大声骂王敦是贼臣，说晋室的祖宗赶快显灵杀死王敦，以免晋室被王敦覆灭。话未说完周顗就被收押的人用戟插伤口舌，鲜血直流，但他仍然面色不变，举止自若。被押到城南门后，两人被杀。后话，王导在整理宫中文书时，发现了周顗积极营救自己的奏章，顿感无地自容，痛哭失声说："吾虽不杀伯仁，伯仁由我而死，幽冥之中，负此良友！"王导确实该羞愧，但他的自省与知耻，又是勇者所为。

王敦无力消灭东晋，最后采取与晋元帝和睦相处的策略，王敦把持朝廷的军政大权，晋元帝被架空。晋元帝把机会放在广州的陶侃身上，颁布诏书令陶侃兼任湘州刺史，这样的小把戏当然瞒不过老谋深算的王敦，最后仅仅加封陶侃为散骑常侍，就此作罢。陶侃依旧被困在广东。不久，晋元帝便在王敦之乱中因忧郁过度而过世，享年四十七岁。二十四岁的太子司马绍继位，史称晋明帝。而王敦则离开建康城，回到武昌，遥控朝政。

晋明帝在第二年，太宁元年（公元三二三年），立庾氏为皇后，以她的兄长庾亮为中书监。太宁二年（公元三二四年），王敦重病缠身，面对年轻皇帝的反扑和一些握有重兵将领的集结与敌对。王敦虽无法亲自出征，还是毅然要发兵与朝廷对战，大军行前，他让记室参军郭璞占卜吉凶，郭璞博学多才，也是历史上著名的《易经》大师，他直接回道："出师不利！"王敦不满，要郭璞继续卜测王敦的寿命，郭璞回说按照刚才卦象推断："明公起事，祸必不久；若住武昌，寿不可测。"王敦不满意他的答案，又问："卿寿几何？"那你可以活到何时？郭璞答道："命尽今日日中。"听罢，王敦当即下令处死了郭璞。不久，王敦病死，而王敦集团很快瓦解。

东晋时期，扬州与荆州是最重要的两个州城，一东一西，一个在下游一个在中游。扬州是国都所在，所处的长江三角洲是经济最发达的地区，荆州则是长江中游的国防重地，不仅地广人多，向北则面对中原的前赵王朝，向西则紧邻巴蜀的成汉王朝，如有不测，强邻铁骑便沿江而下，威胁东晋政权。

年轻的晋明帝再三斟酌，命陶侃为征西大将军，都督荆湘雍梁四州诸军事，兼荆州刺史，由于陶侃过去征讨杜弢有功，惠及百姓。所以，在广州搬砖搬了八年的陶侃，他即将要来荆州就任的消息传来，荆州民众"欣喜异常，弹冠相庆"，这一年，陶侃已经是六十八岁的老先生了。

太宁三年（公元三二五年），冬至后不久，二十七岁的晋明帝病逝了。次年，即位的晋成帝司马衍才五岁，年号咸和。

第六爻·上九　翰音登于天，贞凶。

翰，高飞也。翰音，飞且鸣者也。飞而求显者、鸣而求信者也，固曰"翰音，登于天"。上九以刚居阴，处巽体之终，进于上而不知止，处中孚之极而不之变，其凶可知。九二在阴而子和之，上九飞鸣而登天，两者刚好相反。上九，只知信守中道的虚名，过中不正，声闻过实，君子耻之。像是鸟之飞登于天，徒闻其虚名而已。这个爻的凶险，陶侃明白，我们来看看他的智慧。

幼年皇帝无知，自然由庾太后临朝，政出舅族外戚。三十八岁的庾亮独自揽权，但其资历甚浅，根本压不住阵脚。皇族列臣都怀疑庾亮私下篡改了晋明帝的遗诏，怨言流传，连德高望重的陶侃也免不了有此怀疑。

历史上的"苏峻作乱"就此展开。驻守江北的历阳内史苏峻屡建战功，但是论功行赏时总是排名最后，加上他麾下万余名士兵骁勇善战，装备精良，久而久之，心态不平衡，开始藐视朝廷，还招纳亡命之徒扩充实力。庾亮把未引爆的火药库直接推向火堆，苏峻本来还在犹豫，决定与祖约结成同盟，以诛庾亮为名起兵，声势惊人。

咸和三年（公元三二八年），苏峻大军在连番取胜之下逼近建康。庾亮预备在宣阳门外与苏峻军决战。但朝廷大军还未列阵，士兵就弃甲逃走，庾亮只能乘小船逃离。苏峻成功攻陷建康，挟持了小皇帝，控制朝政。庾亮逃往江州，投奔驻扎当地的温峤。在京都外围的部队，几经讨论，大家推举陶侃为盟主，反击苏峻。

当陶侃领兵到寻阳与温峤会合时，陶侃怀恨庾亮辅政乱事，而且，庾亮亦直接触发这次动乱的主因，舆论认为应诛庾亮以谢天下。庾亮知道大家对他的论断十分畏惧，在温峤陪同下拜会了陶侃，见面时庾亮引咎自责，但依旧风度翩翩，谈吐不俗，充分展现名士风范，陶侃与他对谈，当下对他释然。

陶侃挂帅领军的联军，在东线与苏峻军对峙，在西线则以水战为主，其中猛将毛宝屡破敌军。一方面，庾亮派遣都护王彰向苏峻的部将张耀发动攻击，可是战败，庾亮赶紧派人向陶侃谢罪。陶侃的答复精妙绝伦："古人三败，君侯始二；当今事急，不宜数尔。"古人都要败三次，你才两次，战况紧急，不会跟你算账。好大气的陶侃！

苏峻真的不简单。联军久攻不下，大伙对战局开始担心，温峤因为军粮耗尽向陶侃求援。陶侃回话说，我们已经数战皆北，"更思量策，徐来歼贼"，还是西归吧，回去再想想办法吧。温峤急了，他说如果打不赢，只有殉身以谢先帝，"今日事势，义无旋踵，譬如骑虎，安可中下哉"！成语"骑虎难下"即出于此处，陶侃很务实，也很灵活。这时猛将毛宝立下军令状，愿意再试一次，突击苏峻的后勤补给。陶侃同意了他的请求，加封毛宝为都护。毛宝果然不负众望，出色完成任务。

陶侃这方士气大振，他亲自率领水师杀奔建康城。苏峻率领八千精锐迎战，他只派副将迎战联军前锋赵胤，自己则纵酒狂饮慰劳将士。赵胤不敌，率部仓皇逃走，此时苏峻已醉，逞强要出兵追杀赵胤，领着几名骑兵妄图杀入赵胤的阵营，结果无功而返。就在他骑马要跃过小坡时，马脚被绊倒，苏峻应声坠马，眼捷手快的陶侃手下两名部将，上前将这位醉汉乱刀砍死。战争结束了。此时是咸和四年，即公元三二九年。陶侃已经七十三岁了，他升为侍中、太尉，都督交、广、宁、荆、襄、雍、梁七州军事，封长沙郡公，仍驻荆州。

次年，江州有乱，陶侃率军平乱有功，官至大司马，国防部长，又多领江州，此时他已经控有长江的上游和中游，都督八州军事，兼有荆州、江州刺史，权力煊赫，辖区远远超过东晋一半国土。两年后襄阳有叛，七十五岁的陶侃派军收复，他又晋升为"大将军"，可以"剑履上殿，入朝不趋，赞拜不名"，陶侃明白功高震主的危害，他坚持辞让这些特权，老先生心里总是想着适可而止，所以就不再进一步参与朝政。

陶侃自称曾经做梦时梦到自己生有八翼，"飞而上天，见天门九重，已登其八，唯一门不得入。阍者以杖击之，因坠地，折其左翼"。所以，他保持冷静的自制，不会有"窥窬之志"。《晋书》记载他自觉稍有野心，就会以"折翼之祥"，自抑而止。好一个懂得"知止"的英雄！

陶侃多次要求告老回长沙老家，幕僚苦苦挽留，因而一延再延。咸和七年（公元三三二年）六月，陶侃在病中上表逊位，遣人将官印、服饰、车马等归还朝廷。离开荆州任所前夕，"军资器仗牛马舟船皆有定簿，封印仓库，自加管钥"，他亲自交给右司马王愆期保管，才登船赴长沙。临行前，对着王愆期说："我现在老态龙钟到这个地步，都是你们苦苦挽留以致如此。"船离开武昌第二天，陶侃就死在归途，享年七十六岁。

陶侃死后三十二年，曾孙陶渊明出生了，因为陶侃家教与家风的关系，历史上多了一位五柳先生，"不为五斗米折腰"的田园诗人。陶渊明是杜甫的偶像，而杜甫又是苏东坡的偶像，苏东坡又是每个人的偶像，历史就是这样演进，我们已在英雄与诗人的言行之中找到典范。

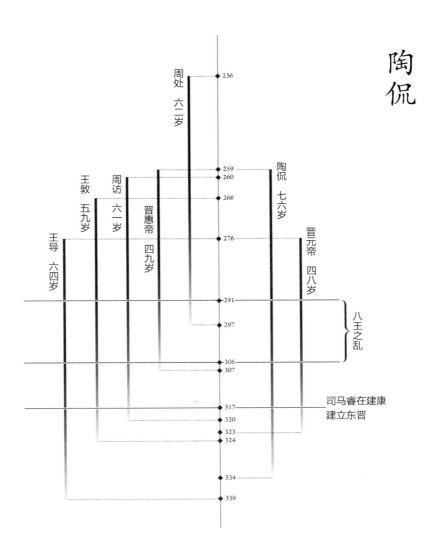

陶侃

周处　六二岁

陶侃　七六岁

王敦　五九岁

周访　六一岁

晋惠帝　四九岁

晋元帝　四八岁

王导　六四岁

八王之乱

司马睿在建康
建立东晋

236
259
260
266
276
291
297
306
307
317
320
323
324
334
339

王安石

千古凭高，
对此漫嗟荣辱

兑
离
革

《革》卦，上卦兑泽，下卦离火，卦象就是泽中燃烧着烈火，烧久了，
水泊将变成桑田，喻示"变革"的情状。离为火、兑为泽，泽内有水。
水在上而下浇，火在下而上升。
火旺水干；水大火熄。两者相生相克，当平衡改变，必然出现变革。
王安石在内卦离体三爻的进度颇佳，不过，进展到外卦兑体三爻时，
弊端不断，法条不周延，执行偏差，没有"和顺人心"，
改革最终以失败而告终，引以为戒。顺应天道人心，
一生于宦海浮沉，忧心国政的王安石知道，要把正在步入危机的大宋王朝扶起，
"推动改革"是唯一的机会。王安石政治抱负的沸腾热血，
直到大宋王朝第六任皇帝，年轻的宋神宗即位时，才有施展的机会。
英姿焕发的宋神宗，把富国强兵的重任寄托在四十七岁的王安石肩上，
君臣要联手展开轰轰烈烈的改革了。
改革必先得到群众的信赖与支持，在大变革中，
王安石选择一意孤行，以致最终断送历史"大人虎变"的机会。

从一阙"金陵怀古"窥看王安石内心深处的悲恨相继

登临送目，正故国晚秋，天气初肃。
千里澄江似练，翠峰如簇。
归帆去棹斜阳里，背西风，酒旗斜矗。
彩舟云淡，星河鹭起，画图难足。
念往昔，繁华竞逐，叹门外楼头，悲恨相继。
千古凭高，对此漫嗟荣辱。
六朝旧事如流水，但寒烟衰草凝绿。
至今商女，时时犹唱，《后庭》遗曲。

这阙词《桂枝香·金陵怀古》的作者是王安石，北宋词坛名篇，全词以写景开头，又借玉树后庭花的典故点题，隐喻现实，寄兴遥深。

这是王安石于公元一〇六七年秋天，在金陵所作，金陵即是今天南京市，六朝古都所在。当年王安石四十七岁，刚刚上任江宁府的知府，府治就在金陵。治平四年年初，新皇帝甫登基。三十六岁的宋英宗赵曙体弱，在元宵节后不久因心血管疾病驾崩，由皇太子赵顼继位，史称宋神宗。赵顼很年轻，仅二十岁，是个少年皇帝。宋英宗只在位四年，北宋积贫积弱依然，新帝登基，新手上路，国事未定。王安石在这一年晚秋的金陵，忧心开封，挂意朝廷。

从历史记载，我们知道王安石是一位伟大的改革家、政治家，他是北宋丞相、新党领袖。然而他也是历史上杰出的文学家、诗人、思想家、学者，唐宋八大家之一。大文学家欧阳修曾经赞誉他："翰林风月三千首，吏部文章二百年；老去自怜心尚在，后来谁与子争先。"他站得高看得远，这首《桂枝香·金陵怀古》通过对六朝历史教训的认识，表达了他对北宋社会现实的不满，透露出居安思危的忧患意识。当然，他的新法改革，历史评价有褒有贬，让我们来重新认识一下他吧。

年轻的皇帝面对国事如麻，问王安石应该从何处开始？

宋神宗即位第二年，即公元一〇六八年，力求改革。他很欣赏王安石的才气，任他为"翰林学士兼侍讲"，问道："当今治国之道，当以何为先？"王安石答："以择术为始。"择术就是"选择方法"，整句的意思是：治国之道应该由选择一个好的方法开始！

王安石，公元一〇二一年出生，这一年是宋真宗天禧五年。父亲王益，一生在南北各地做了几任州县官，也就是说：王安石出身于地方官家庭。他自幼聪颖，读书过目不忘。从小随父宦游南北各地，更增加了社会阅历，开阔了眼界，目睹了人民生活的艰辛，对宋王朝"积贫"、"积弱"的国情有所了解，青年时期便立下了"矫世变俗"之志。所谓矫世变俗，就是纠正和改变不良的世风民俗。这句话的出处是《宋史·王安石传》："安石议论高奇，能以辨博济其说，果于自用，慨然有矫世变俗之志。"用现代话语说：当年王安石是一位愤青！

　　认识王安石之前，要先了解重文轻武的北宋历史背景。轻武，所以军队涣散，指挥效率和战斗力较低，导致北宋在与辽国和西夏的争斗中战败居多。北宋为了防范武将坐大，兵役制度实施"更戍法"，频繁调动武将，导致兵无常帅、帅无常师。一般地方的戍军，以三年为期轮换。至于出戍边远条件恶劣地区的军兵，则以半年为期轮换。朝廷临时任命戍军统兵将官，造成兵不知将，将不识兵。这是刻意削弱军队战斗力，为何？

　　事情真的很难两全其美。北宋在建国前，因为宋太祖赵匡胤，当时身为北周的禁军总将领，因为陈桥兵变，结果黄袍加身，创建了宋朝。为了巩固政权，赵匡胤贯彻"重文轻武中央集权"，他害怕重蹈唐朝宦官专权、藩镇割据导致灭亡的历史。宋太祖大力兴办儒学，增加科举录取的名额。相对其他朝代，宋朝社会比较安定和公平，哲学、文学、美术等也更有成就，但是，重文轻武的结果造成军事力量不足，对外战争败多赢少。

　　宋仁宗时期，横空出现了许多历史超级文学大师：范仲淹已经在"日星隐耀，山岳潜形"的"蹇卦"谈过，不表。苏东坡也在"我自黄州来，已过三寒暑"的"无妄卦"谈过，晚些会再说说他。其他还有曾巩、苏洵、苏辙等等。但是，对于欧阳修和司马光，我们一定要详细介绍他们：

大学士欧阳修，义气逸气中的坦荡胸怀，浩瀚无涯

欧阳修，江西庐陵人，年纪仅比范仲淹小九岁，年长于其他所有大学士。他既是范仲淹庆历新政的支持者，也是北宋诗文革新运动的领导者。因为喜奖掖后进，苏洵和苏轼、苏辙二兄弟，甚至曾巩、王安石皆出其门下。他自己的诗、词、散文均为一时之冠。晚年自号"六一居士"，他自己说："藏书一万卷，藏金石文一千卷，有琴一张，有棋一局，而常置酒一壶，吾老于其间，是为六一。"

四岁时父卒，母亲一直守节未嫁，在家亲自教欧阳修读书学习。因家里贫穷，以至于只能用芦荻作笔，在地上学习写字。这就是"画荻教子"的典故，主角是欧阳修的母亲；至于"杀彘教子"的典故，主角则是曾参的父亲；"断机教子"的典故，说的是孟子的母亲；"折箭教子"的典故，则是蒙古族古代女思想家阿兰豁阿的教子之方，表现了蒙古族争取团结反对分裂的愿望。

欧阳修有一篇文章《记旧本韩文后》，说的是他童年时，偶然得到《昌黎先生文集》后发愤图强，功成名就后十分感激这本文集的事。他自述：我年幼时家住汉东，汉东地处偏僻闭塞没有什么求学的人，我家里又贫穷没有藏书。在州郡南边有一大户人家姓李，他的儿子叫李尧辅，十分爱好学习。我在儿童时期，常常到他家游玩，看见他家墙壁中一只破烂的竹筐里藏着一些旧书，我打开它来看，得《昌黎先生文集》六卷，"脱落颠倒，无次序"。于是求取这部书回家，"读之，见其言深厚而雄博"，但是，

我因年纪还小，不能穷究它的意义，"徒见其浩然无涯，若可爱"。昌黎先生，即是唐朝的韩愈，"唐宋八大家"之首，苏东坡称赞他"文起八代之衰，道济天下之溺"。小欧阳修有此机缘，岁差二百三十年，最终位列"唐宋八大家"。

三十九岁的欧阳修，在庆历五年，因为力挺范仲淹的缘故，被宋仁宗贬到滁州任太守。这段历史非常经典，需要占用一些篇幅：欧阳修著有一篇非常经典的《朋党论》，就是因为他支持范仲淹改革，以夏竦为首的一伙保守派官僚，就正面攻击范仲淹、欧阳修是"党人"。《朋党论》就是他向皇帝上书进行陈述的政论文章。他讲小人是没有同党的，"小人所好者，利禄也；所贪者，货财也。当其同利之时，暂相党引以为朋者，伪也。"只有君子才能结从真正的同党，他们"所守者道义，所行者忠信，所惜者名节"，所以可以志同道合，相互帮助，共同进步来服务于国家。

欧阳修在滁州前后有两年四个月，这段时日他留下了许多不朽的诗文。描写琅琊山自然景色的《醉翁亭记》《丰乐亭记》《菱溪石记》，即是创作于当时。下面撷取一段《醉翁亭记》欣赏：

> 若夫日出而林霏开，云归而岩穴暝，晦明变化者，山间之朝暮也。
> 野芳发而幽香，佳木秀而繁阴，风霜高洁，水落而石出者，山间之四时也。
> 朝而往，暮而归，四时之景不同，而乐亦无穷也。

欧阳修任滁州太守，闲游山水成了乐事，他与琅琊寺的智仙和尚结为好友。为便于他游览，智仙和尚在山腰盖了座亭子。亭子建成那天，欧阳修前去祝贺，便以自己的号取名"醉翁亭"，并写下了千古传诵的散文名篇《醉翁亭记》。文章写成后，欧阳修也自我感受良好，将文章张贴于城门，征求修改意见。大家自然一片赞扬，后来，有位樵夫说开头太啰嗦，便叫欧阳修上南门城去看山。一看，恍然大悟，于是提笔将开头一串文字换上"环滁皆山也。其西南诸峰，林壑尤美"几个字。如此一改，文字精炼，含义倍增。

虽然欧阳修乐游山水之间，可是他的治国才干不该就此泯没。后来范仲淹再度得到提拔，担任陕西经略使。他感念欧阳修在自己危难之际挺身而出，想要报恩，于是要求调欧阳修来做自己的秘书，当高级幕僚。欧阳修却笑着拒绝说："昔者之举，岂为己利哉？同其退不同其进可也！"意思是一起被贬是可以的，但一起提拔，就不必要了。这就是欧阳修的坦荡胸怀。

大学士司马光，不解风情中的正襟危坐，刚正不阿

司马光，山西夏县涑水乡人，世称涑水先生，年纪差欧阳修十二岁。他的名字，我小时候就识得了，因他打破了一只大水缸救了同伴，成了我童年的英雄偶像。这故事大家耳熟能详，来瞧瞧《宋史》的说法："群儿戏于庭，一儿登瓮，足跌墨水中，众皆弃去，光持石击瓮破之，水迸，儿得活。"里面就"迸"字特殊，读音为蹦，蹿出来的意思。在当时的开封、洛阳有人把这个故事

画成《小儿击瓮图》广为流传。

司马光的父亲是司马池。司马光出生时，他的父亲司马池正担任（河南）光州光山县令，于是便给他取名"光"，手植楠树一株于庭院，庆祝光儿的诞生。楠树，木质坚硬，是古时宫殿的栋梁之材。史书记载小司马光非常早熟，"光生七岁，凛然如成人，闻讲《左氏春秋》，爱之，退为家人讲，即能瞭其大旨。自是手不释书，至不知饥渴寒暑。"

长大后的国文课，我再次听到他的名字，才知道他是位大文学家、史学家、北宋大臣，编年体通史《资治通鉴》是他的代表作，享年六十八岁，被宋哲宗谥"文正"。应该是才华加上个性吧，让他有机会成长为大史学家，严谨、诚实、刚正不阿、淡泊、不喜奢华也不讲情趣，甚至食古不化。

司马光个性低调，不喜张扬，家里一个老仆，一直称呼司马老爷为"君实秀才"，君实是司马光的字。一次，苏东坡来到司马光府邸拜访，听到老仆这样称呼自家老爷，不禁好笑，戏谑地说："你家主人早不是秀才，已经是宰相了，大家都称他'君实相公'！"老仆一惊，以后见了司马光，改尊称"君实相公"，并高兴地说："幸得苏大学士教导我……"司马光跌足长叹："我家这个老仆，活活被子瞻教坏了。"跌足，就是用力地跺脚。

北宋士大夫生活富裕，有纳妾蓄妓的风尚。罕见的不纳妾、不储妓之人，叫得出就是司马光、王安石和岳飞。司马光婚后三十年余，没子嗣，他对此并不在意，也没想过纳妾生子。夫人过意不去，有一次，她背着司马光买了一个美女，悄悄安置在卧室，自己借故外出。司马光见了卧室美女，不予理睬，径自到书房看书去了。这位美女也跟随到书房，顺手取出一本书，随手翻翻，媚声问："请问先生，中丞是什么书呀？"司马光离她三步，板起面孔，拱手答道："中丞是尚书，是官职，不是书！"美女自觉汗颜无趣，转身走出书房。

洛阳的灯会享誉天下，逢元宵节，夫人想出去看灯，司马光说："家里也点灯，何必出去看？"夫人说："不止是看灯，也随便看看游人。"司马光一笑，说："看人？怪了，难道我是鬼吗！"这就是史学家的淡泊态度与不解风情。正因如此，才使得这位大史学家，最后成为旧党领袖。

少年王安石才情领风骚，在人生转折的风雨中出头

宋仁宗的景佑三年（公元一〇三六年），王安石十六岁，他的父亲被任命为江宁通判，王安石跟随父亲来到东南重镇江宁府——六朝古都——就是今天的南京。在如此浓厚文化底蕴的城市，王安石闭门苦读，当然他不知三十年后会被委任江宁知府。三年后，父亲病死在任内，享年四十八岁。十九岁的王安石多了几分悲伤与迷惘，他花了很长的时间才从丧父之痛中走了出来。

宋仁宗庆历元年（公元一〇四一年），王安石到京城开封赶考。当时他投宿庆远客栈，房客多是来应试的举子。他主动结识了一位长他两岁的隔壁房客——曾巩——日后也是唐宋八大家之

一，两人互相赏识。曾巩阅读了王安石多篇文章后，赞扬其文采直追唐朝诗人韩愈、孟郊，同时把王安石的文章介绍给当时声名显赫的欧阳修。欧阳修比王安石大十四岁，当时他是集贤院"校理"，集贤院是国家人才培训中心，在集贤院任职又称"清要之路"，虽然工作清闲，但是职位很重要。集贤院的主管称大学士，由宰相兼职。

次年春天，王安石参加殿试，当时考官们把预定前十名的考卷，进呈给宋仁宗审阅，当时王安石排名第一，因为宋仁宗不喜王安石"冷峻峭拔的文风"，最后他排在第四名。王安石上榜的这一年，苏东坡才七岁，还在四川眉州接受母亲的启蒙教育；然而，曾巩却落榜了，他到了嘉祐二年，即公元一〇五七年，才同时与二十一岁苏东坡、十八岁苏辙兄弟入榜。

另话，嘉祐二年的进士名单阵容庞大，除了苏家兄弟之外，还有曾巩、曾布、曾牟、曾阜四兄弟，程颢、张载、吕惠卿、蒋之奇，还有章惇（新旧党争的要角）、章衡叔侄档，加上王观、王韶等等。厉害的是，主考就是翰林学士欧阳修领衔，副手包括王珪、韩绛、梅尧臣、范镇都是一时之选。至于那位新进士王观的代表作《卜算子》词，是我中学时最爱的词作之一：

> 水是眼波横，山是眉峰聚。
> 欲问行人去那边，眉眼盈盈处。
> 才始送春归，又送君归去。
> 若到江南赶上春，千万和春住。

庆历三年（公元一〇四三年），二十三岁的王安石第一份工作是在扬州担任淮南签判，作为地方小官并无多少作为，三个月后，请假回乡看望祖母和成亲，并娶了十九岁的表妹——舅舅的女儿。结婚时，他想起赴京赶考之际，在一家门楼的走马灯上题有一联："走马灯，灯走马，灯熄马停步"。半年过去了，无人能对出下联，王安石抄下联子。没想到自己在礼部考试时竟然有此一题，王安石应题："飞虎旗，旗飞虎，旗卷虎藏身"，因此"幸运"取得佳绩。今天又娶得佳人归，真是双喜临门，于是把两个"喜"字贴在一起。这就是"囍"字的由来。

中秋过后，朝廷发生了一件具有深远意义的大事。在范仲淹、韩琦、富弼等人的呼吁下，三十四岁的宋仁宗采用了范仲淹上呈《答手诏条陈十事》。这一年，他亲自掌政刚好满十年，"盛治"的号角吹得震天乍响。宋仁宗宣布实施变法，史称"庆历新法"。一时之间，大宋王朝似乎重振元气。

年轻的王安石在扬州关注着改革的成效，同时他又觉得有说不出来的不妥。对于新法，他寄予很大的希望，但是因为自己缺乏实际经验，也提不出更好的办法。由于十事疏强调澄清吏治，对官吏和商人构成威胁，在罢黜了一批官吏之后，守旧派朝臣习于苟安，反对的声浪开始高涨。枢密副使富弼面对排山倒海的压力有些动摇，他向"强势改革"的范仲淹劝道："你这样一笔下去，焉知一家哭？"范仲淹回说："一家哭何若一路哭？"小痛与大痛，小哭与大哭，小病与大病，范仲淹抵挡住既得利益者的猛烈攻击。

但是，宋仁宗看到反对革新的势力这么强大，他开始动摇了，最后失去了改革的信心。到了庆历五年初，一年前慷慨激昂，想励精图治的宋仁宗退缩了，他下诏废弃一切改革措施，解除了范仲淹参知政事（副宰相）的职务，将他贬至河南邓州，富弼、欧阳修等革新派人士都相继被逐出朝廷。坚持了一年又四个月的庆历新政失败了。这一年，王安石二十五岁，对于改革失败深感惋惜。

在《易经》有一卦《革》，象征"变革"，全卦揭明事务的发展到一定程度亟待变更。也说明改革的道理，甚至指出"变革"时的某些规律。变革要取得人们的信任。文明而喜悦，大亨通而中正。变革适当，忧悔就会消亡。天地变革才能形成四季，商汤革除了夏王朝的天命，周武王革除了商王朝的天命，皆是顺应天道人心。

上六　君子豹变，小人革面，征凶，居贞吉。

九五　大人虎变，未占有孚。

九四　悔亡，有孚改命，吉。

九三　征凶，贞厉，革言三就，有孚。

六二　巳日乃革之，征吉，无咎。

初九　巩用黄牛之革。

从《易经·革卦》看四十八岁的王安石，
在潜伏着危机的北宋王朝进行改革

《革》卦，上卦兑泽，下卦离火，卦象就是泽中燃烧着烈火，烧久了，水泊将变成桑田，喻示"变革"的情状。离为火、兑为泽，泽内有水。水在上而下浇，火在下而上升。火旺水干；水大火熄。两者相生相克，当平衡改变，必然出现变革。变革是宇宙的基本规律。内卦离体，三爻论述变革的主客观条件，以及谋划必尽离火文明之德。外卦兑体，三爻则论述变革之时、之后，当用兑悦以和顺人心，才能稳定变革的成果。王安石在内卦离体三爻的进度颇佳，不过，进展到外卦兑体三爻时，弊端不断，法条不周延，执行偏差，没有"和顺人心"，改革最终以失败而告终，应引以为戒。

第一爻 · 初九　巩用黄牛之革。

> 巩是用皮革捆扎，牢固的意思。牛，顺物，牛有顺从的德性；黄是中色。初九在卦的最下位，与上方的九四，又不相应。黄牛指的是六二，中正柔顺，有中庸的德性。革，皮革。"巩用黄牛之革"，比喻以中顺之道固结初九。所以说，初九不能积极有所作为，但可以巩固防卫自己，如同使用黄牛的革来巩固。整个意思：不可以冒进躁动，变革必须极端慎重。

庆历五年，王安石在扬州担任幕僚的工作期满，因为他是"进士高第"，当年考试前五名，可以提早向朝廷申请任职。但他没有选择这条快捷方式，王安石认为自己缺乏实际的经验，阅历不足，应该多待在地方积累经验。

庆历七年（公元一〇四七年），王安石被任命为浙江鄞县的知县，开始他独当一面的政治生涯。一个小县的县令，二十八岁的王安石怀着激动的心情上任，因为他已经不是别人的幕僚了。三年的任期，兴修水利是他的首务。他用了十三天考察水况，走了数百里路，详细记载当地农田水利的现状，了解问题症结。他制定开渠、筑堤等针对性的方案。各地乡民听说新县令要兴修水利，纷纷加入协助，工程进展顺利。百姓心怀感激，把其中一段长达十五公里的海塘称作"王公塘"。

同时，他也实施了"青苗法"。所谓青苗法，就是在青黄不接的季节，官府开仓把粮谷借给农民，等到秋收后，借贷的农民再归还新谷给官仓，并支付小额利息。这是一举两得的办法，一来可以解决灾荒时农民的困境，二来可以更新官仓里的旧粮。这次成功的试验给了王安石很大的信心，他开始累积实践经验。

皇祐二年（公元一〇五〇年），在鄞县任期已满。王安石还是申请在地方任事，次年他被任命为舒州通判。在舒州，因不是主政者，不便越权言事，他便趁游山玩水之际，四处走访，了解百姓的疾苦，私下鼓励农民多种粮食，让他们自救。任期满后，奉命赴京。

刚到京城，王安石被任命为"集贤院校理"，这是欧阳修任职过的"清要之位"，多少文人梦寐的晋阶职务，但是他拒绝了。王安石希望朝廷把他放到地方去工作，他的理由是"先臣未葬，二妹当嫁。家贫口众，难住京师"。朝廷不理会他的陈述，再次下令赴任，王安石则再次婉辞。不料，许多文人的忌妒之情高涨，宰相陈执中大为恼火，于是就把他晾在京城里。

无事一身轻的王安石，无所事事。刚好海门县令沈起前来拜访他，请教他在鄞县兴修水利的做法，热心的他，干脆跟沈起一起到海门，当个无薪的水利顾问。等他从海门回京，欧阳修建议宰相陈执中让王安石去任职"群牧司判官"，并亲自写信给王安石，劝他接受，不要固执己见，否则影响了未来的仕途，就不能为百姓效力了，劝勉他"胸怀天下之人，从不拘泥于小节"。王安石默默接受了欧阳修的建议。群牧司是朝廷专管马政的单位，但是职务实在太清闲了，他为此十分懊恼。其间，唯一令他感到快乐的是，他认识了司马光，两个才华洋溢的大文学家，彼此欣赏，相见恨晚，很快成了挚友。

时间流逝而又无所作为，王安石是痛苦的，他感觉与这些京官在许多方面都格格不入。王安石写了"上执事书"要求到外地去做官，让他可以"少施其所学"，这里的"少"就是稍微，客气语。两年多的群牧司判官任内，他总共写了十几封请求信给朝廷要求外放。嘉祐二年（公元一〇五七年），王安石终于出任常州知州，这一年他三十六岁。

到了这个江南水乡的常州，王安石了解到要发展常州，就是要整顿水利，开挖运河，疏浚多余的水，然后将洼地开发成良田，立论是正确的，理想是美好的，可是运河很长，要经过几个县治，不像他在鄞县时招募县民，一声吆喝即可动手，这次需要沿岸的县令通力合作，操作起来难度较大而且理论不见得可行。此时王安石算是初步体会到了改革的艰难与阻力。

八个月后，王安石被调任江南东路"提点刑狱"，虽是高升的司法工作，但王安石希望能任满完成水利工作后再赴任，朝廷没有批准，他只能心有不甘地离开常州。半年后，朝廷新的派命又来了，这次要王安石入京任"三司度支判官"，这是财政部门下掌管收支情况的官员，职责是"掌天下财赋之数，每岁均其有无"。嘉祐三年（公元一〇五八年）深秋，王安石在前往开封赴任新职途中，写下《旅思》，其中两句意境幽远，表露出王安石孤独但是坚毅的心志：

看云心共远，步月影同孤。

巳日，祭祀之日。六二以柔居阴，柔顺中正，是下卦的主爻。下卦"离"是文明；所以，"六二"具备文明的德性，成为改革的主体，又有九五应援，可以发动改革。简单地说，六二得时、得位。但改革必须时机成熟，要等待盛极而衰，腐败已经显露的时刻，才能发动改革。就是说，为人臣者，不当率先革之，必须得到上、下都相信"非革不可"了，才起身革之，这就是"巳日乃革之"的意思。这时，行动前进，才会吉祥，不会有灾难。这一爻，说明改革必须慎重等待时机成熟。

嘉祐四年（公元一〇五九年），王安石三十九岁，宦海浮沉已经十八年。几个月下来的财政新工作，让他大吃一惊，朝廷的财政收入远远不及财政支出，其中官员和兵员数量之多，所造成的财政负担，完全超出他的想象。王安石隐约察觉到在平静的盛世下，大宋王朝潜伏着重重危机。

王安石即将迈入四十不惑之年，已经累积了丰富的社会阅历、地方经验和政治思考，他知道要把正在步入危机的大宋王朝扶起，"推动改革"是唯一的机会。王安石施展政治抱负的热血沸腾着，他明白要推动改革，关键是宋仁宗，说服他，打动他，这是第一步，也是"改革门票"。王安石挑灯撰写，规划改革大计。他分析了当今大宋的内外形势与问题，并提出改革的方向，至于任务执行的内容也有透彻论析。最后他写了质量惊人的

"上仁宗皇帝言事书"奏疏，历史有称之为"上皇帝万言书"者，清末的梁启超称此上书是"秦汉以下第一大文"。这真是一篇难得的洋洋洒洒佳作：思路严谨、思想深刻、论证严密，加上用词择语也相当准确。王安石的文采与卓见令人折服。

奏折里，王安石直言朝廷目前内忧外患的事实，尤其内政三大问题：财力穷困、风气日坏、法度缺失，说明变法的情势已是不得不为。他还分析了当年范仲淹主持的"庆历变法"失败的原因："缺乏国家需要的人才！"王安石用了很大篇幅论述了"人才"，他说以现在的形势，想通过改革实现富国强兵，不会取得什么成效。王安石有一段话，讲得很聪明："陛下是一位奋发有为之君，有恭俭之德，有睿智之材，有仁爱之意，再加上一番努力，本应心想事成，但是，陛下却忽略了最重要的一点：人才！"

但是，王安石的热忱建言却误判时间点，因为五十岁的宋仁宗已无热情，心有余而力不足，对于变革现状已不是这位资深皇帝在意的首务。想想，对一位十三岁登基当皇帝，虽然十一年后才亲政的宋仁宗，五十岁或许不是暮年，但是三十七年的皇帝生涯，疲态的职业倦怠是可以理解的。从宋太祖赵匡胤在公元九六〇年建创立大宋王朝，至今（公元一〇五九年），刚好建国一百年，理论上，是需要抖动一下被子，让尘埃和虫子见见阳光——政治大扫除。但是，宋仁宗身体状况已急遽下滑，他对于改革的意念也欲振乏力了。

四年后，嘉祐八年（公元一〇六三年）四月的最后一天，宋仁宗崩逝。王安石的母亲不久也去世，他辞官丁忧。大宋王朝第五任皇帝宋英宗赵曙登基，年号治平，他是宋仁宗堂兄濮王赵允让的第十三子，即位后有一些沸沸扬扬的争议，史称"濮议之争"。不过，这些都与在野的王安石无关了。王安石辞官后的五年岁月里，一直羁旅在他的第二故乡——江宁。江宁，在他的眼中是一座美丽优雅、魅力非凡的江南城市，在这里陪伴他的有书、朋友和他的学生。在登山游水之间，总有新词抒情，其中经典佳作《南乡子》：

> 自古帝王州，郁郁葱葱佳气浮。
> 四百年来成一梦，堪愁。晋代衣冠成古丘。
> 绕水恣行游，上尽层楼更上楼。
> 往事悠悠君莫问，回头。槛外长江空自流。

治平四年（公元一〇六七年），刚过完年不久，三十六岁的英宗驾崩，在位四年。大宋王朝第六任皇帝，年轻的宋神宗即位，年号熙宁。这位刚继位的少年皇帝还是太子时，已经对北宋积贫积弱深感忧心，对王安石"万言书"十分赞赏，对于推行变法、富国强兵的愿望也由衷地强烈。

新皇帝先任用王安石为江宁知府，察看他是否具有安邦治国之才。本文章起头词《金陵怀古》，即是四十七岁的中年王安石，刚上任江宁知府的千古绝唱。浓郁的爱国热忱渗透在字里行间，江宁人看见了，在开封的宋神宗也看见了。熙宁元年（公元一〇六八年）四月，正是江南晚春，皇帝的诏书来了，整个江宁震动了。

二十一岁的少年皇帝，急急火火地召王安石入京，任翰林学士兼侍讲，就是大宋最高文学地位兼皇帝顾问。一位是雄心勃勃的少年皇帝，一位是满腹经纶的才子贤臣，皇帝有许多话要问他——关于变法的大事与细节，他们君臣要一起大展鸿图了。

第三爻·九三　　征凶，贞厉，革言三就，有孚。

革言，建议变革之事。就，成也。孚，信也。"革言三就"，不容易解释。一说，变革必须慎重，须再三经过讨论，三次意见一致，认为可行，才能行动；一说，是指武王革命成功之后，并不立即实施政令，先宽恕其子等，采取三项安抚措施。在此处，采用前者的说法：凡是改革事项须再三检查，才可实施。

九三刚爻刚位，过刚失中，到达下卦的最上位，表示操之过急；这时前进，即或行动正当，也有危险。然而，位置杵在上下卦的分离处，以时机来说，又必须采取行动；因而，经过再三详细审议，意见一致时，再采取行动，这样才能得到群众的信赖，获得成功。这一爻，说明变革即使势在必行，也应长怀危厉之心，极端谨慎，再三考虑，方可"信而不疑"，凝聚共识，群策群力致力革命大业。

宋神宗初登大位，志气非凡，朝气勃勃。有一天，年轻皇帝身穿全副戎装来看皇太后，皇太后看到皇帝英武挺拔，十分欣喜，同时也郑重告诫神宗："你如果能够永远不贪军功，就是天下的福分。"身穿戎装，是年轻气盛的神宗对汉唐文治武功的向往，对国盛兵强的渴望。

宋神宗为摆脱大宋王朝所面临的政治、经济危机，以及辽、西夏不断侵扰的困境。他看到了国家的"冗官"、"冗兵"和"冗费"问题。有一次，他询问老臣关于富国强兵的政策，他们都语重心长地告诫这位年轻人，要布德行惠，要选贤与能，要疏远奸佞，要持重安静。这些空洞的答案，不能消除年轻神宗的焦虑感，他要的是，谁能告诉他国家积弱的状况怎么扭转？怎么解除辽、西夏的军事危机？怎么夺回燕云十六州？他要的是可行的方法，不是虚无缥缈的态度。

这些被咨询的老臣们，其中一位是富弼，他在宋仁宗的至和二年（公元一〇五五年），被授同中书门下平章事、集贤殿大学士。早在庆历三年（公元一〇四三年），他跟随范仲淹推动"庆历新政"。他也是宋英宗时的宰相，又是熙宁元年，宋神宗第一任的宰相。少年皇帝对于王安石的新政变革，他热切地想听听老宰相富弼的想法，因富弼是三朝元老，许其肩舆至殿门，不必叩拜，坐下说话。结果六十五岁的富弼一见神宗就说："我反对变法。"神宗又问边防事宜，富弼说："陛下执政不久，当布德行惠，希望二十年口不言兵。"神宗听后十分失望，本来希望得到他的积极支持，结果答案完全相反。于是，宋神宗革其相位，以仆射出判汝州。

熙宁二年（公元一〇六九年），年初，宋神宗直接问王安石："不知卿所施设，以何为先？"王安石答："变风俗，立法度，方今所急也。凡欲美风俗，在长君子，消小人，以礼义廉耻由君子出故也。"

二月，王安石开始推动新法，采取一系列改革的预备工作。他起先任职参知政事，就是副相，因为有了宋神宗撑腰，"越权"实行新政计划。这时，王安石积极地为变法作准备，创设一个新机构——"制置三司条例司"，这是管理三个司的"司"，北宋关于财政有三司：户部司、盐铁司、度支司。简单地说，这是总管财政权的新机构，也是针对宋朝的皇权与相权混淆不清的畸形制度，以总揽集权。话说，当初宋太祖赵匡胤发动兵变取得天下，对于非法篡得的皇位，十分心虚，所以对武将的戒备心很强，对宰相也防范严厉。北宋的宰相不得管兵权，也莫名其妙地不能管财权。然而，王安石成立此单位也有架空原来正行政体系的意图，绕过一些老臣的掣肘。王安石先把财权抓在自己手里，这一政治动作得到了宋神宗的支持。

宋朝虽设有宰相（同平章事）、副相（参知政事）二职，但职权重重设限，全由皇帝来平衡权力。政府设有复杂、沉重的连锁部门，功能也重复，所以最后的决定权，总会巧妙地落在皇帝手中。当时"宰相"全名是"同中书门下平章事"，副相设有一位或两位。三个财政机构完全分开，分别直接对皇帝负责。

枢密院，则是主管军事，设枢密使与枢密副使。行政部门则是中书省。中书省和枢密院等领袖群构成"知院"。另外，国家设有批评朝政的御史，代表"言路"，主要的官署是"御史台"，以御史大夫为主官（但是常常从缺），御史中丞副之（常常成为实际的主官），下设有：侍御史、殿中侍御史、监察御史等职。

宰相富弼被下放了，王安石上台了。对于变法，大家都知道新皇帝即将开展大刀阔斧的改革，全体大臣屏息看着王安石大量招募亲信，看他如何实施变法。政局同时出现缄默和骚动。

第四爻·九四　悔亡，有孚改命，吉。

改命，"格之"也。九四已经进入上体，乃当革之时。九四阳爻阴位不正，所以有后悔。但上卦的"水"与下卦的"火"，从势均力敌，走向逆转的边缘，这是天命转变的时刻；而且，九四阳爻阴位，象征刚柔兼备，不畏怯，正是改革家的性格；所以，想象中的后悔会消失。然而，仍然需要得到群众的信赖与支持，才可行动，才会吉祥。这一爻，说明改革者的性格、时间因素，以及首先赢得群众信赖的重要性。如此以至诚去除前朝弊政、不便于民的旧法，而得吉。王安石以"因天下之力以生天下之财，取天下之财以供天下之费"为原则，一场轰轰烈烈的改革要开锣了，可惜他的人格有缺陷，没有处理好与反对者的关系。本来"悔亡"结果"悔有"，本来"得吉"结果"无吉"。

几个月的沉默后，政治气氛改变了。舆论对新政由期待转成怀疑、迷惑，再转化为愤怒与恐惧。每当王安石有新的举措，就是双方当着神宗面前争吵的最好时机，激辩问题的重点有二：青苗贷款和御史的言论自由。

六月，御史中丞（御史台的主官）吕诲公然跳出来向王安石发难，历数他的十大罪状，称他"大奸似忠，大佞似信，安石外示朴野，中藏巧诈，陛下悦其才辨而委任之"。这些话带有人身攻击的意味。吕诲进一步将政事比作水，认为安静的水才能澄清，搅动的水必然会混浊，凡事都要顺应天命，不能逆天而行。在朝会中，吕诲意欲阻止王安石所进行的改革，宋神宗不仅当场为王安石辩护，事后还罢了吕诲的御史中丞，把他贬到邓州当知府。后话，吕诲对司马光说："安石虽有时名，然好执偏见，轻信奸回，喜人佞己。听其言则美，施于用则疏；置诸宰辅，天下必受其祸。"最后，他为不平而忧愤病笃，临死前司马光前往慰问，吕诲遗言："天下事尚可为，君实勉之！"从贬到卒，不到两年，吕诲享年五十八岁。

翰林学士范镇认为实行"青苗法"是变富人之多取而少取之，然"少取与多取，犹五十步与百步"，直言变法是"残民之术"。这位文学家范镇是司马光的铁杆兄弟，也是他的粉丝。早年他与司马光在"密阁"——皇家图书馆任职时，每当议论乐律方面，双方见解不同时，就用下棋来决胜负，然而司马光从来没有赢过。王安石看到司马光好友的尖锐奏疏，十分气愤，连手都颤抖了，亲自起草诏书，痛斥范镇。

范镇退休了。退休后，年轻的苏东坡前往祝贺说："公虽退，而名益重矣！"范镇十分难过："君子言听计从，消患于未萌，使天下阴受其赐，无智名，无勇功；吾独不得为此，使天下受其害而吾享其名，吾何心哉！"他只得在洛阳与朋友饮酒赋诗。

八月，在谏院任职的范纯仁上书皇上，公开指责王安石"掊克财利"，舍"尧舜知人安民之道"。尽管范纯仁是范仲淹的儿子，为人谦逊温和，正直宽恕，是历史上的名臣。神宗虽心有不忍，但还是将他贬出京城，出知河中府。御史中丞吕公著、参知政事赵忭、枢密副使吕公弼、御史程颢等也因为反对新法，相继被罢黜下放。朝廷老臣渐渐远离核心圈。

六十三岁的欧阳修对青苗法也是诸多批评，他的消极态度是"不执行"。熙宁三年，他被改任为检校太保、宣徽南院使等职，欧阳修坚持不受，最后改知河南蔡州，成为地方官。在此处，欧阳修自己改号"六一居士"，不再以"醉翁"自称。次年七月，欧阳修干脆辞去一切官职，闲居归隐。他写下《六一居士传》，自述晚年生活的情趣，向往读书、鉴赏碑铭、弹琴、弈棋、饮酒，以消度余光晚景，表达了自己不再留恋功名的决心，另一个意思是：他不再干涉王安石的新政了。

青苗法，是农民贷款法，经过"制置三司条例司"数月的斟酌，终于在熙宁二年（公元一〇六九年）九月公布，朝廷派出四十一位使者到各郡推行新计划。

"云从龙，风从虎"，虎有文而能神者也，豹有文而不能神者，文就是纹。虎，大人之象；虎变，谓虎每至秋季，脱换新毛，更显文彩光泽。九五阳刚中正，在君位，是革卦的主体，以大人之道，革天下之事，其所施新政炳然昭著。

凡从事变革前，领导者必须自己先行改革，然后改革周围的人，最后推广于天下，改革才能成功。而且，改革并非修补装饰，而是要彻底使其面目一新，就像老虎的斑纹，到了秋天，变得光泽鲜明。不过，改革虽然可以进行，但先决条件，应当在没有占卜吉凶之前，先得到群众的信赖与支持。这一爻，说明变革必须彻底，而非修饰，更为关键的是必须得到群众的信赖与支持。显然，王安石没有得到信任支持的力量，他自恋，一意孤行，断送历史"大人虎变"的机会。

司马光呢？他竭力反对新法，在宋神宗面前与王安石激辩，他强调祖宗之法不可变。神宗命他任职枢密副使，但在有关新法与军事方面，需协助王安石推行。当然，司马光是坚持不去就任的。他和王安石代表相反的政策立场，当时有言："王安石必行新政，乃肯为相；司马光必废新政，乃肯为枢密副使。"

结果，司马光干脆自请离京，以端明殿学士知"永兴军"，就是到长安城当市长。次年，裸退，离开政治圈，居洛阳。五十三岁的他，开始专心编修"长篇编年体史书"。事实上，这项写书计划司马光早在九年前已经进行了。历史上前一本编年体史书巨著是《春秋左氏传》，司马光的史书则是衔接写下去的。他在宋英宗的治平元年（公元一〇六四年），曾经上呈初稿给皇上，得到宋英宗嘉许，赏赐财力、物力协助，甚至准许他借阅皇家图书馆的藏书作研究。

在洛阳的司马光，居家简陋，夏天溽热，汗水常滴在草稿上，他请匠人建辟一地下室，得其阴凉，"常读书于其中"。每夜秉烛著书，生病时也埋头研究。好友劝他"宜少节烦劳"，他说："先王曰：死生命也。"司马光就这样过了十四年不问政事的著书岁月，从五十三岁到六十六岁，坚持不懈，毅力惊人。

前后共二十五年光阴，史册完成了，他请宋神宗定书名，神宗取意"有鉴于往事，以资于治道"，这就是《资治通鉴》的由来，"资治"两字意味着"帮助""治理"。"通"则意味着博通古今的"通史"，"鉴"则有引为"借镜"之意，就以史为镜。这位思想守旧的大文学家，他自称"迂叟"——迂腐的老人家，自嘲坚持己见的痴狂。如此个性，他有自知之明，更成为了名重千古的大史学家。后话，元丰七年（公元一〇八四年），史书完成后，司马光升为资政殿学士。次年，元丰八年，三十八岁的宋神宗逝世，十岁的宋哲宗即位，高太皇太后听政，召老司马光入京主国政，数月间罢黜新党，尽废新法。司马光执政一年半，即与世长辞，享年六十八岁。

回头说说王安石。熙宁三年（公元一〇七〇年），他则顺势出任"同中书门下平章事"，成了真正的宰相，朝廷中的最高行政长官，同时握有财政权。他开始用力抖动大宋的百年大被子。

解释：熙宁二年九月所颁布的"青苗法"，什么是"青苗法"？规定以各官仓所积存的钱谷为本，每当遇粮价贵，官仓存粮即较市价降低出售，遇价贱，即较市价增贵收购。其所积现钱，每年分两期，即在需要播种和夏、秋未熟的正月和五月，按自愿原则，由农民向政府借贷钱物。收成后，随夏、秋两税，加息二分归还谷物或现钱。青苗法使农民在新陈不接之际，不致受"大商人"高利贷的盘剥，使农民能够"赴时趋事"。

这是立意良善的好政策。要知道农民不像一般受薪者，每个月有薪水，他们只有在稼收时才有一笔大收入，而且这是假设丰收的状况之下，"新陈不接"基本上是农家的常态。凡是能改善农家窘境的办法，多多少少，都是良政！甚至是德政！难怪王安石的新政首务就是"青苗法"，这将是造福广大农民的甘霖。

第六爻·上六　君子豹变，小人革面，征凶，居贞吉。

　　阳爻所以革人，阴爻者人格之。君子就是有德、有才或有位者。豹，君子之象。上六是革卦的极点，表示革道已成。君子已从革而变，自新其德，就像豹的斑纹，随着季节换毛，虽不如虎之文采鲜艳，但也显然可见。另一方面，如果是小人则因昏愚未能心化，只做一些表面文章，应付差事。此时，如果不知足，又往前进，则凶。上六以柔居阴，得正，当贞固自守，不妄动，所以劝其居贞则吉。"拗相公"王安石，不是坏人，只是超级固执，新法立意虽好，政策未能对症下药，而且不知修正执法细节。他不乐闻逆耳之言，但喜欢听人恭维和奉承话，于是投机分子有机可乘，遂使新法的推行变质。王安石没有善用豹变的上六，被只有革面的小人所蒙蔽，结果变革由吉转凶。他有机会成功，却错失良机，大为可惜。

但是，事实证明青苗贷款无法依约由农民自愿申请。这些外派的四十一位使者，面临抉择，一是回朝报告失败，二是强迫农民贷款，向朝廷报功。为何有此状况发生？

想想，任何人借钱给别人，当然宁愿选择借给有钱人，政府也是这么想的，因为比较有保障，但是富人并不缺钱。如果穷人需要钱用，必须提出还债的保证，于是有些使者就设计出一套"摊派贷款"的制度，依据经济能力将富人到贫穷农民列出等级，但是，穷人太穷还是借不起，只有富人可以借贷，这其实就是现代金融与财政的本质！为了确定债款能收回，使者就叫富邻居替穷人担保，于是，弊端和民怨就出现了。

有使者报告说，人民得到贷款，"欢呼感德"。也有使者不愿逼迫人民，并未取得预期的效果。知道真相的御史，"当然"弹劾贷款成功的使者，说他们"抑配"贷款，显然违背圣诏。气急败坏的王安石，不知真相，或是不管真相，匆匆赶到御史台对众官说："你们什么意思？你们弹劾笃行新政的使者，却不责备玩忽职守的人。"所谓"抑配"，就是这些使者强迫百姓依据自身财力，分配额数向政府借钱，然后付利息给政府，"不借都不行"。

韩琦，他是庆历三年（公元一〇四三年），与范仲淹、富弼推动"庆历新政"铁三角之一，时年六十三岁，当时正在大名府担任河北安抚使，亲眼看到青苗法施行的过程，他上表给宋神宗，陈说连最下层的贫民也被摊派固定的贷款数量，就是说，有钱没钱大家都要跟政府借钱，让政府有利息收入。人民借十块钱，过几个月后就要还十三块，这严重背离了制定政策的初衷，人民对此怨恨在心。韩琦在上表时指出"禁止摊派、全凭自愿"是空话，因为富人不用借钱，穷人要借，却没有财产担保，最后只有倒霉的"保人"还债。使者一心讨好朝中权贵，低层小官不敢说真话。

韩琦说他是朝中老臣，有义务把真相说给皇上听。韩琦早年与范仲淹共同防御西夏，名重一时，时称"韩范"。嘉祐元年（公元一〇五六年），任枢密使；嘉祐三年，拜同中书门下平章事。宋英宗嗣位，拜右仆射，封魏国公。宋神宗立，拜司空兼侍中，出知相州、大名府等地。韩琦在上表中要求皇上废除新法，召回税吏。

"韩琦是忠臣！"这是他与王安石讨论韩琦的上表时的表态。神宗问："我以为贷款有利于人民，没想到有这么多害处。而且青苗法应限于农区，怎么会在城中放贷？"王安石回话说："有何不可？城市居民如果需要借贷，何不让他们借呢？"宋神宗派出两位宦官下乡调查真相，调查下来的结果是："贷款是受百姓欢迎的，并无抑配。"老臣文彦伯对此持反对意见："陛下竟相信两名宦官，不相信三朝良相韩琦？"

至此，宋神宗对王安石等人深信不疑，放手让王安石和他的亲信吕惠卿等人继续施行新法。

苏东坡呢？熙宁二年（公元一〇六九年），三十三岁的他刚因母亲丁忧服满归朝，任职史馆，相当于国家图书馆的小馆员，位卑权小。他义愤填膺，在熙宁三年二月、熙宁四年二月分别上书给皇上，内容针砭时弊，十分有说服力。林语堂论说这两篇长信"正如现代偶尔出现的好社论"，立刻全国轰动。今节选部分文字略窥一二。

> 盖世有好走马者，一为坠伤则终身徒行？近者青苗之政，助役之法，均输之策，并军搜卒之令，卒然轻发；今陛下春秋鼎盛，天赐勇智，此万世一时也。而臣君不能济之以慎重，养之以敦朴。譬如乘轻车、驭骏马，贸然夜行，而仆夫又从后鞭之，岂不殆哉。臣愿陛下解辔秣马，以待东方之明，而徐行于九轨之道，其未晚也。

熙宁五年（公元一〇七二年），苏东坡因反对王安石新法，主动要求朝廷把他调任外职，任杭州通判。他是最后离开朝廷的名臣，至此朝廷旧党一空。

熙宁七年（公元一〇七四年），王安石第一次罢相，出知江宁府，这是他第二次担任此职。变法运动改由韩绛、吕惠卿等人继续执行，吕惠卿师心自用，引起朝中大臣的不满。"师心自用"成语的通用语有一意孤行、自以为是、自矜自是、固执己见、刚愎自用、独断专行。变法运动从此成了诱发社会矛盾的不安因素。

熙宁八年（公元一〇七五年）二月，神宗召王安石回京复职，继续执行新法。入京途中，王安石夜泊瓜洲，有一诗："京口瓜洲一水间，钟山只隔数重山。春风又绿江南岸，明月何时照我还。"同年十一月有彗星出现，曹太皇太后与高太后哭劝神宗帝不能任用王安石。

熙宁九年（公元一〇七六年），王安石爱子王雱病逝。丧子之恸，加上"改革"已成脱缰野马，他便求退金陵，潜心学问，不问世事。当然，新党与旧党依然政争不断，局势已不在王安石控制之下。

王安石的新政，惹起一场政治风暴，对立者都是在宋仁宗学术自由气氛下培养出来的政界领袖。这场大火烧了十几年，甚至又有复燃者，最后北宋也为之覆亡。整个政争的悲剧起于一个不肯听劝、不肯认错的大人物，朋友愈反对，王安石愈是决心施行他的政策。坚毅是美德，但是如果方向错误，则是噩梦，大大的噩梦。

任何时代，时间一久，制度一老，就需要变革，需要重新改变平衡，这对于社会的发展是有利的。说革新之时大家都赞成，但是当革新到自己之时，则是拼命诋毁革新，阻挡变革，这就是人性！也是变革中最困难的地方。

许多朝代或是国家的陨落，都是革新失败的淘汰者，变革是困难的，是痛苦的，是需要先驱者倡议的，但是如何降低反弹力度，又获得有众人鼎力相助，却是一件不容易的事情。一千年了，王安石还是被钉在改革失败的十字架上，千古凭高，对此漫嗟荣辱。从"大人虎变"、"君子豹变"，我们应该可以得到些许启发吧。

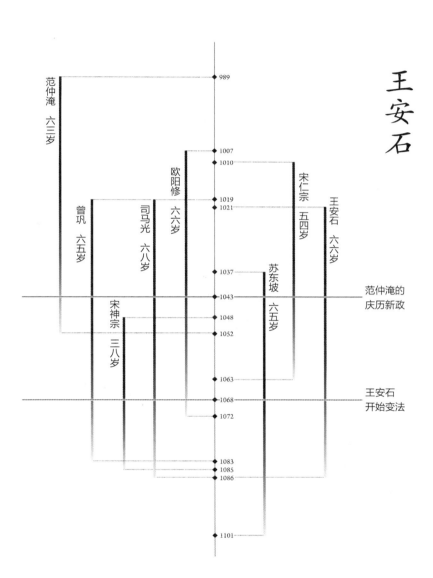

王安石

范仲淹　六三岁
曾巩　六五岁
欧阳修　六六岁
司马光　六八岁
宋仁宗　五四岁
王安石　六六岁
宋神宗　三八岁
苏东坡　六五岁

989
1007
1010
1019
1021
1037
1043 范仲淹的庆历新政
1048
1052
1063
1068 王安石开始变法
1072
1083
1085
1086
1101

李 调 元

滴在梧桐上，高低各自吟

离
坤
晋

《晋》卦，上卦离日，下卦坤地，卦象就是日出地上，

晋是"升进"的意思，喻示"晋长"之义。

上卦"离"象征太阳，性格是依附；下卦"坤"象征地，性格柔顺；

是太阳普照大地，万物柔顺依附的形象，也有上明下顺之义。

李调元精通诗文、戏曲，五岁即读《四书》《尔雅》，七岁即能作对吟诗，

在乡里间被誉为神童。

二十七岁落榜，但三十岁后的李调元仕途如旭日东升。

他因才华四溢深受乾隆喜爱，还曾以文采出众与苏东坡、唐伯虎比肩。

顺遂之途难免遇到小人攻击，在他奉命编纂《四库全书》时，

遭和珅诬陷而获罪到伊犁充军。

漫漫黄沙中的流放生涯，他想了什么？如何影响他对未来的决定？

清朝创意料理"凤凰蛋"，乾隆帝出题李调元接招

在美食讲座中，我屡屡喜欢讲创意料理"凤凰蛋"，故事是乾隆帝与一位美食家李调元的故事，故事简单，但是情节画面引人入胜：

一次除夕，朝廷休假，但是乾隆帝一时兴起，命人请翰林院编修李调元立即到宫中陪他作诗消遣。命令一出，大小差人跑遍京城，才发现李调元此时正在戏台上演出《春秋配》剧目。

待差人把还来不及卸妆的李调元带到宫中时，乾隆帝雅兴已过。见到李调元依然画着脸谱，穿着戏装，训斥道："你如此放荡，正事不做，与戏子厮混，不成体统！如革去你的官职，你恐难生活下去。"李调元回话道："臣可搭个戏班，自编、自唱、自演。不说四乡演出，单在京城登台，足以温饱一生。"乾隆皇帝知道李调元精通诗文、戏曲，不等他说完，哈哈笑道："如朕不让你从艺，你就只得饿死！"

李调元知道皇上心情好，接着说："如皇上不准我从艺，那我就开餐馆酒家，做尽天下美味佳肴。那时，不由你皇上不慕名而至，前来一饱口福。"乾隆帝见李调元说得一口好菜，便说："果真如此，爱卿可否趁明天春节一试厨艺，也好让朕及朝中百官对你的手艺品评品评。"李调元不加推辞，便请皇上示下要吃何种料理，乾隆想这一生吃尽山珍海味，啥没吃过，便出了个稀奇古怪的菜要他做来瞧瞧。

朕亲政以来，品飞禽上万，吃走兽成千，其他各色食物，我

也尽皆享用，爱卿就给我做一道"凤凰蛋"吧。

李调元略一思忖，欣然应允。他来到御厨房，要了一张鲜嫩的猪肚，洗净去腥，绑牢一端成了天然的气囊，然后从另一端灌入空气，整个猪肚鼓胀成浑圆，再绑住一端。吊挂在檐角吹风，几个时辰风干后，即可让它定型塑成大球。同时，李调元准备了鹅蛋、鸭蛋、鸡蛋、鹌鹑蛋各十个，也备妥了火腿丁、香菇丁和各种佐料。他先将所有的蛋黄蛋清分开，再将混打均匀的蛋清倒入猪肚，并加入绍兴酒、酱油和所有配料，最后小心将四十颗大小不一的蛋黄装入其中。最后以一条长绳子将沉甸甸的猪肚拴牢，小心放入古井中，轻轻地，慢慢地让猪肚在井水中转动，这时所有蛋黄与佐料会顺着同一个方向跟着转动，蛋丝、酱油、绍兴酒也呈现搅动后的纹路。最后用大蒸笼炊半熟，去掉猪肚露出整个有彩纹的蛋身，再以特制酱汁浸泡一天，使其入味上色。

春节晚上，京城到处张灯结彩，鞭炮声声。乾隆帝在宫中大摆宴席，与百官一道欢度佳节。席间，乾隆帝要李调元端出"凤凰蛋"，皇上与群臣引颈期待传说中李大人的创意料理。待他掀起笼盖，立即引起一片惊叹声，只见这凤凰蛋晶莹剔透，精巧无比，各色佐料镶嵌在蛋间，显得缤纷夺目。这时，李调元执刀将蛋切开，只见橘红、橙黄、淡黄三色大小不一的蛋心，杂然集中在中间部位，形状独特，像是蜷伏着雏凤。一股醇厚香气顿时散出，使得席间百官垂涎三尺。

美食大家李化楠，为官二十七年的大江南北美馔食谱

我们介绍李调元前，先来认识他的美食家父亲李化楠吧。

李化楠，四川罗江人，乾隆六年中举，次年连捷进士，这一年他三十岁。字廷节，号石亭，著有《石亭诗集》十卷、《石亭文集》六卷，另有上下两卷《醒园录》食谱，记载烹调三十九种，酿造二十四种，糕点小吃二十四种，食品加工二十五种，饮料四种，食品保藏五种，总凡一百二十一种，一百四十九法。醒园，是李化楠在故乡罗江城北，宗祠旁建造的园林名称。根据他的《醒园金鱼缸石刻》描述：

> 山一卷，天半落。水一勺，长不涸。
> 上承绿树阴，下见红鳞跃。
> 春色满园林，亭台随地着。
> 吾心淡无营，吾身欣有托。
> 何须海外觅三山，此间便是蓬莱阁。

醒园的"醒"字，有着自己的天地观和处世哲学，李化楠的诗句有庄周梦蝶的道家思想，别有韵致，今特别节录他的自叙诗句，借读者想象一下如此达观的父亲，会教出何种思绪的儿子李调元：

> 不梦何云醒，醒来犹梦未；

只合破梦关，方识梦中味。
有梦谁无醒，醒来犹是梦；
为愁梦境多，那见醒人众。

《醒园录》食谱序言由李调元撰文，他写道："先大人（指李化楠）至于宦游所到，多为吴羹酸苦之乡。厨人进而甘焉然者，随访而志诸册。不假抄胥，手自抄写，益历数十年如一日矣。"李化楠一辈子都是地方官，从浙江余姚、秀水知县，到北京市的"顺天府北路同知"，共有二十七年。一路记录的食谱内文与一般的文人著作大大不同，菜式做法非常详尽，已非感觉式的美食记述，这样的笔法，与大美食家苏东坡可相提并论，而非"舌高手低"的美食家所能比拟了。

七岁的李调元被誉为神童，十九岁后在涪江书院与锦江书院就读

李调元自幼在父亲严格的指导下学习经文，五岁即读《四书》《尔雅》等经典古籍。他聪明机智，记忆力过人，凡读诵经书大多过目不忘。李调元七岁即能属对吟诗，当时所吟作《疏雨滴梧桐》，意境与哲意令人惊艳，一时传抄乡里，被誉为神童：

浮云来万里，窗外雨霖霖；
滴在梧桐上，高低各自吟。

偶尔，父亲也会出对子让小李调元试试文采，一次指着屋檐上蜘蛛的织网出对："蜘蛛有网难罗雀"，才思敏捷的李调元信口对道："蚯蚓无鳞欲变龙"，对仗工整，传诵一时。不过，他也有失误之时，这次父亲出的上联："曹子建七步成诗"，李调元被难住了，只得说道："李调元一时无对"，不料，父亲竟然大笑："这不是挺好的下联吗？"曹子建即三国曹操的次子曹植，是"才高八斗"的天才诗人，七步所成之诗就是著名的"煮豆燃豆萁"。

　　生在书香世家的他，有个大家族，他与堂弟李鼎元、李骥元才名远播，先后在翰林任职，当时被誉为"绵州三李"。他们名字取其调鼎，"调鼎"即是调盐梅之意，即是烹饪食物，也是任宰相治理国家的意思。这是有典故的：商朝的大宰相伊尹，本来是商汤的厨师。伊尹有远大的抱负，利用侍奉商汤进食之际向其分析天下形势，得到商汤赏识，取消奴隶身份，更进而被提拔为宰相。身为读书人又是美食家的李化楠，以食神伊尹为典范，为他的长子取名，真是用意深远啊。

　　李调元八岁时，也就是乾隆六年，父亲中举，第二年父亲更上一层楼，考中进士，从此李家的生态大变，小李调元便跟随着父亲开始旅宦，离开四川开开眼界。李化楠的第一个工作是浙江的余姚知县。余姚，位于浙江东部，宁波的西北处，有姚江流过，是个水乡泽国的古城，春秋时期即属吴国，市花为杜鹃。李白曾经在安徽与浙江两省接壤的宣城吟唱《宣城见杜鹃花》：

蜀国曾闻子规鸟，宣城还见杜鹃花。
一叫一回肠一断，三春三月忆三巴。

余姚古城的江南风光，对小李调元是个陌生而又充满欣喜的世界。他没有同乡李白看到杜鹃花时的浓郁的乡愁，因为不久他又回到四川故乡继续进修。他的老师问他养蚕有何用？小李调元顺口回答，机锋犀利，老师讶然，索性叫他把下联也对出来：

蚕作茧，茧抽丝，织就绫罗绸缎暖人间；
狼生毫，毫扎笔，写出锦绣文章传天下；

直到十九岁他转到涪江书院受学，这时李调元已是一位文气横溢，书画俱佳的年轻人。涪江，是嘉陵江的支流，涪江书院则是一座新学校。起因是乾隆初年，乾隆帝"令各州、县建设书院，仿鹅湖、鹿洞遗规，以乡遗老宿学为之讲授，学制始一变焉"。因此，乾隆十六年（公元一七五一年），绵州的知州费元龙，好文兴学，他在白衣庵创修涪江书院，要求绵州青年菁英来此受学。所以，创校次年，李调元转学来此，"州院试俱第一"，是位资优生。

乾隆二十四年（公元一七五九年），李调元参加乡试，提学使"奇其文……拔第一"，即是四川举人的第一名，他转学就读于锦江书院，为将来赴京应试准备。锦江书院是个百年书院，颇具文声，创校于明代末年——崇祯八年（公元一六三五年），依傍锦江祖庙，因为祖庙主祀玄天上帝，所以校舍坐南朝北，儒生聚徒讲学，当时称之"文昌书院"，清代时期易文昌书院名为锦江书院，书院大门楹联石刻："卓尔超罗山第一，豁然见云路三千"。二十六岁的李调元，就在如此深厚文化底蕴的书院就读，与其他四川才子并称"锦江六杰"。

赴京赶考前，在西湖畔小露身手，羞煞一群自大的举子

乾隆二十五年（公元一七六〇年），二十七岁的李调元要上京赴试了。船出三峡，乘骑北上，来到西湖。刚好巧遇州官在书院设宴，邀请名人学士，为邻近乡邑赴考的举子们饯行，以壮声色。李调元不畏生，信步进入院中，只见正厅上悬一匾额，上书"起凤来龙"。右厢题名"大块"，左厢题名"玉珠"。众人见他陌生，但也是文士打扮，便邀入末座。

酒酣耳热间，大家意气风发，尽是"天下奇才尽此州，此州奇才唯独我"大话，连四川大诗人李白、三苏的诗文也被拿出来讥贬。只听有人说："近听四川出了个李调元，诗文两绝，名气很大。"一人哼声说："我见过，实则文乃胡说，诗如放屁耳！"众人哄堂大笑，李调元不动声色。

这时坐在首席的老学士，对这帮举子的狂傲甚觉反感，站起身来提议说："先别说他人，我们自己对联配酒，看谁能先拔头筹。"众人随声附和，有人说道："对对，我等先练习练习，等见了李调元，言词也可更加锐利些。"

老学士抬头环顾，规定以此殿的匾额当题目，上联以"大块"起句，"起凤来龙"的"起"字落尾；下联以"玉珠"起句，以"来"字落尾。"大家觉得如何？"举子们听见前辈点了题，闲话打住，便闷着头苦思冥想，搜肠刮肚。可是，等了半天也无人吱声。年轻的李调元不免气盛，起身说："我先献个丑吧。"言毕，随口吟出一联：

> 大块投河，方知文从胡说起；
> 玉珠击鼓，始信诗由放屁来。

众人一听，觉得不大对味儿，仔细一想，方知被这人骂了，却也无可奈何，只好强忍了这口气。老学士看看李调元，二十多岁，相貌平平，看不出有何过人之处，便施礼问："先生文才不凡，老朽十分佩服。但不知先生可否对窗外的景色赋诗一首，我等也可一长见识？"李调元还罢礼，端详窗外湖光，开口吟道："西湖东边几柳树！"大伙听后相互看了一眼，但未出声，等着下文。李调元又道："西湖北边几柳树！"众人一阵哗然："这叫什么诗，简直糟蹋了西湖的美景。"只见李调元微微一笑，接着念道：

> 垂下丝条千万缕，唤得春风长此驻。

听后，觉得诗中有景有情，转结有序，合仄押韵，朗朗上口，众人这时不禁同声赞道："佳句呀！佳句！"此时大家方才明白，来人并非平庸之辈。忽然有人问道："请问先生尊姓大名？"李调元没有搭腔，便挽袖伸手，食指蘸着酒，在桌面写了一首诗，然后扬长而去。众人相对愕然，围上前一看，那诗写道：

> 李白诗仙名千古，
> 调雅意奇品行高；
> 元是蜀中学院客，
> 也使两江尽折腰。

大伙们看了半晌，不解其意，老学士告诉他们："这是一首藏头诗。你们看这不是：李—调—元—也—？"众人一愣："天哪！原来他就是李调元！"立时傻了眼。

调整心情后的众人，重品对联，仍对"大块投河"、"玉珠击鼓"茫然不解，不知典出何处。只听书院的守门人道：有啥难解？"投河"、"击鼓"的声音是"扑通"、"卜咚"—"不通"、"不懂"。李调元是笑你们连那些"大块"、"玉珠"都不通不懂啊！众举子羞得无地自容。

其实，大块就是大地、大自然。庄子的《齐物论》："夫大块噫气，其名为风。"成玄英疏："大块者，造物之名，亦自然之称也。"李白甚至在《春夜宴桃李园序》里，生动地记述了他和众兄弟在春夜聚会，饮酒赋诗的情景，其中："阳春召我以烟景，大块假我以文章。"李白的"秉烛夜游"雅致即是"开琼筵以坐花，飞羽觞而醉月"的境界，西湖的这群庸举子不会懂的。

至于玉珠，即是颗粒状的玉，《左传》里提到："天子白玉珠十二旒；三公诸侯青玉珠七旒；卿大夫黑玉珠五旒。"所谓"旒"即是古代帝王礼帽前后悬垂的玉串，或是古代旌旗下边或边缘上悬垂的装饰品。玉珠，也有比喻花蕊者，唐朝李绅有诗："早梅花，满枝发，东风报春春未彻，紫萼迎风玉珠裂。"至于在此书院，大块与玉珠，则是暗喻文采与晋禄，可惜这些井底文人不懂，被李调元奚落了一番。

以"景行瞻泰岱，学步笑邯郸"诗句得到赏识，二甲十一名进士

但是，李调元这次的礼闱落第了。所谓"礼闱"就是由礼部举行的会试；而"会试"则是科举制度中的中央考试。正科每三年一次，即丑牛、辰龙、未羊、戌狗年春季；或恩科乡试之次年春季，由礼部举行称"礼闱"，又称为"春闱"。举人才有报考资格。赴试举人沿途都享有公家车船驳送待遇，这是礼遇，也是让穷书生不必为旅资操烦的贴心政策，称为"公交车"。会试录取者为贡士，第一名为"会元"，第二到十名称为"元魁"，十一至二十名称为"会魁"。会试后，第二年春天，贡士再由"殿试"结果分甲赐等第，成为"进士"。

落第后，因为父亲李化楠刚好在北京邻近当职——天津北路同知，这是正五品的官位，父子两人偕游于京师，这是十分难得的父子生命经验。李调元不久补恩科，品级中书，所谓"中书"

是个从七品的基层官员，负责典章法令编修撰拟、记载、翻译、缮写等工作。

就在北京当个小官的李调元，一边准备下次的礼闱，一边与毕秋帆、祝芷塘、王梦楼、赵瓯北、程鱼门诸名士诗文唱和；李调元又从陆宙冲学画，他领悟力强，很快掌握了绘图技法神韵，已臻精于水墨丹青，被同学戏称"小李将军"，这也是一种另类赞美。这段时日，他与京城青年才俊相处，学问与才艺精进不少。

至于，"小李将军"的称号是有典故的：唐高宗时，宗室画家李思训，曾受封为右武卫将军，人称"大李将军"，他儿子李昭道曾任扬州大都督府参军，虽不至将军，俗因其父呼之，人称"小李将军"。"大李"、"小李"开创了唐代"金碧山水画派"，富丽堂皇。李调元画作颇有神韵，又因为姓李，自然被冠以"小李将军"，表示他也有两把"小李刷子"。

乾隆二十八年（公元一七六三年），会试的诗题为"从善如登"，李调元诗中有"景行瞻泰岱，学步笑邯郸"之句，为考官赏识，列为第一。秦蕙田说："此卷才气纵横，魁墨，非元墨也"，所以李调元的"作诗成绩"被置为第二。次年春天殿试，李调元中二甲十一名，入翰林院，为庶吉士，入庶常馆。古时，朝廷会在新科进士中选德才兼优者为庶吉士，再入馆学习，名为馆选。因庶吉士又称庶常吉士，故其学馆称为"庶常馆"。

在《易经》有一卦《晋》，晋象征"晋长"，说的是"旭日东升"的时刻，全卦揭示事物顺势晋长的途径与规律。《晋》光明出现在大地上空，这就是晋卦。君子从中受到启示，要昭明自己的明德。三十岁的李调元如同冉冉上升的太阳，上晋之势，蒸蒸日上。

从《易经·晋卦》看三十岁的李调元，如何旭日东升

离

坤

上九　晋其角，维用伐邑，厉吉无咎，贞吝。

六五　悔亡，失得勿恤，往吉，无不利。

九四　晋如硕鼠，贞厉。

六三　众允，悔亡。

六二　晋如，愁如，贞吉。受兹介福，于其王母。

初六　晋如，摧如，贞吉。罔孚，裕，无咎。

　　《晋》卦，上卦离日，下卦坤地，卦象就是日出地上，晋是"升进"的意思，喻示"晋长"之义。上卦"离"象征太阳，性格是依附；下卦"坤"象征地，性格柔顺；是太阳普照大地，万物柔顺依附的形象，也有上明下顺之义。六爻之中，六五为卦主，当晋之时，柔爻皆吉，刚爻则厉。

第一爻·初六　晋如，摧如，贞吉。罔孚，裕，
　　　　　　　无咎。

　　晋如，升进的样子；摧如，抑退的样子。罔就是无，罔孚就是"未信"也。初六以柔处晋长之初，阴柔在下，往前面临重阴为敌，有始求进即受摧折阻隔之象。初六唯有固守正道，以待九四之应，方能得吉。初六位卑始进，当然不能遽得孚信于上。此时，当宽裕自处，否则既受重阴之摧折阻隔，也将难以孚信于众人。俟机而后进，方获无咎。

　　入翰林院，为庶常馆的庶吉士，李调元可谓春风得意。一次，他前往在京城的四川会馆——这是给四川乡亲到了北京，有个落脚处，兼让同乡在异地彼此照料，甚至可诉谈乡情以解乡愁的老乡旅店。一天，李调元到此一游，同乡看到李调元来了，当然邀请李翰林在壁上题字，为乡增光：

　　　　此地可停骖，剪烛西窗，偶语故乡风景：剑阁雄，峨嵋秀，巴山曲，锦水清涟，不尽名山大川都来眼底；
　　　　入京思献策，扬鞭北道，难望先哲典型：相如赋，东坡文，太白诗，升庵科第，行见佳人才子又到长安。

　　此对联中列举四川的大山大水：剑阁关、峨眉山、巴山、锦水。也细数历朝四川的大文豪：司马相如、苏东坡、李白、杨慎（明朝的大诗人、直臣，正德年间的

状元，四川新都人，著有《升庵诗话》)。这些故乡山水都在眼底，这些故乡文豪尽在京城，与我们为伴。附注杨慎的《临江仙》词，帮助大家加深认识他的文采：

> 滚滚长江东逝水，浪花淘尽英雄。
> 是非成败转头空，青山依旧在，几度夕阳红。
> 白发渔樵江渚上，惯看秋月春风。
> 一壶浊酒喜相逢，古今多少事，都付笑谈中。

乾隆三十二年（公元一七六七年），他在吏部任考功司主事兼文选司掌进等小官。其职责是每日送百官履历升降循环簿签至宫门，交给值日太监，再转呈皇帝。由于官卑职小，他常受太监欺压。陋规是：一般新任职者，为求办事顺利，常常预先向太监馈赠财物。

李调元为人耿直，不畏权势。他蔑视这一陋规，不理睬太监的索求。太监怀恨在心，"每交簿，故迟不出"。一天，太监下午才出宫门接簿，还怒骂李调元延误时刻。调元厉声应答道："我官虽小，是朝廷委任，犯罪自有国法，你怎敢随便辱骂？"说罢抓着这个太监的后领，欲面见皇帝。幸有大臣劝解，打圆场，太监才得以下台。此后，这帮太监也识相了，不敢索取过路费。

乾隆四十年（公元一七七五年），李调元升迁文选司员外郎。

乾隆四十二年（公元一七七七年）因湖南巡抚公文措辞失当，他按规定不予画押。吏部尚书阿桂、舒赫德大发雷霆，在考察京官时，将李调元填入"浮躁"一类。乾隆帝见表册上所填十九人均年迈多病，唯独李调元年富力强，就询问吏部尚书："李调元何事浮躁？"吏部大臣回复："过于逞能。"乾隆帝一笑置之，诏令李调元仍为吏部员外郎。从此他得有"铁员外"的尊号。

第二爻·六二　晋如，愁如，贞吉。受兹介福，于其王母。

　　介，就是大；王母，是祖母，是尊位的六五，古时有祭祀先妣，亦即祭祀先祖的母亲的祈福礼仪。六二以柔居阴，在下卦中位，中而且正，当然会升进，但与"六五"阴阴不能相应，上无应援。因而欲进而愁，感觉前途困难，不能不忧虑。不过，开始孤立无援，祇要坚守纯正，则可得吉，就像由六五王母那里得到大福。

　　乾隆四十二年（公元一七七七年）八月，李调元升任广东学政。所谓"学政"，就是一种正三品学官，由京官担任，职责是"掌一省学校、士习、文风之政令"，例如主持院试，选拔秀才，督察各地学官，地位崇高，一省设一人，与督察、巡抚平行。简单地说，就是朝廷派到各省专门司管童生考秀才、秀才考举人的官。而所谓"童生"，就是准备考秀才的读书人，有趣的是，要是八十岁还没考上秀才，还得叫童生。

临行前为乾隆帝召见，应对中肯，皇帝再三勉励。李调元从京城出发，路过湖南，下船伊始，有一大帮湖湘士子和地方官员恭候在那里给他接风。寒暄既毕，有备而来的文人们早已按捺不住，给李调元出了一个上联：

　　洞庭湖，八百里，波滚滚，浪滔滔，大人从何而来？

这个上联"大人从何而来"语气不善，用意刁钻：湖湘天下士，洞庭天下水。雨过碧波万顷，风来大浪滔天。浩浩汤汤，茫无涯际。请问学政大人，您是在四川绵州山沟里长大的，见过这样水面（世面）吗？李调元个头不高，面对着这么个下马威，不慌不忙，张口就来：

　　巫山峡，十二峰，烟霭霭，雾腾腾，老子自天以降！

八百里洞庭湖，算是浩瀚之水，但就是一汪无奇的平平湖水。长江三峡之中的巫峡长，猿啼三声泪沾裳。峡谷层峦叠嶂惊涛骇浪，烟迷雾失高深莫测。江水一泻千里，扁舟直下。如此激流险水，怕是你们还没见识过呢！此联尤妙在"老子自天以降"六字。四川方言自称不说我，而是呼老子，李氏又是尊老子李聃为祖先，李调元当然可以自称"老子"。

　　一个月后抵达广州，座轿过闹市时，胡成义也乘轿而过，二人狭路相逢。李调元的随从人员，不明究竟，只见对方座轿动向不甚有礼，于是大声喝令通名。胡成义在轿内，朗声报出名号：

> 春芍药，夏芙蓉，秋菊冬梅，吾乃探花郎，三江胡成义。

李调元立刻明白了胡成义的用意，当胡成义转请他通名时，他在轿中随口应道：

> 东紫薇，西长庚，南箕北斗，我本谪仙子，四川李调元。

胡成义一听，不胜惊讶和佩服，赶忙下轿相迎相识，并当即邀请李调元，到自己家中饮宴。这时，当地文人也应邀前来相会，一时文星荟萃。宴席中，众文人素慕李调元的才华，便纷纷出联请他续对。李调元才思敏捷，均一一应对。其中，有一上联是：

> 两舟同行，橹速不如帆快；

这上联，表面上是说摇橹的船，不如帆船飞快，实际上，却是意中有意，"鲁肃"跟"橹速"谐音，其为三国东吴的文官。而"樊哙"跟"帆快"谐音，他是汉高祖刘邦时期的武将。言外之意是："文官不如武官。"李调元稍思片刻，看见案上有一把笛子，带笑对道：

> 八音齐奏，笛清怎比箫和。

这下联，表面上是说笛子的清扬不如洞箫沉和。实际上是说"狄青"（笛清的谐音）怎比"萧何"（箫和的谐音）。弦外之音，则是武官（因狄青是宋朝的武官）怎比文官（萧何是汉朝的文官），众人听了，赞叹不已，皆尽称绝。李调元在广州的第一天，已经尽得当地文人叹服。

第三爻 · 六三　众允，悔亡。

允，是信的意思。六三以柔居阳，阴爻阳位不正，又不在中位，当然会后悔。但是六三处坤体之上，下方的两个阴爻，志同道合，带领初爻、二爻前进，得到众人的信赖与支持，这就是"众允"。说明求晋之人获得民众的拥护，必能获信于上，本来应该后悔的因素，消失了，这就是"悔亡"。

再说一则当年李调元任广东学政时的故事：一天，有当地朋友请他吃鳜鱼，还说要对一个对联，如果能对上，不但可以享受美味，还将奉送鱼苗。这位朋友和李调元来到一个池塘边，出了上联：

青草塘内青草鱼，鱼戏青草，青草戏鱼。

李调元想了半天未能对上，非常惭愧。半年后，李调元到郊外踏青，看到一位垂髫少女走在油菜田里，当时正盛开着黄花，这女孩头上还插着黄花，顿时灵感来了，对出"黄花田中黄花女，女弄黄花，黄花弄女。"他飞快地跑到那位朋友家里，告知下联，果然获赠一千八百尾鱼苗。李调元快马将这些鱼苗，送到罗江老家的汶江，鳜鱼从此在罗江这个地方繁衍，成为地方美食，称之"汶江鳜鱼"。

鳜鱼体侧扁，味鲜美。因为"八月桂花香，鳜鱼肥而壮"，所以称之为"桂鱼"，也有称"花鲫鱼"者。各地在烹制鳜鱼的时候，亦有当地人各自的偏好。不同地区的鳜鱼名菜，因此也是各有讲究，安徽有臭鳜鱼，苏州有松鼠鳜鱼，四川有干烧鳜鱼，广东有清蒸鳜鱼……每个地区都将各自的口味特色融入到鳜鱼鲜嫩的肉质当中，足以让人胃口大开。学政李调元，以一个黄花对子换来故乡未来的鲜鱼美食，实在是美事一桩。

在广东当地的文人墨客，常常邀他郊游踏青。一次，一伙人到了一个有山有水的地方，此处悬崖峭壁，景色幽静。眼前却有小路突然中断，只有溪水潺潺，从路旁崖下幽幽流过。崖上石壁刻有"半边山"三个字，崖下路旁，则立一石碑，碑上刻字一行：

半边山，半段路，半溪流水半溪涸。

同行者向李调元解释："这是宋朝苏东坡学士、黄山谷和佛印三人同游此地时，佛印为苏东坡出了这上联，苏东坡对不上，只好请黄山谷将此上联刻碑于此，以示自抑，兼求下联。"那人说完后，笑对李调元道："李学士大人才思敏捷；能否代贵同乡苏学士一洗此羞？"李调元一愣，马上明白，那人欲借此事来侮辱同样来自四川的他。

只见他不慌不忙，笑着说："这下联，苏大学士早已对好了，何须再对？"众人正感困惑不解，接着说："其实，苏东坡请黄山谷写字刻碑于此，正是为了联对，这叫'意对'，很明显，下联是：'一块碑，一行字，一句成联一句虚。'"众人听后，有些异感，但又觉得无可非议，只得连声赞叹。李调元接着说："这样的意对，在四川，虽孩童亦解，诸公何足挂齿？"此话一出，有些人羞红了脸。李调元说着四川家乡事，其实是为苏东坡出一口气，五百七十年过去了，还有如此无知小辈，出口数落同乡苏大文豪，当然气煞李调元了。

其实，当年苏东坡会在此地赏景，这是他人生第二次低潮。事情是这样的：北宋元祐九年（公元一〇九四年），秋天，当今皇上哲宗的祖母去世了，这位苏东坡的守护神离世之后，接着是十八岁的带有浓厚个人偏执情感的宋哲宗掌管朝政，他的身边奸佞之臣已经绑架这位皇帝心灵，大宋将陷入无可救药的混乱。宰相章惇启动第二次迫害，苏东坡与另外三十文人同时遭到流放。苏东坡先被贬谪到广东高山大庾岭以南，他跋涉了一千五百里，五十七岁的他向前行进，无忧无惧，心中一片安谧宁静。一年后，苏东坡到了惠州，他在"岭南万户皆春色"，喜欢天空无云，正如一尘不染的良心。在这里的生活绝不寂寞，所有邻近的官员都利用这个难得的机会，与这位杰出的大文豪结交，他的私人朋友也络绎来访，开怀畅饮桂酒，有时会感到浑身轻灵飘逸，可飞行空中而不沉，步行水面而不溺。

第四爻·九四　晋如硕鼠，贞厉。

> 鼫鼠即硕鼠，贪吃，是损害农作物的野鼠，用以形容九四无德无才，忌贤妒能，在各种职场永远有这种鼫鼠，如同九四以阳居阴，不中不正，却晋升到高位，由于缺乏道德，地位越高反而更加贪婪。所以说，像野鼠般贪婪的九四，若固守贪道而不知悔改，则有危厉。此爻说明晋升到高位，即或行为正当，前途也有危险。此处，李调元也晋升高位，但更易受到鼫鼠的攻击，以他的故事说明小人难防。

　　乾隆帝好大喜功，自称"十全老人"，往往自我感觉良好。动用三百六十官员、三千八百多钞胥学士编纂《四库全书》。此空前庞大丛书，起编于四库馆成立之时，也就是乾隆三十八年（公元一七七三年），才子纪晓岚担任总纂官，历时十年，这段故事，在《英雄的十则潜智慧》书中《汝何敢妄谈国事——纪晓岚》一文中，已有详述。乾隆四十七年正月，《四库全书》书成，缮写了四部，分发全国几个地方。最早的四个地方是：紫禁城文渊阁、盛京（沈阳）文溯阁、圆明园文源阁、承德避暑山庄文津阁，合称"内廷四阁"或是"北四阁"。

　　顺便一提，乾隆四十七年到五十二年，四库馆另钞三套，分别藏于镇江金山寺的文宗阁、扬州大观堂的文汇阁、杭州西湖行宫孤山圣因寺的文澜阁，即"江浙三阁"，或称"南三阁"。镇江文宗阁和扬州文汇阁，均毁于公元一八五三年太平天国之役，南三阁中仅有杭州文澜阁保存至今。

乾隆四十七年（公元一七八二年），七月，军机大臣尚书和珅面奉谕旨："送《四库全书》一份至盛京，山海关外由奉天府尹伯兴负责，关内由李调元办理。"李调元奉旨护送一套《四库全书》，前往盛京文溯阁，廿七日，行至永平府卢龙县遇雨，知县郭棣泰不备雨具，书役亦无一人押解，以致沾湿黄箱。役夫自知祸大，竞相逃逸。

所谓"黄箱"，《四库全书》分为经、史、子、集四个分类，为了美观与便于识别，采用分色装帧：经部青色，史部红色，子部月白色，集部灰黑色。四部颜色的确定，是依春夏秋冬四季与青红白黑四方之间的关联而定。至于《四库全书总目》因为是全书纲领，采用代表中央的黄色。所以，"沾湿黄箱"，就是部分《四库全书总目》被雨水沾湿了，失职大祸，乾隆帝肯定暴怒。

李调元展开调查，指令永平知府弓养正认真查参。可是，知县郭棣泰与知府弓养正皆为山西同乡，竟然置之不理，不作回复，反将郭棣泰奏请调任他处，逃避调查。因为此事关系重大，李调元遂上本参劾郭棣泰"运送书籍，并不亲身照料，玩误差务"，弹劾永平府知府弓养正则是"徇庇同乡"罪名。不想，这位永平知府与权相和珅是一丘之貉，他们连手反扑诬陷李调元，转移焦点："李调元过境，必须大戏小班伺候，宴饮住宿，并未随书前进，家人需索门包，胥役各有使费。"李调元的爱票戏，这下子被大做文章，"曾参杀人"一时说不清，面对一群小人联合栽赃，何况这个集团的背后首脑是和珅，李调元百口莫辩。

和珅面奏皇上，乾隆帝听片面之词，怒责李调元："不知感激奋勉，恪尽职守，竟敢恣意妄行，骚扰所属州县，竟出朕意料之外！"结果，李调元不是因为四库全书濡湿获罪，而是被栽赃官箴不良，竟被革职下狱。乾隆四十八年（公元一七八三年）二月初三日，发配伊犁充军。

在伊犁一年后的一天，边官派人来传李调元，原来皇上有旨，送来两轴画卷，御酒一坛，要他在画幅上题诗属对，诗要入画，对要切景，而且限时完成，要在三通击鼓音落之前完成，则可赐御酒，如有延误，革去功名，从此不得再谈诗、论文、属对。这真像乾隆帝的霸道风格。可是，这边李调元已经神情一振，准备好了。起鼓，展画，但见画中一片苍茫沙海，有一骆驼独行，背上蜷伏着似已入睡的人儿。李调元看罢画轴，顿感孤独悲凉，提笔润墨：

瀚海无春色，沾衣总是沙；驼铃沉旷漠，随梦到天涯。

首幅完成，第二幅画轴展开，只见画中莽莽接天处，隐隐现出一抹远山，和依稀可辨的一角边城，空中有一行远雁。李调元临画凝视，心事幽茫，乡思已起，不禁怆然胸臆：

野阔云垂关塞远，天高风紧雁行斜。

写完，第三通鼓尚未过半，众人讶然欢呼，京中来使更是赞叹："神笔！"并且高声说道："难怪纪晓岚大学士在圣上前极力推荐，说李学士'信手捻来都是对，随声吟出也成诗'，真是名不虚传！"李调元听到来使说到纪晓岚大学士，知道里面有故事，急邀使者到营房，一起享用御酒，促膝交谈，详问究竟。

原来这两幅古画是塞外进贡给乾隆帝的，皇上十分珍爱，可惜画上无题，于是召来纪晓岚题诗，纪晓岚奏称自己离边塞回京已多年，诗情不对画意，倒是举荐李调元题写，定能称旨，并且说："李调元才名，天下倾服，士林交口赞誉。"乾隆帝想起正在伊犁的李调元才情，欣然接受，才有今天题画之事。李调元听完，不觉肃然起立，步出营房，东望凝神，心想，纪晓岚博学通才，海内咸钦，题此二画，何难之有？昔日他也曾与我一样，沦困边塞，推念及我，有意借此相援，竟然不惜自抑。彼此虽同列翰林苑，但是素昧平生，如此推爱，令人感戴无涯，李调元眼眶泛红。

李调元返回营房，对使者深深一揖，说："敬烦转致纪大学士，'一语如春暖，吹送到寒边'，学士一片心，我李调元拜领了。"

第五爻·六五　悔亡，失得勿恤，往吉，无不利。

恤，是忧的意思。六五以柔居尊，阴爻阳位不正，本当有悔。但六五是上卦离体中位，象征光明的主爻。大明在上，下卦"坤"是顺，三阴皆顺福，因而，是以光明磊落的态度，高居君位，下面又服从的形象。六五柔中之君，以诚信对待同德，不计较功利，不忌妒谋利，而且不恤其得失，如此前进，则吉而无不利。

李调元奉旨题画，击鼓成诗之事，震惊伊犁，成了大红人，以致边塞大小文武百官，争相邀宴，都以一识为荣。

有了纪晓岚做球，接着好友袁守侗直隶总督面奏乾隆帝："以其学问尚好，彼处称为才子，母亦老，乞许宽免。"最后李调元方得以母老赎归。所谓"赎归"，就是罪行不重，缴了一笔钱后，得以赦放归家。这一笔钱，乾隆帝允以二万金赎罪，并准予复官。

特赦的圣旨送抵伊犁，其中还捎来纪晓岚写给李调元的一封信，信中提到昔日纪晓岚充军伊犁时，在城外独行，塞外风光触动乡情，后来倦累，斜倚南亭，不觉入梦，梦中回到故乡，醒来依旧黄沙满眼，不禁悲怆，伤感中偶得半联"梦送客魂归故里"，可是对句一时续对不上。时过境迁，这事就耽搁了下来，此次特将这半联附上，希望李调元代续下联。李调元看着这七个大字，旁款"上联纪晓岚句并书"。

李调元随即带上纸笔，也来到南亭，此时已近黄昏，新月已现，触景生情，李调元展纸落笔续对半联"日移花影上栏杆"，并且落款"下联李调元遵嘱代续并题"。

回到京城，李调元夫妻久别重逢，千言万语不知从何说起，此时，他的妻子轻轻吟出一个上句。看着夫人的出句，也触动了李调元长期压抑在胸中的复杂感情，他感叹官宦生涯的起落，朝廷里奸逆当道，自己的委屈，妻子的煎熬，也慨然对道：

> 李夫人：月圆月缺，月缺月圆，年年岁岁，暮暮朝朝，黑夜尽头方见日；
>
> 李调元：花落花开，花开花落，夏夏秋秋，暑暑凉凉，严冬过后始逢春。

李调元自遭受充军变故，已是灰心宦海，便以母亲老迈为由，上表辞归故乡。乾隆四十九年（公元一七八四年）十一月廿九日，李调元获准归田。当天向皇上辞朝，下殿后，李调元特地绕道，来到南书院拜会纪晓岚，同时向他致谢和辞行。二人初见面，却是亲切不已，互道倾慕之情，深恨相见太晚。

不料，谈得热烈之际，乾隆帝也来到南书院，原来退朝无事，就这么信步到此，巧遇两位才子正谈得投机，常常微服巡游的乾隆帝，不甚拘礼，本来对纪晓岚和李调元就不陌生，只是从没有三人一起会面的时候。乾隆帝甫坐定，先对刚刚辞朝的李调元再度勉慰一番后，便开始谈诗的创作，说道："朕最喜唐人边塞诗，大气磅礴，毫无媚意。二卿都曾去过边塞，可有得意诗作？"当然，这二人回话说当时心情惶郁，无心诗作。乾隆帝不放过他俩："今日非彼昔日，已无惶郁，何不追忆往日情境吟作？"皇上都说到这节骨眼，二人承命，可是相互推让不肯先作。乾隆帝见状，便说道："都不肯占先，那就合咏吧，以'河'字当韵，'过'字落尾。纪卿年长，不妨起韵，李卿接续。"于是二人承旨，纪晓岚刚好长李调元十岁，纪晓岚先起，李调元接续，如珍珠接串：

> 纪晓岚：绝城千山复万河，流人入梦泪犹多；
> 李调元：蓬莱水弱愁青鸟，银汉星遥怅玉梭。
> 纪晓岚：大漠飞沙迷落日，荒原驻马听悲歌；
> 李调元：传闻驿馆新来使，几度徘徊不敢过。

听罢，乾隆帝禁不住击节赞叹："果然是真情出好诗，不想珠联璧合竟至如此。"乾隆帝心情好极了，转问李调元联对中可有得意之作，乾隆帝常常与纪晓岚吟诗，今天，因为李调元辞朝后即将返乡，时机不多，又不免好奇这位四川才子的能耐。李调元有点赧颜答话："微臣所对，多是一时乘兴，或取巧以成绝，或寓讽以讥人，或戏语以双关，美词者少，戏谑者多，大多俚俗鄙陋，不堪圣听。"乾隆帝大喜："我就是要听这个，每天听歌功颂德、风花雪月，有如餐餐吃肉，烦腻已极。快，快，挑几个最俚俗者，以新耳目。"怎么办？说吧：

臣幼年时，正值热天，有客来访，臣奉扇进烟，随侍在侧，不料家父向来客夸臣能对，此蜀中名流即出言："吸烟摇扇，目前风云际会。"家父认为这个出句联对太难了，希望重新再出个对，这时臣已得句，朗声对道："屙尿打屁，胯下雷雨交加。"

讲到这里，乾隆帝已经大笑不已。李调元接着说，因为对语过于失雅，遭到家父训斥。乾隆帝笑说："虽不雅，但对得工整，说下去！"

李调元又说：臣幼时生疥疮，搔痒不已。塾师看臣狼狈，笑出半联嘱对："抓抓痒痒，痒痒抓抓，不抓不痒，不痒不抓，越痒越抓，越抓越痒。"臣此时已经困扰不堪，听到出句，既羞又恼，一时忘了尊卑，愤然对出："生生死死，死死生生，有生有死，有死有生，先生先死，先死先生。"乾隆帝听了，已经笑得前仰后合。李调元严肃地继续说下去："臣至今每思及此，追悔不已，好生羞愧。这次辞官归乡，当长跪师门请罪。若恩师不肯宽恕，臣便长跪不起。"看他说得恳切认真，乾隆帝当即敛容，纪晓岚则趋前握住李调元的手说："得友如君，昀之幸也。"乾隆帝也说："得士如卿，国之瑞也。"当即赐玉珠一串，以示嘉勉。

这是李调元与纪晓岚第一次见面，也是唯一一次见面。

第六爻·上九　晋其角，维用伐邑，厉吉无咎，贞吝。

邑，是自己封地上的村镇。角，刚而居上之物，比喻上九已经晋升到极点，又是刚强的阳爻。伐邑，比喻向内自治。上九过刚而且躁进，怕暴走，只可用于伐邑，以自治、自克、自省为佳，上九如果能如此，虽伤于厉，却可得吉，无咎。李调元在平反他的屈辱之后，毅然辞朝返乡，从此写作十余年，为戏曲史研究提供了许多资料，成了清代戏曲理论大家。他没再入世当官，或许这是他深谙《晋》卦最上爻的智慧：处晋之极，知进不知止，又不知有所变，不免有所鄙吝。李调元在官场裸退，却完成人生另外高峰。

乾隆五十年（公元一七八五年），五十二岁的李调元回到四川故乡，其幼时的塾师已死数年。李调元为践前言，率领儿孙去老师墓前奠祭悔过，意诚情哀，并以此告诫儿孙，永以为诫。自此，李调元安心在故乡定居，不再出仕。

在罗江老家的李调元闭门著述，诗酒逍遥。乡亲父老们对他极为亲切，新酒酿成多会邀他品尝。有时，他收拾行装，辞别家人，游山玩水，把伏案笔耕的辛劳在岚翠连云之间化为清风。有时，他葛衣轻装，与夫人信步市井，将闲话桑麻的乐趣在大街小巷之际引为情趣。

一天，来到川东的一座山上，庙中方丈素闻李调元的文名，赶紧亲自前来接待。好客的方丈领着李调元，山前山后，庙里庙外，看了一个尽情尽兴。最后，方丈还把他请入方丈室中，办了一席很丰盛的素宴款待他。席上，李调元见方丈几次欲言又止，料定他还有事相求，就主动问他。方丈这才说出原委。

原来，这座寺庙中有幅画，是这位方丈的师傅的师傅的师傅……所绘，代代传下来的，画里三两枝出水的荷花。传说明朝江南四才子之一的唐伯虎曾到此一游，当时寺庙方丈就请他在画上题字留墨，唐伯虎也毫不推辞，写下几个大字：

画上荷花和尚画。

当时的长老和尚刚要提问，唐伯虎就说："我走之后，若有人能对出此对的下联，此人必是当今奇才！"说完搁笔而去。两百多年过去了，一直无人能对得出下联来。唐伯虎以玩世不恭，才气横溢闻名，他的本名为唐寅，生于明宪宗成化六年，据传他的生日为庚寅年寅月寅日寅时，而"寅"又是十二生肖的虎，所以取名唐寅，字伯虎。

李调元听方丈这么一说，兴趣陡增，要求快快取画让他过目欣赏，打开一看，果然画妙字绝，实乃唐伯虎真迹。他望着这个对子，寻思半晌，果然发现其中的玄机妙处。原来，这句七字对，无论正念、反读，音都一样，难怪唐伯虎要出此大言。

李调元对画沉思片刻，微微一笑，向长老和尚说："大和尚，请借墨砚一用！"方丈将墨笔奉到李调元面前说："请大人锦上添花！"只见担任过翰林院编的李调元提笔在手，略一沉思，便紧靠唐伯虎对联之旁，写下一联，从此，这幅画就成了这座庙宇的镇寺之宝。

书临汉帖翰林书。

李调元与夫人感情弥笃，尤其晚年，更是相互唱和，留下不少诗联佳话。一年中秋，在园中饮酒赏月，夫人受凉，竟然一病不起，约一个月后，病情更加沉重。在病榻前陪伴的李调元也清瘦不少，夫人隐隐不忍但仍强颜一笑，口气平静地说："看来你我快要分手了，生离死别，人所难免，我们又何必过分悲伤？我们还是再联最后一对吧！"托腮徐徐吟出上联，李调元强忍悲痛，俯身在夫人耳边轻吟所对下联：

李夫人：生离已是多番，泉下尚须安排，为置桑麻数亩，侬且先归去。

李调元：死别只此一回，身旁全无牵挂，再教儿孙两卷，我随后就来。

我想自己来日也无多，剩余岁月，顶多再教教儿孙们几本书册，我们就可在黄泉再会了。好体贴的话语啊，夫人听罢，微微一笑，略点点头，双目慢慢闭上，几天后逝去。而这次的联对，是他们夫妇所对的最后一联，也是李调元一生最后一对。

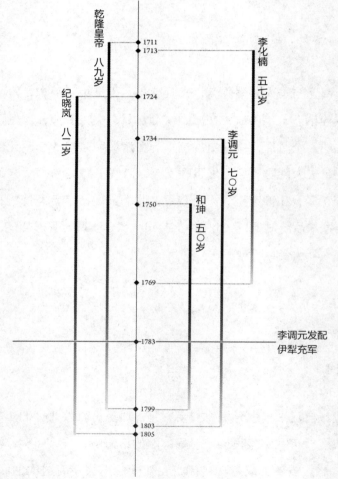

李调元

乾隆皇帝 八九岁

1711
1713

李化楠 五七岁

纪晓岚 八二岁

1724

1734

李调元 七〇岁

1750

和珅 五〇岁

1769

1783

李调元发配
伊犁充军

1799

1803
1805